Äußerungsrechtlicher Unternehmensschutz im Internet

Schriften zum internationalen Privat- und Verfahrensrecht

Herausgegeben von Rainer Hausmann,
Astrid Stadler und Michael Stürner

Band 25

PETER LANG

Feihu Zhang

Äußerungsrechtlicher Unternehmensschutz im Internet

Ein Rechtsvergleich des deutschen und chinesischen Zivilrechts

PETER LANG

Bibliografische Information der Deutschen Nationalbibliothek
Die Deutsche Nationalbibliothek verzeichnet diese Publikation in der Deutschen Nationalbibliografie; detaillierte bibliografische Daten sind im Internet über http://dnb.d-nb.de abrufbar.

Zugl.: Konstanz, Univ., Diss., 2020

Gedruckt auf alterungsbeständigem, säurefreiem Papier.
Druck und Bindung: CPI books GmbH, Leck

D352
ISSN 1862-099X
ISBN 978-3-631-82211-1 (Print)
E-ISBN 978-3-631-82892-2 (E-PDF)
E-ISBN 978-3-631-82893-9 (EPUB)
E-ISBN 978-3-631-82894-6 (MOBI)
DOI 10.3726/b17249

Peter Lang – Berlin · Bern · Bruxelles · New York · Oxford · Warszawa · Wien

Diese Publikation wurde begutachtet.

www.peterlang.com

Inhaltsverzeichnis

Abkürzungsverzeichnis

a.A.	Andere(r) Ansicht
Abs.	Absatz
Abschn.	Abschnitt
AcP	Archiv für civilistische Praxis
AfP	Archiv für Presserecht
AG	Aktiengesellschaft
AGZ	Allgemeine Grundsätze des Zivilrechts der Volksrepublik China
Alt.	Alternative
Anh.	Anhang
Anm.	Anmerkung
AöR	Archiv des öffentlichen Rechts
ArchPR	Archiv Presserechtlicher Entscheidungen
Art.	Artikel
Aufl.	Auflage
BAG	Bundesarbeitsgericht
BB	Betriebsberater
Bd.	Band
Begr. RegE	Begründung des Gesetzesentwurfs der Bundesregierung
BGB	Bürgerliches Gesetzbuch
BGH	Bundesgerichtshof
BGHZ	Entscheidungen des Bundesgerichtshofs in Zivilsachen
BKR	Bundeskriminalamt
BT-Drs.	Bundestagsdrucksache
BVerfG	Bundesverfassungsgericht
BVerfGE	Bundesverfassungsgerichts Entscheidung
bzw.	beziehungsweise
CR	Computer und Recht
ders.	derselbe
d.h.	das heißt
DUD	Datenschutz und Datensicherheit
EnWZ	Zeitschrift für das gesamte Recht der Energiewirtschaft
etc.	et cetera
EuGH	Gerichtshof der Europäischen Gemeinschaft

evtl.	eventuell
f., ff.	folgende
FS	Festschrift
gem.	gemäß
GG	Grundgesetz der Bundesrepublik Deutschland
ggf.	gegebenenfalls
GmbH	Gesellschaft mit beschränkter Haftung
GRUR	Gesellschaft mit beschränkter Haftung
GRUR-Int.	Gewerblicher Rechtsschutz und Urheberecht, Internationaler Teil
GRUR-Prax	Gewerblicher Rechtsschutz und Urheberecht Praxis
GWB	Gesetz gegen Wettbewerbsbeschränkungen
h.M.	herrschende Meinung
Hrsg.	Herausgeber
Hs.	Halbsatz
i.d.R.	in der Regel
i.S.d.	im Sinne der/des
i.S.v.	Im Sinne von
ITRB	Der IT-Rechts-Berater
i.V.m.	in Verbindung mit
JA	Juristische Arbeitsblätter
JR	Juristische Rundschau
jurisPR-ITR	juris Praxisreport IT-Recht
JuS	Juristische Schulung
JW	Juristische Wochenschrift
JZ	Juristen-Zeitung
Kap.	Kapitel
KG	Kammergericht
K&R	Kommunikation und Recht
LG	Landgericht
LMuR	Lebensmittel & Recht
MDR	Monatsschrift für Deutsches Recht
MMR	Multimedia und Recht
Müko	Münchener Kommentar
NetzDG	Netzwerkdurchsetzungsgesetz
NJOZ	Neue Juristische Online-Zeitschrift
NJW	Neue juristische Wochenschrift

NJW-RR	Neue juristische Wochenschrift Rechtsprechungs-Report
Nr.	Nummer
NuR	Natur und Recht
o.Ä.	oder Ähnliche(s)
OLG	Oberlandesgericht
OVG	das Oberste Volksgericht der Volksrepublik China
PharmR	Pharma Recht
PR	Public Relations
RdJB	Recht der Jugend und des Bildungswesens
RG	Reichsgericht
RMB	Ren Min Bi (Währung der Volksrepublik China)
Rn.	Randnummer
S.	Seite, Satz
sog.	sogenannt
StGB	Strafgesetzbuch
TMG	Telemediengesetz
u.a.	unter anderem
u.Ä.	und Ähnliche(s)
US	United States
usw.	und so weiter
UWG	Gesetz gegen den unlauteren Wettbewerb
VersR	Versicherungsrecht
vgl.	vergleiche
Vor.	Vorbemerkung
VuR	Verbraucher und Recht
WRP	Wettbewerb in Recht und Praxis
z.B.	Zum Beispiel
zit.	zitiert
ZPO	Zivilprozessordnung
ZUM	Zeitschrift für Urheber- und Medienrecht
ZUM-RD	Zeitschrift für Urheber- und Medienrecht Rechtsprechungsdienst

Zusammenfassung

Im Mittelpunkt dieser Arbeit stehen die Darstellung bzw. der Vergleich des Unternehmensschutzes gegen geschäftsschädigende Äußerungen im Online-Bereich im Rahmen des allgemeinen Privatrechts sowie der Rechtspraxis in Deutschland und in China.

Die Untersuchung der vorliegenden Arbeit hat gezeigt, dass Deutschland dem Äußernden mehr Schutz im Falle der Verletzung unternehmerischer Reputation gewährt, während China dazu neigt, den Geschäftsruf des betroffenen Unternehmens in diesem Fall zu schützen.

Obwohl Deutschland und China gemeinsam davon ausgehen, dass unwahre Tatsachenbehauptungen und schädliche Werturteile im Wesentlichen die unternehmensschädigenden Äußerungen im Internet ausmachen, ist die deutsche Rechtsprechung bei der Beurteilung der Unwahrheit einer Tatsachenbehauptung und der Rechtswidrigkeit eines unternehmensbezogenen Werturteils aber zurückhaltender als die chinesische. In der chinesischen Rechtsprechung werden sehr strenge Anforderungen an die Zulässigkeit unternehmensbezogener Tatsachenbehauptungen und Werturteile gestellt. Daher wird der Großteil der negativen unternehmensbezogenen Äußerungen in der chinesischen Rechtsprechung als rechtswidrig beurteilt wir, während ähnliche Äußerungen aber nach dem deutschen Recht noch zulässig sind. Diese Situation verschärft sich, wenn darauf berücksichtigt wird, dass es tatsächlich keinen effektiven Rechtfertigungsgrund im chinesischen Recht gibt. In solchen Fällen können sich die Äußernde in der chinesischen Rechtspraxis kaum rechtfertigen.

Im Falle des unternehmerischen Äußerungsdelikts im Online-Bereich ist die Wahrscheinlichkeit, dass ein Internetdiensteanbieter für die von ihm übermittelten und vermittelten fremden geschäftsschädigenden Äußerungen einsteht, nach dem chinesischen Recht viel größer als nach dem deutschen Recht. Denn der Umfang der Prüfpflicht des chinesischen Internetdiensteanbieters, insbesondere der proaktiven Prüfpflicht, wird durch die Interpretation des OVG erheblich ausdehnt. Danach kann das chinesische Gericht dem Internetdiensteanbieter fast immer eine Prüfpflicht auferlegen. Im Vergleich dazu haftet der deutsche Internetdiensteanbieter grundsätzlich nicht, sofern er seine neutrale und passive Vermittlerrolle nicht verlassen und/oder die beanstandete Äußerung nach dessen positive Zurkenntnisnahme oder deren Entfernung oder Sperrung unverzüglich selbst entfernen oder den Zugang zu ihr sperren.

Diese Arbeit verfolgt das Ziel, Vorschläge zur Rechtsanwendung im Falle des unternehmerischen Äußerungsdelikts im Online-Bereich im chinesischen Recht zu geben. Danach kann das Gleichgewicht zwischen dem Schutz der unternehmerischen Reputation und dem der Meinungs- oder Pressefreiheit des Äußernden sowie dem Verbraucherschutz gewährleistet werden.

Einleitung

1. Themeneinführung und Motivation

Für Unternehmen und Geschäftsleute ist das Bild nach außen bzw. die Wertschätzung in den Augen potenzieller Geschäftspartner, Kunden und sonstiger Personen von wesentlicher Bedeutung.[1] Als mit der Arbeit begonnen wurde, lagen zwei aktuelle Fälle über das geschäftliche Image des Unternehmens vor.

Der erste Fall ist der Streit zwischen dem deutschen Schauspieler Til Schweiger und dem Hamburger Boulevard-Blatt „Morgenpost" über das im Restaurant des Schauspielers ausgeschenkte Leitungswasser. Die Zeitung hatte im Januar 2017 berichtet, dass Til Schweiger in seinem Restaurant Leitungswasser für 4,20 Euro je Liter servierte.[2] Später widersprach der Schauspieler der Zeitung in einem offenen Brief, dass das Leitungswasser gefiltert und zum Teil mit Zusätzen verfeinert wurde.[3] Danach bezeichnete die Zeitung die Preisgestaltung Schweigers als „dreist" in ihrer Antwort auf den offenen Brief Schweigers.[4] Mit der veröffentlichten Gegendarstellung[5] geht der Kleinkrieg jetzt in die nächste Runde. Es ist bisher noch nicht klar, ob der Bericht den Betrieb des Restaurants Schweigers geschädigt hat. Aber auf jeden Fall ist ein Rückgang der Zahl der Kunden innerhalb kurzer Zeit denkbar.

Der zweite Fall ist das PR-Desaster der US-amerikanischen Fluggesellschaft „United Airlines". Wegen der angeblichen Überbuchung wurde ein Passagier, ein vietnam-amerikanischer Arzt, der sich am nächsten Tag um seine Patienten kümmern musste, am Flughafen von Chicago von den Sicherheitskräften brutal aus einem Flugzeug von United Airlines gezerrt, um seinen Platz für einen

---

1 Soergel/*Beater*, BGB, § 823 Anh. V Rn. 79.

2 *Janna Mansfeld*, Für 4,20 Euro! Til Schweiger verkauft Leitungswasser zu deftigen Preisen, http://www.mopo.de/hamburg/fuer-4-20-euro--til-schweiger-verkauft-leitungs-wasser-zu-deftigen-preisen-25594374 (zuletzt abgerufen am 27.4.2017).

3 *Til Schweiger*, Til Schweiger antwortet auf den Vorwurf der Leitungswasser-Abzocke, http://www.stern.de/lifestyle/leute/exklusiv-im-stern--til-schweiger-antwortet-auf-den-vorwurf-der-leitungswasser-abzocke-7296030.html (zuletzt abgerufen am 27.4.2017).

4 *Hamburger Morgenpost*, MOPT-Antwort auf den offenen Brief Liebe Minose Til Schweiger, http://www.mopo.de/hamburg/mopo-antwort-auf-den-offenen-brief-liebe-mimose-til-schweiger----25609020 (zuletzt abgerufen am 27.4.2017).

5 *Til Schweiger*, Til Schweiger Gegendarstellung, http://www.mopo.de/hamburg/til-schweiger-gegendarstellung- 26732258 (zuletzt abgerufen am 27.4.2017).

Airline-Mitarbeiter zu räumen.[6] Mindestens zwei entsetzte Passagiere hatten die entwürdigende Szene mit den Handys aufgenommen und stellten die Videosequenzen ins Netz. Die Aufnahmen verbreiteten sich in rasender Geschwindigkeit im Internet. Danach machte es die „Entschuldigung" des Airline-Bosses noch schlimmer. Im Internet erntete United Airlines umgehend heftige Kritik. Dieses PR-Desaster brachte eine schädliche Auswirkung mit sich. Zwei Tage später rutsche die United-Airlines-Aktien gleich zu Handelsbeginn um etwa drei Prozent im Vergleich zum Vortag ab. Das entspricht einem Verlust an Börsenwert von rund 700 Millionen US-Dollar.[7] Gleichzeitig wurde auch zu einem weltweiten Boykottaufruf gegen United Airlines in Facebook[8] und Twitter[9] aufgerufen. Nach dem Bekanntwerden des Skandals hatten viele sofort ihre Buchungen bei United Airlines storniert. Mache hatten sich sogar dazu entschieden, in der Zukunft nie wieder mit United Airlines zu fliegen. Laut der Berechnung eines Krisen-Kommunikation-Experten könnte der Wiederaufbau von Ruf und Image der United Airlines Millionen von US-Dollar kosten.[10]

Durch diese zwei Fälle lassen sich die schädlichen Auswirkungen einer negativen Äußerung erahnen. Solche Beeinträchtigungen, die ein Unternehmen dadurch erleidet, lassen sich nicht einfach so beenden, sondern bergen stets die Gefahr, in den Köpfen weiterzuleben.[11] Zumindest führen sie zum Absatzrückgang der Produkte des Unternehmens und im schlimmsten Fall sogar zu einer Überlebenskrise. Mithilfe des Internets und der sozialen Medien verbreiten sich die negativen Äußerungen schneller und in einem größeren Umkreis als früher. Dementsprechend ist auch die Folge schlimmer. Für große Unternehmen wie United Airlines könnte auch eine Beeinträchtigung des Geschäfts auf dem

---

6 Passagier wird mit Gewalt aus überbuchtem Flugzeug gezerrt, http://www.spiegel.de/reise/aktuell/united-airlines-passagier-wird-mit-gewalt-aus-ueberbuchtem-flugzeug-gezerrt-a-1142760.html (zuletzt abgerufen am 27.4.2017).

7 Experte: „Größeres PR-Desaster als Flugzeugabsturz", http://www.bild.de/news/ausland/united-airlines/united-flug-pr-desaster-51248474.bild.html (zuletzt abgerufen am 27.4.2017)

8 Homepage des Boykottaufrufs gegen United Airlines in Facebook: https://www.facebook.com/BoycottUnitedAirlines/.

9 Homepage des Boykottaufrufs gegen United Airlines in Twitter: https://twitter.com/boycottua.

10 *Ronan Shields*, United Airlines PR disaster: „In the 21st century, every disgruntled passenger is a potential publisher", http://www.thedrum.com/news/2017/04/11/united-airlines-pr-disaster-the-21st-century-every-disgruntled-passenger-potential (zuletzt abgerufen am 27.4.2017).

11 Soergel/*Beater*, BGB, § 823 Anh. V Rn. 79.

globalen Markt denkbar sein. Das betroffene Unternehmen wird zudem versuchen, den mit den negativen Äußerungen einhergehenden Imageverlust durch groß angelegte und damit teure Marketingmaßnahmen wieder wettzumachen.[12] Unter diesen Umständen kann man die Fragen stellen, ob der Bericht des Blattes „Hamburger Morgenpost“ und der Boykottaufruf gegen United Airlines auf Facebook und Twitter zulässig sind bzw. welche Maßnahmen Til Schweiger und United Airlines ergreifen könnten, um das Geschäft des Restaurants bzw. der Fluggesellschaft vor einem Bericht und Boykottaufruf rechtlich zu schützen. Für einen chinesischen Juristen stellt sich die Frage, wie die oben gestellten Fragen nach dem chinesischen Recht gelöst werden können, sowie die Frage, ob Unterschiede zwischen den deutschen und chinesischen Lösungswegen bestehen. Falls es Unterschiede gibt, worin sie bestehen und wie solche Unterschiede entstehen. Diese Fragen haben mich dazu veranlasst, das Thema der vorliegenden Arbeit eingehend zu untersuchen.

Der Unternehmensschutz vor rufschädigenden Äußerungen ist anhand des Rechts der juristischen Person auf ihren Ruf i.S.d. § 101 AGZ im chinesischen Recht festgelegt. Das Recht als solches hat bereits einen heftigen Streit in der chinesischen Literatur ausgelöst.[13] Die Anwendungsvoraussetzungen des Rechts wurden vom OVG in der Interpretation 1993 nur sehr grob vorgegeben. Dies führt dazu, dass die Berufungsrate in der gerichtlichen Praxis sehr hoch ist und viele Urteile von einem übergeordneten Gericht revidiert werden.[14] Die gesamten Umstände zeigen, dass es äußerst notwendig ist, im chinesischen Recht den Unternehmensschutz in Bezug auf schädigende Äußerungen zu verbessern.

Der Impuls für einen Rechtsvergleich zum äußerungsrechtlichen Unternehmensschutz zwischen dem deutschen und chinesischen Recht liegt darin, dass die Entwicklung des deutschen Rechts von den chinesischen Juristen mit großem Interesse verfolgt wird. Sie nehmen das deutsche Recht bei der Lösung der chinesischen Rechtsprobleme zum Vorbild, um Erfahrungen für den Aufbau

12 *Koppe/Zagouras*, GRUR 2005, 1011, 1011.

13 Die umstrittenen Fragen sind beispielsweise, ob Unternehmen ein allgemeines Unternehmenspersönlichkeitsrecht haben; wenn ja, genießt das Unternehmen trotzdem noch das Recht auf ihren Ruf, sowie die Frage, welche Sonderrechte das Unternehmenspersönlichkeitsrecht umfasst. Vgl. *张红*: 《人格权各论》, 第366页。

14 Laut einer Statistik wurden 47 Berufungen gegen die alten Urteile (62) im Zeitraum von 1987 bis 2012 eingelegt. Die Berufungsquote liegt bei 75,8 %. 32,3 % der Urteile wurden revidiert. Vgl. *张红*: 《人格权各论》, 第368页。

eines liberalen und marktwirtschaftlichen Rechtssystems zu sammeln.[15] Die vom deutschen Recht angebotenen Lösungen finden normalerweise bei vielen chinesischen Juristen Zustimmung. Darüber hinaus sind Deutschland und China Länder des kontinental-europäischen Rechtssystems. Das deutsche Recht hat einen langen und auch weitreichenden Einfluss auf die Entwicklung des chinesischen Rechts.[16] Deshalb ist es auch aus dieser Perspektive sinnvoll, den äußerungsrechtlichen Unternehmensschutz im deutschen und chinesischen Recht zu untersuchen und zu vergleichen.

2. Vorgehensweise

Diese Arbeit besteht aus sechs Kapiteln. Im ersten Kapitel sind zunächst die Besonderheiten der unternehmensschädigenden Äußerungen im Internet vorzustellen. Anschließend werden die nennenswerten Risiken, die die rufschädigenden Äußerungen im Internet mit sich gebracht haben, dargestellt. Im zweiten Kapitel werden die Abgrenzung der unternehmensschädigenden Äußerungen sowie ihre weitere Unterteilung im deutschen und chinesischen Recht aufgezeigt. Danach wird beleuchtet, wie die Sinnermittlung einer unternehmensschädigenden Äußerung in der deutschen und chinesischen Rechtspraxis durchgeführt wird, da die Einordnung einer unternehmensschädigenden Äußerung ihrer Sinnermittlung zugrunde liegt. Im dritten und vierten Kapitel wird jeweils untersucht, wie die Haftung des Schädigers, d.h. der Äußernde und Verbreiter einer unternehmensschädigenden Äußerung, im Falle der Rufverletzung durch unwahre Tatsachenbehauptungen und rufschädigende Werturteile nach dem deutschen und chinesischen Zivilrecht begründet wird. Eine Haftung des Schädigers nach UWG findet keine Berücksichtigung in dieser Arbeit. Dazu sind jeweils das anwendbare Recht in solchen Fällen vor der Darstellung der Haftungsbegründungsvoraussetzungen des Schädigers vorzustellen und zu vergleichen. Im fünften Kapitel wird zunächst die Klassifizierung der Internetdiensteanbieter im deutschen und chinesischen Recht vorgestellt. Anschließend wird behandelt, ob und unter welchen Voraussetzungen die verschiedenen

---

15 *Michael Martinek*, Das Bürgerliche Gesetzbuch und seine Rezeption in China – Eine Einführung zu *Chen Weizuos* neuer Übersetzung des BGB, 载陈卫佐: 《德国民法典中译本(第四版)》, 序言第2页。

16 Eine kurze Einführung des Einflusses des deutschen Rechts auf die Entwicklung des chinesischen Rechts in der Neuzeit. *陈卫佐*: 《德国民法典中译本(第四版)》, 序言第14–16页; *卜元石*: 德国法学教育中的案例研习课: 值得借鉴? 何以借鉴? 《中德法学论坛(第13辑)》, 第45页以下。

Internetdiensteanbieter Haftung für eine von ihnen vermittelten schädigenden Äußerungen verursachte Rufverletzung übernehmen müssen. Anschließend sind die Haftungsprivilegierungen der Internetdiensteanbieter im deutschen und chinesischen Recht im zweiten Teil des fünften Kapitels miteinander zu vergleichen. Zum Schluss wird die gesamte Untersuchung zusammengefasst, und es wird Vorschläge zur Rechtsanwendung in der chinesischen Rechtspraxis unterbreitet.

3. Ziel der Arbeit

Ziel dieser Arbeit ist es aufzuzeigen, wie ein Unternehmen vor rufschädigenden Äußerungen in Deutschland und China geschützt wird. Dabei handelt es sich zum einen um die dogmatischen Kriterien der Anspruchsgrundlagen im Gesetz und zum anderen um die Modifizierungen bzw. die Entwicklungen solcher Kriterien im Falle des Äußerungsdelikts im Online-Bereich in der deutschen und chinesischen gerichtlichen Praxis. Der Schwerpunkt der Darstellung ist die Herausarbeitung der Grenzen der Unzulässigkeit der einzelnen Äußerungsarten in der deutschen und chinesischen Rechtspraxis.

Die vorliegende Arbeit zielt auch darauf ab, Vorschläge zum Schutz des Unternehmens vor rufschädigenden Äußerungen in der chinesischen gerichtlichen Praxis anhand des Rechtsvergleichs mit dem deutschen Recht zu machen. Damit kann die Rechtsanwendung im Falle des Unternehmensschutzes vor geschäftsschädigenden Äußerungen in der chinesischen Rechtspraxis rationalisiert und verbessert werden.

Kapitel 1: Merkmale und Risiken unternehmensschädigender Äußerungen im Internet

1.1 Merkmale unternehmensschädigender Äußerungen im Internet

Das Web 2.0 hat enormen Einfluss auf unternehmensschädigende Äußerungen, vornehmlich auf deren Reichweite und auf die Art und Weise ihrer Verbreitung. Das neue World Wide Web hat den Internetnutzern ungeahnte Möglichkeiten eröffnet,[17] um positive oder negative Meinungen zu Produkten, Dienstleistungen und Unternehmen mithilfe der neuen Kommunikationstechnik mitzuteilen und auszutauschen.[18] Inzwischen fallen unternehmensschädigende Äußerungen durch einige Merkmale auf: Augenfällig sind vor allem die Anonymität, die weltweite, schnelle und dauerhafte Abrufbarkeit, die zunehmende Häufigkeit sowie die hohe Glaubwürdigkeit.

1.1.1 Anonymität

Im Vergleich zum traditionellen Informationsaustausch in der realen Welt ist die Anonymität ein signifikantes Merkmal der Informationen und der digitalen Kommunikation in der virtuellen Welt.[19] Die Urheber unternehmensschädigender Äußerungen im Internet sind normalerweise unbekannt. Die Identität der Behauptenden lässt sich zudem nur sehr schwer feststellen bzw. bleibt ggf. absichtlich anonym. Die Informationsempfänger wissen deswegen sehr häufig nicht, von wem die Informationen stammen.[20]

Theoretisch kann jeder Internetnutzer heutzutage seine Meinung zu einem Unternehmen oder dessen Produkten im Internet veröffentlichen. Es gibt

---

17 Zu den Möglichkeiten gehören Blogs, Kommentar-Funktionen von Online-Medien, Internetforen, Bewertungsplattformen, Informationsintermediäre u.Ä. Vgl. *Höch*, BB 2016, 1475, 1475; *Droste*, Die strategische Manipulation der elektronischen Mundpropaganda, S. 57.

18 *Franz*, WRP 2016, 1195, 1196; *Schmitz/Laun*, MMR 2005, 208, 208; *Srocke*, ITRB 2017, 61, 61; *Raake/Hilker*, Web 2.0 in der Finanzbranche, S. 135.

19 Vgl. *Heesen*, Handbuch Medien- und Informationsethik, S. 248.

20 So auch *Graef*, ZUM 2009, 759, 760; *Schmidt*, Äußerungsrechtlicher Schutz gegenüber Bewertungsportalen im Internet, S. 36.

hauptsächlich zwei Modelle, wenn ein Internetnutzer seine Meinung online veröffentlichen möchte. Die Voraussetzung für eine Veröffentlichung auf den meisten Online-Portalen ist das Bestehen einer Geschäftsbeziehung.[21] Doch nicht auf allen Internetplattformen ist der Nachweis einer bestehenden Geschäftsbeziehung erforderlich. Jeder Kunde kann auf solchen Internetportalen ohne Geschäftsbeziehung nach der Registrierung ein Unternehmen und die von ihm angebotenen Produkte oder Dienstleistungen bewerten.[22]

In beiden Modellen – mit und ohne Geschäftsbeziehung – verlangen die Anbieter der Internetplattformen zwar vor der Bewertung eine vorher erfolgreich durchgeführte Registrierung. Dies kann aber zumeist problemlos mit einer beliebigen E-Mail-Adresse erfolgen.[23] Für die Registrierung ist die existierende E-Mail-Adresse am wichtigsten. Die Identität des Inhabers der E-Mail-Adresse muss nicht offengelegt werden, ein Pseudonym genügt oftmals schon. Es ist daher oft sehr schwierig und auch zumeist erfolglos, die Identität eines Behauptenden bloß anhand einer E-Mail-Adresse festzustellen.

1.1.2 Weltweite, schnelle und dauerhafte Abrufbarkeit

Im Vergleich zur klassischen Informationsverbreitung hat sich die Reichweite der Äußerungen im Internet offensichtlich stark vergrößert. Äußerungen können jetzt sozusagen von Internetnutzern auf der ganzen Welt schnell und dauerhaft aufgerufen und weiterverbreitet werden. Dies ist eine notwendige Folge der Popularisierung des Internets.

Das Internet und die neuen Kommunikationstechnologien haben dazu geführt, dass den Konsumenten ein wesentlich größeres Angebot an relevanten Produktinformationen zur Verfügung steht.[24] Der Informationsaustausch im Internet ist nicht mehr davon abhängig, dass im persönlichen Bekanntenkreis bereits Erfahrungen mit einem bestimmten Produkt, bestimmten Unternehmen oder bestimmten Dienstleister gemacht wurden oder dass derartige

---

21 Beispielsweise kann bei Amazon und eBay nur der jeweilige Käufer den Verkäufer und dessen Produkt bewerten.

22 Beispielsweise kann jeder registrierte Nutzer ein Restaurant bei Google Maps bewerten. Die Bewertung setzt nicht voraus, dass der Bewertende vorher bereits Gast in dem bewerteten Restaurant war und dort gegessen hat.

23 Alle derzeitigen großen und wichtigen Internetportalen wie Amazon, eBay, Tripadvisor, Holidaycheck, Google Maps etc. mit Bewertungsmöglichkeit verlangen vor der Bewertung eine Registrierung mit einer existierenden E-Mail-Adresse.

24 *Droste*, Die strategische Manipulation der elektronischen Mundpropaganda, S. 57.

Informationen von Journalisten in Massenmedien stammen. Fast jedes Produkt wird bereits von irgendjemand auf einer Internetplattform beurteilt.

Außerdem besteht theoretisch die Möglichkeit, dass Nutzer mit Internetzugang solche Informationen im Internet fast von jedem Ort der Welt aus abrufen können.[25] Im Vergleich zum Wirkungskreis der unternehmensschädigenden Äußerungen in der realen Welt ist der Rezipientenkreis der online veröffentlichten Äußerungen dieser Art nahezu unbegrenzt.[26]

Im Übrigen sind unternehmensschädigende Äußerungen im Internet langlebig, weil sie nicht mehr vollständig beseitigt werden können. Theoretisch sind derartige Äußerungen oder Informationen trotz Löschung des ursprünglichen Eintrages im Internet immer noch auffindbar, und zwar wenn diese bereits kopiert oder auf einen Rechner heruntergeladen wurden.[27] Die Schwierigkeit der vollständigen Beseitigung wird dadurch verschärft, dass die Verbreitungsmöglichkeit solcher Äußerungen nahezu unbegrenzt ist.[28]

1.1.3 Zunehmende Häufigkeit von Rufverletzungen

Wie oben erwähnt, kann jeder Internetnutzer mit Internetzugang unternehmensschädigende Informationen fast von jedem Ort der Welt aus abrufen. Andererseits bedeutet dies mit dem Wachstum von Web 2.0, dass jeder Internetnutzer auch die Möglichkeit hat, unternehmensschädigende Äußerungen oder Informationen online zu publizieren. Im Zeitalter des Web 2.0 wird der maßgebliche Teil der Informationen im Internet nicht mehr nur zentralisiert von großen Medienunternehmen erstellt und über das Internet verbreitet, sondern auch von einer Vielzahl an Individuen.[29] Das bedeutet jeder Internetnutzer kann zum Sender werden.

Dies hat dazu geführt, dass es in der virtuellen Welt häufiger zu Rufverletzungen gekommen ist. Theoretisch kann jeder Internetnutzer unternehmensschädigende Äußerungen mühelos online veröffentlichen. Die Anonymität und Pseudonymität können die Häufigkeit noch verschärfen, weil der Internetnutzer

---

25 *Greve/Schärdel*, MMR 2008, 644, 648; *Schmidt*, Äußerungsrechtlicher Schutz gegenüber Bewertungsportalen im Internet, S. 38; *Wilkat*, Bewertungsportale im Internet, S. 87.

26 *Wilkat*, Bewertungsportale im Internet, S. 87.

27 *Greve/Schrädel*, MMR 2008, 644, 648; *Schmidt*, Äußerungsrechtlicher Schutz gegenüber Bewertungsportalen im Internet, S. 39; *Wilkat*, Bewertungsportale im Internet, S. 90.

28 *Schmidt*, Äußerungsrechtlicher Schutz gegenüber Bewertungsportalen im Internet, S. 39.

29 Vgl. *Raake/Hilker*, Web 2.0 in der Finanzbranche, S. 21.

weiß, dass er für solche Äußerungen i.d.R. keinerlei Verantwortung übernehmen muss.[30]

1.1.4 Hohe Glaubwürdigkeit

Den unternehmensbezogenen Äußerungen oder Informationen im Internet, insbesondere den Geschäftskritiken und negativen Bewertungen, wird normalerweise ein recht hohes Maß an Glaubwürdigkeit beigemessen,[31] weil man glaubt, dass der Bewertende mit anderen Behauptenden oder Bewertenden „in einem Boot" sitzt, und man ihm keine finanziellen Eigeninteressen unterstellt.[32] Laut einer Studie der Dualen Hochschule Lörrach halten rund 89 % der Nutzer die Bewertungen auf Hotelbewertungsportalen für glaubwürdig und 6 % der Nutzer sogar für sehr glaubwürdig.[33] Eine andere online durchgeführte Umfrage hat ergeben, dass 82 % der befragten Nutzer die Bewertung auf Reiseportalen für glaubwürdig, 4 % der Befragter für sehr glaubwürdig und 13 % der Befragter für weniger verlässlich halten.[34] Nur 1 % der Teilnehmenden dieser Umfrage hält die Bewertungen anderer Kunden für unglaubwürdig.

Die hohe Glaubwürdigkeit lässt sich auch an der Nutzungsintensität der Internetplattformen ersehen. Hier soll das Reisebewertungsportal HolidayCheck als Beispiel herangezogen werden. Laut einer Statistik beträgt die Anzahl der Unique User[35] von HolidayCheck durchschnittlich über 5 Mio. pro Monat im Zeitraum von Februar 2016 bis Februar 2017 in Deutschland.[36] Dies bedeutet, dass

30 *Grisse*, AfP 2019, 189, 189.

31 *Franz*, WRP 2016, 1195, 1196; *Gomille*, ZUM 2009, 815, 815; *Raake/Hilker*, Web 2.0 in der Finanzbranche, S. 137–138.

32 *Jahn/Palzer*, K&R 2015, 767, 769; *Franz*, WRP 2016, 1195, 1196.

33 *Badische Zeitung*, Wie steht der Schwarzwald-Tourismus im Internet da? http://www.badische-zeitung.de/suedwest-1/wie-steht-der-schwarzwald-tourismus-im-internet-da--61991316.html (zuletzt abgerufen am 17.5.2017).

34 https://de.statista.com/statistik/daten/studie/372608/umfrage/umfrage-zur-glaubwuerdigkeit-von-reisebewertungen-in-bewertungsportalen/ (zuletzt abgerufen am 17.5.2017).

35 Unique User, auch Unique Visit ist eine Metrik der Zugriffshäufigkeit einer Website. Dabei wird jede IP-Adresse in einem bestimmten Zeitraum nur einmal gezählt, egal wie oft sie in diesem Zeitraum die Website besucht oder wie viele Elemente dabei heruntergeladen werden. Vgl. https://de.wikipedia.org/wiki/Unique_Visit (zuletzt abgerufen am 19.5.2017).

36 https://de.statista.com/statistik/daten/studie/418052/umfrage/online-besucherzahlen-von-holidaychek-als-zeitreihe/ (zuletzt abgerufen am 19.5.2017).

viele Internetnutzer an die Bewertungen auf HolidayCheck glauben und mithilfe solcher Bewertungen die eigenen Urlaube planen.

1.2 Risiken

Die ungünstigen unternehmensbezogenen Äußerungen und Informationen bringen selbstverständlich auch Gefahren und Risiken für das Unternehmen mit sich. Wichtig zu nennen sind die Manipulationsgefahr, die Schmähwirkung und der unmittelbare Einfluss auf den wirtschaftlichen Erfolg des betroffenen Unternehmens.

1.2.1 Manipulationsgefahr

Aus der Anonymität und Pseudonymität der Äußerungen oder Informationen im Internet resultiert die Gefahr von Mehrfachveröffentlichung oder Mehrfachbewertung.[37] Bei den meisten Internetplattenformen besteht die Möglichkeit, dass ein Portalnutzer sich mit einer neuen E-Mail-Adresse als neuer Kunde registriert. Für die Bewertungsplattenformen, auf denen eine Bewertung keine bestehende Geschäftsbeziehung voraussetzt, besteht aufgrund dieses Umstandes vor allem die Gefahr, dass ein Portalnutzer sich weitere, andere Nutzernamen oder E-Mail-Adressen geben und dadurch immer neue Bewertungen abgeben könnte, selbst dann, wenn er niemals Erfahrungen mit dem bewerteten Unternehmen und dessen Produkt gemacht hat.[38] Es kommen verabredete Aktionen ganzer Nutzergruppen hinzu, deren Zweck darin besteht, die Bewertungsstatistik eines einzelnen Betroffenen zu verbessern oder zu schmälern.[39] Durch solche Mehrfachbewertungen kann das Ergebnis jedoch verzerrt werden. So könnte sich sogar das Unternehmen selbst bewerten und so das Ergebnis verzerren. Durch das Genannte entsteht Manipulationsgefahr.[40]

---

37 *Schmidt*, Äußerungsrechtlicher Schutz gegenüber Bewertungsportalen im Internet, S. 37.

38 *Gomille*, ZUM 2009, 815, 821; *Schmidt*, Äußerungsrechtlicher Schutz gegenüber Bewertungsportalen im Internet, S. 37.

39 *Gomille*, ZUM 2009, 815, 821; *Paal*, RdJB 2010, 459, 469.

40 Vgl. *Gomille*, ZUM 2009, 815, 821; *Schmidt*, Äußerungsrechtlicher Schutz gegenüber Bewertungsportalen im Internet, S. 37; *Wilkat*, Bewertungsportale im Internet, S. 105.

1.2.2 Schmähwirkung

Eine Schmähwirkung tritt im Regelfall in solchen Fällen ein, in denen ein Behauptender ein Unternehmen oder dessen Produkte oder Dienstleistungen negativ bewertet oder gar kritisiert. Das Wesen jeder Bewertung oder Beurteilung ist die Wiedergabe der subjektiven Empfindung eines Behauptenden zum Bewertungsgegenstand. Deswegen ist es nicht selten, dass eine Bewertung im Kontext emotionaler Befangenheit und aus heterogenen Motiven abgegeben wird, insbesondere unmittelbar nach einer ganz schlechten Erfahrung.[41] In diesem Fall werden bei der Formulierung meistens beleidigende oder/und schmähende Worte von den Bewertenden verwendet, um ihre Unzufriedenheit zum Ausdruck zu bringen. Dadurch besteht die Gefahr, dass aller Voraussicht nach ein negatives Gesamtbild des Unternehmens oder des von ihm angebotenen Produktes entsteht.[42] Für Freiberufler und Handwerker wird sogar ein Persönlichkeitsbild des Betroffenen aus den Bewertungen und anderen Informationen konstruiert.[43]

1.2.3 Unmittelbarer Einfluss auf den wirtschaftlichen Erfolg

Eine andere Gefahr der ungünstigen unternehmensbezogenen Äußerungen im Internet liegt darin, dass die den wirtschaftlichen Erfolg unmittelbar beeinflussen.[44] Es besteht kein Zweifel, dass die geschäftsschädigenden Äußerungen sich negativ auf den Absatz von Produkten oder Dienstleistungen eines Unternehmens oder sogar dessen Fortbestand auswirken könnten.[45] Es liegt nahe, dass nur sehr wenige Personen sich für ein auf den Online-Portalen schlecht bewertetes Produkt oder Dienstleistung entscheiden wollen.[46] Der Ruf eines Produkts oder einer Dienstleistung und eines Unternehmens kann durch derartige negativen Bewertungen ruiniert werden. Wenn beispielsweise über ein Hotel die Behauptung geäußert wird, „die Zimmer beziehungsweise Betten waren mit Bettwanzen befallen“,[47] „an den Handtüchern war überall Stuhlgang,

---

41 *Heckmann*, K&R 2010, 1, 3.

42 *Frank*, WRP 2016, 1195, 1196.

43 *Gounalakis/Klein*, NJW 2010, 566, 566.

44 *Frank*, WRP 2016, 1195, 1196; *Raake/Hilker*, Web 2.0 in der Finanzbranche, S. 135.

45 Beispielsweise hat eine chinesische börsennotierte Gesellschaft (Guangxia (Yinchuan) co., Ltd) wegen des aus einer Reportage einer chinesischen Zeitschrift (Caijing Zazhi) resultierten Skandals ihren Bankrott angekündigt. Vgl. http://magazine.caijing.com.cn/20010805/111291.shtml (zuletzt abgerufen am 11.05.2017)).

46 *Raake/Hilker*, Web 2.0 in der Finanzbranche, S. 139.

47 BGH WRP 2015, 1326, Rn. 5 – „Hotelbewertungsportal“ m. Anm. *Hofmann*.

alte Tampons, Dreckflusen wurden von Reinigungskräften nicht weggemacht, dass Zimmer war eine Katastrophe, Dreck ohne Ende",[48] wird der Hotelbetrieb in seiner Existenz gefährdet sein.

Das Ganze verschärft sich, wenn man die folgende Situation in Betracht zieht. Neben dem jeweiligen Bewertungsobjekt ist häufig das Gesamturteil, und zwar der Durchschnittswert direkt angezeigt. Obwohl sich neben dem Gesamturteil auch alle Einzelbewertungen abrufen lassen, ist es wegen des nahezu unüberschaubaren Angebotes an Produkten oder Dienstleistungen bei vielen Bewertungsportalen[49] kaum möglich, alle Einzelbewertungen zu lesen.[50] Deshalb orientieren sich die meisten Internetnutzer normalerweise zunächst an der Durchschnittsbewertung, die beim Bewertungsobjekt angegeben ist.[51] Wie erwähnt, werden den Bewertungen oder Informationen im Internet eine hohe Glaubwürdigkeit beigemessen. Deshalb treffen viele ihre Entscheidung bereits aufgrund des Gesamturteils des Bewertungsobjekts, ohne die Einzelbewertungen zu lesen.

Zudem ist es üblich, dass die Nutzung der Informationen oder der Bewertungen auf den Internetplattformen nicht mit einer Registrierung verbunden ist. Somit steht die Nutzung jedem Webnutzer offen. Dadurch verschärft sich der Einfluss der ungünstigen unternehmensbezogenen Behauptungen auf den wirtschaftlichen Erfolg des Betroffenen.

1.3 Ergebnis des Kapitels

Das Internet ist ein zweischneidiges Schwert. Auf der einen Seite erleichtert es den Informationsaustausch. Auf der anderen Seite kann es die Unternehmensreputation stark beeinträchtigen, da mit der Erleichterung und der Beschleunigung des Informationsaustausches auch die Reichweite geschäftsschädigender Äußerungen vergrößert wird. Die Verbreitung rufverletzender Informationen im Zeitalter der Globalisierung geht längst über den persönlichen Bekanntenkreis hinaus. Dies führt zu einer erheblichen Zunahme der Fälle von Verletzungen der Unternehmensreputation. Dazu kommt, dass die nachträgliche Beseitigung

---

48 LG Hamburg, Urteil vom 01.09.2011 - 327 O 607/10.

49 Laut Suchergebnis auf www.booking.com gibt es z.B. 1091 Hotelangebote für Berlin und 2060 Hotelangebote für Shanghai (zuletzt abgerufen am 17.05.2017).

50 Es ist ganz selbstverständlich und auch allgemein üblich, dass die Nutzer vornehmlich die Treffer auf der ersten Seite lesen.

51 *Schmidt*, Äußerungsrechtlicher Schutz gegenüber Bewertungsportalen im Internet, S. 33.

von Interneteinträgen fast unmöglich ist, weil das Internet nicht vergisst. Erwähnenswert ist zudem, dass die Informationen im Internet hohe Glaubwürdigkeit bei den Nutzern genießen. Dies kann die vom Betroffenen erlittenen Schäden noch verschärfen.

Kapitel 2: Unternehmensschädigende Äußerungen im Internet

In diesem Kapitel werden die online veröffentlichten Äußerungen, die den Geschäftsruf des Unternehmens beeinträchtigen können, eingehend untersucht. Im ersten Teil dieses Kapitels sind zunächst jeweils die Begriffe und Erscheinungsformen aller unternehmensschädigenden Äußerungen im deutschen und chinesischen Recht vorzustellen und dann zu vergleichen. Die Unterscheidung der unternehmensschädigenden Äußerungen ist für die Anwendung von §§ 823, 824 BGB im deutschen Recht und die Anwendung von § 101 AGZ im chinesischen Recht im Fall des äußerungsrechtlichen Unternehmensschutzes von entscheidender Bedeutung. Anschließend ist die Sinnermittlung der unternehmensschädigenden Äußerungen in den Vergleichsländern zu untersuchen, da dies die Voraussetzung der Einordnung einer unternehmensschädigenden Äußerung darstellt. Die Art und Weise der Sinnermittlung und die Faktoren, die den Sinn einer Äußerung beeinflussen können, sind in diesem Teil der Untersuchung zu präsentieren und zu vergleichen.

2.1 Unternehmensschädigende Äußerungen im deutschen und chinesischen Recht

2.1.1 Unternehmensschädigende Äußerungen im deutschen Recht

Ausgangspunkt für die Lösung einer äußerungsbezogenen Rechtsfrage im deutschen Recht ist nicht selten die Frage, ob es sich bei der beanstandeten Äußerung um eine Tatsachenbehauptung oder um ein Werturteil handelt.[52] Im deutschen Recht ist es allgemein bekannt, dass unwahre Tatsachenbehauptungen und geschäftsschädigende Werturteile für den Betroffenen schädlich sind. Daher ist eine unternehmensbezogene Behauptung, die den Geschäftsruf des betroffenen Unternehmens beeinträchtigt, entweder eine unwahre Tatsachenbehauptung oder ein geschäftsschädigendes Werturteil.

---

52 Vgl. Wenzel/*Burkhardt*, Kap. 4 Rn. 41; Müko/*Wagner*, BGB, § 824 Rn. 15; *Stein*, S. 20.

2.1.1.1 Unwahre Tatsachenbehauptungen

a) Begriff der Tatsachenbehauptung

Tatsachenbehauptungen i.S.d. deutschen Rechts sind Äußerungen, die etwas Geschehenes oder Bestehendes voraussetzen, das in die Wirklichkeit eingetreten und einer objektiven Klärung und dem Beweis zugänglich ist.[53] Sie beziehen sich auf einen bestimmten Vorgang und werden durch die objektive Beziehung zwischen der Äußerung und der Wirklichkeit charakterisiert.[54] Deshalb ist ein Geschehen oder ein Zustand in der Zukunft oder eine Prognose in diesem Sinne grundsätzlich keine Tatsachenbehauptung.[55]

Eine Aussage in der Form von Tatsachenbehauptung kann demnach durch konkrete, nach Raum und Zeit bestimmte, der Vergangenheit oder Gegenwart angehörige Geschehnisse oder Zustände der Außenwelt oder des menschlichen Seelenlebens bewiesen werden.[56] Dabei steht die Beziehung zwischen der Äußerung und der Realität im Vordergrund, während die Subjektivität des Äußernden zurücktritt.[57] Außerdem spielt die Formulierung einer umstrittenen Äußerung für ihre Einstufung als Tatsachenbehauptung keine entscheidende Rolle,[58] auch wenn sie mit einschränkenden Ausdrücken, wie „scheinbar", „anscheinend", „offenbar", „ich glaube", „ich meine", „vermutlich", „sollen angeblich", „mit an

---

53 BGH NJW 1998, 1223, 1224; Wenzel/*Burkhardt*, Kap. 4 Rn. 43; Soergel/*Beater*, BGB, § 824 Rn. 9; BeckOGK/*Spindler*, BGB, § 824 Rn. 7; Staudinger/*Hager*, BGB, § 823 Rn. C73; *Beater*, Medienrecht, Rn. 1640.

54 BVerfGE 94, 1, 8 = NJW 1996, 1529 f. – „DGHS"; BVerfG NJW 2008, 358, 359; BGHZ 132, 13, 21 = NJW 1996, 1131, 1133 – „Lohnkiller"; BGHZ 139, 95, 102 = NJW 1998, 3047, 3048 – „Stolpe"; BGHZ 166, 84, 100 = NJW 2006, 830 Rn. 63 – „Kirch"; BGH NJW 2005, 279, 281 – „Foris"; BGH NJW 2011, 2204 Rn. 10 – „Bonitätsbeurteilung"; BGH NJW 2015, 773 Rn. 8 – „Hochleistungsmagneten"; BGH GRUR 2016, 855, 858 – „Ärztebewertungsportal"; Müko/*Wagner*, BGB, § 824 Rn. 15; Erman/*Klass*, BGB, § 12 Anh. Rn. 98; Soergel/*Beater*, BGB, § 824 Rn. 9; BeckOGK/*Spindler*, BGB, § 824 Rn. 7.

55 Erman/*Wilhelmi*, BGB, § 824 Rn. 2; BeckOGK/*Spindler*, BGB, § 824 Rn. 7; *Prinz/Peters*, Medienrecht, Rn. 23; Wenzel/*Burkhardt*, Kap. 4 Rn. 64.

56 BGH NJW 1998, 1123, 1124; Staudinger/*Hager*, BGB, § 823 Rn. C73; Wenzel/*Burkhardt*, Kap. 4 Rn. 43.

57 BVerfGE 90, 241, 247 = NJW 1994, 1779 – „Auschwitzlüge"; *Grimm*, NJW 1995, 1697, 1698; Staudinger/*Hager*, BGB, § 823 Rn. C73.

58 Vgl. Wenzel/*Burkhardt*, Kap. 4 Rn. 55; BeckOGK/*Spindler*, BGB, § 824 Rn. 7; BeckOK InfoMedienR/*Söder*, BGB, § 823 Rn. 37; Müko/*Wagner*, BGB, § 824 Rn. 16.

Sicherheit grenzender Wahrscheinlichkeit“ u.Ä., verbunden ist.[59] Von zentraler Bedeutung bei der Einstufung ist lediglich die Möglichkeit einer Wahrheitsprüfung der Äußerung mit den Mitteln des Beweises.

Trotz der Schwierigkeit der Wahrheitsermittlung können Absichten, Motive oder innere Einstellungen einer Person Tatsachenbehauptungen sein, wenn sie zu bestimmten äußeren Vorgängen oder Zuständen in Beziehung gesetzt werden.[60] Beispielsweise hat der BGH es als Tatsachenbehauptung eingeordnet, dass der Kläger wissentlich fehlerhafte Zahlen genannt hatte und er damit die Prüfungsausschüsse hätte fehlsteuern können.[61] Ansonsten und auch tendenziell sind die Absichten, Motive und inneren Einstellungen jedoch eher als wertende Schlussfolgerungen des Äußernden zu verstehen.[62]

b) Unwahre Tatsachenbehauptungen im engen Sinne

Nach den obigen Darstellungen ist eine Behauptung unwahr oder unrichtig, wenn sie nicht mit dem tatsächlichen Vorgang übereinstimmt oder auch wenn sie im Wesentlichen in ihrem Kern unzutreffend ist.[63] Zu berücksichtigen ist aber, dass eine Äußerung nicht unwahr ist, wenn Nebensächlichkeiten weggelassen werden oder sie unbedeutende Übertreibungen enthält und deren Gehalt nicht dadurch verfälscht wird.[64] Beispielsweise ist der Adressatenkreis der Schufa darüber im Bilde, dass die von der Schutzgemeinschaft zusammengetragenen Informationen nur nach Namen und Wohnsitz zugeordnet werden, aber keine Identitätsprüfung stattfindet, und kommt es bei oberflächlicher Lektüre zu einer Verwechslung, macht diese die Tatsachenmitteilung nicht unrichtig.[65]

Es gibt jedoch auch solche Aussagen, die sowohl wahre als auch unwahre Tatsachenangaben enthalten. Bei deren Wahrheitsprüfung ist der Gesamteindruck

---

59 Vgl. Müko/*Rixecker*, BGB, § 12 Anh. Rn. 177; BeckOGK/*Specht/Riemenschneider*, BGB, § 823 Rn. 1277; BeckOGK/*Spindler*, BGB, § 824 Rn. 7; BeckOK InfoMedienR/*Söder*, BGB, § 823 Rn. 37.

60 Vgl. Wenzel/*Burkhardt*, Kap. 4 Rn. 54; BeckOGK/*Spindler*, BGB, § 824 Rn. 7; Müko/*Rixecker*, BGB, § 12 Anh. Rn. 176; BeckOK InfoMedienR/*Söder*, BGB, § 823 Rn. 36; *Helle*, S. 13.

61 Vgl. BGH NJW 1992, 1314 – „Korruptionsprozess“.

62 Vgl. BGH NJW-RR 2017, 98 Rn. 49; BeckOK InfoMedienR/*Söder*, BGB, § 823 Rn. 36.

63 Müko/*Wagner*, BGB, § 824 Rn. 27; *Prinz/Peters*, Medienrecht, Rn. 160; Wenzel/*Burkhardt/Peifer*, Kap. 5 Rn. 249.

64 Müko/*Wagner*, BGB, § 824 Rn. 27; *Prinz/Peters*, Medienrecht, Rn. 160; Wenzel/*Burkhardt/Peifer*, Kap. 5 Rn. 249.

65 BGH NJW 1978, 2151, 2152.

der beanstandeten Äußerung entscheidend.[66] Zu beachten ist allerdings, ob einzelnen Angaben im Wege ihrer Sinnermittlung ein eigenständiges Gewicht zukommt.[67] Die Unwahrheit der streitigen Gesamtaussage unterliegt der Unwahrheit solcher einzelnen wichtigen Angaben in solchen Konstellationen. Das kann etwa der Fall sein, wenn in einem Bericht über ein Unternehmen Dutzende von Behauptungen richtig sind, außer der Behauptung, dass der Geschäftsführer früher zweimal Konkurs gemacht hat. Eine unwahre Tatsachenbehauptung liegt in diesem Fall auch noch vor, wenn der Bericht im Übrigen – von diesem einzelnen Punkt abgesehen – wahr ist.[68]

c) Unwahre Zitate

Bezüglich unternehmensbezogener Äußerungen im Internet ist es nicht selten der Fall, dass der Äußernde Aussagen von Dritten, z.B. Experten oder ehemaligen Arbeiternehmern, zitiert, um seine eigenen Behauptungen zu ergänzen und dadurch deren Glaubwürdigkeitswert zu erhöhen.[69]

Nach der Auffassung des BVerfG wird das Zitat als eine besonders scharfe Waffe im Meinungskampf angesehen: Gegenüber der erkennbaren Meinungsäußerung kommt ihm die besondere Überzeugungs- und Beweiskraft des Faktums zu.[70] Das ist insbesondere der Fall, wenn der Zitierte als neutrale und kompetente Institution mit besonderer Vertrauenswürdigkeit herangezogen wird, um für die Stichhaltigkeit der geäußerten Meinung zu argumentieren.[71] Deshalb sind im deutschen Recht strenge Maßstäbe an die Wiedergabe tatsächlich aufgestellter Äußerungen zu stellen.

Zunächst ist es vollkommen verboten, die Originalaussage des Zitats inhaltlich zu verändern und dem Zitierten etwas in den Mund zu legen, das er nicht oder zumindest so nicht gesagt hat.[72] Dazu gehören nicht nur erfundene Aussagen, sondern auch jede nicht ganz unerhebliche Veränderung, wie sinnentstellende Verkürzungen und eigenschöpferische Zusätze.[73] In diesem Fall kommt es bei der Unwahrheit des Zitates nicht darauf an, ob die zitierte Äußerung als

66 Müko/*Wagner*, BGB, § 824 Rn. 28.
67 *Beater*, Medienrecht, Rn. 1659; *Prinz/Peters*, Medienrecht, Rn. 161.
68 *Prinz/Peters*, Medienrecht, Rn. 161.
69 Vgl. *Frömming*, FS Engelschall, 47, 47.
70 BVerfG GRUR 1980, 1087, 1089 – „Heinrich Böll".
71 Vgl. BVerfG NJW 2008, 358, 360.
72 Götting/Schertz/Seitz/*Wanckel*, Persönlichkeitsrecht, § 20 Rn. 21; *Soehring*, Presserecht, Rn. 14.7; *Prinz/Peters*, Medienrecht, Rn. 116; *Fömming*, FS Engelschall, 47, 51.
73 *Fömming*, FS Engelschall, 47, 51.

solche eine Tatsachenbehauptung oder eine Meinungsäußerung ist.[74] Die Änderung oder Unterschiebung macht das Zitat bereits unwahr. Ob die untergeschobenen Äußerungen als solche „wahr" sind oder vom Zitierten „hätten stammen können", spielt dabei keine Rolle.[75] Ein Sonderfall der Änderung oder Unterschiebung ist, dass der zitierte Inhalt verschiedene Auslegungsmöglichkeiten zulässt. In diesem Fall kann ein unwahres Zitat nur vermieden werden, wenn es kenntlich gemacht wird.[76] Außerdem ist jedes Vermengen des Zitates mit eigenen Bewertungen oder Kommentierungen vonseiten des Zitierenden ebenso unzulässig.[77] Schließlich ist es i.d.R. auch unzulässig, dass ein falscher Eindruck, jemand habe sich wie dargestellt geäußert, durch verdeckte Zitate in indirekter Rede hervorgerufen wird.[78] Unrichtige Zitate liegen vor, wenn mindestens eine dieser drei Regeln bei den Wiedergaben einer unternehmerischen Äußerung nicht befolgt wird.

Ein Sonderfall des Zitates ist, dass sich der Äußernde bei der Aufstellung einer Behauptung auf eine anonyme Informationsquelle beruft, wie „nach Experten-Meinung", „nach neuesten Informationen", „Insider gegenüber XY", „aus gut informierten Kreisen war zu hören", „aus der Szene war zu hören", „nach Justizangaben" u.Ä. Dies ist ein sehr verbreitetes Phänomen im Internet. Wie bei Zitaten wird mit solchen Ausführungen einer Behauptung ein erhöhter Glaubwürdigkeitswert verliehen. Gleichzeitig aber wird damit der Auffassung der Rechtsprechung nach eine neue und i.d.R. leichter angreifbare Tatsachenbehauptung geschaffen.[79]

Wenn eine Behauptung, die sich auf eine anonyme Informationsquelle stützt, ehrenrührig ist, trifft den Behauptenden nach der deutschen Rechtsprechung unabhängig von der Beweislast im Zivilprozess noch eine erweiterte Darlegungslast aus der Erklärungspflicht gem. § 138 Abs. 1 ZPO.[80] Wenn der Behauptende ein Medienunternehmen ist, muss er in solchen Konstellationen zwar nicht den Informanten benennen und die Quelle preisgeben. Er muss aber zumindest nähere Umstände mitteilen, aus denen auf die Richtigkeit der Information

74 *Beater*, Medienrecht, Rn. 1674; *Soehring*, Presserecht, Rn. 16.51.

75 BGH NJW 1982, 635, 636 – „Böll/Walden" zum Persönlichkeitsrecht.

76 Vgl. OLG Frankfurt NJW-RR 2005, 54.

77 *Beater*, Medienrecht, Rn. 1675; *Frömming*, FS Engelschall, 47, 51.

78 *Fömming*, FS Engelschall, 47, 51; vgl. auch *Soehring*, Presserecht, Rn. 16.52

79 Vgl. BGH NJW 2008, 2262; OLG Köln AfP 2001, 524.

80 Vgl. BVerfG NJW 1999, 1322, 1324; BGH NJW 1974, 1710, 1711; BGH NJW 2008, 2262 Rn. 25; OLG Köln AfP 2001, 524, 525 f.

geschlossen werden kann.[81] Die erforderlichen Einzelheiten können jedoch nur im Einzelfall anhand der jeweiligen Umstände und unter Abwägung der konkret kollidierenden Interessen entschieden werden.[82] Wenn das Medienunternehmen diese erweiterte Darlegungslast nicht erfüllt, kann von der Unwahrheit der streitigen Behauptung auch insoweit ausgegangen werden, als die Beweislast an sich den Kläger trifft.[83]Wenn der Behauptende ein Individuum oder privates Unternehmen ist, werden die Anforderungen an die Wahrheitsfeststellung der anonymen Berufung nach der Auffassung des BVerfG gelockert, es sei denn, die Behauptung wurde aus seinem eigenen Erfahrungs- und Kontrollbereich aufgestellt.[84] Danach wird die Darlegungspflicht erfüllt, wenn er sich darauf berufen kann, dass die nachteilige Behauptung in der Presse oder in anderen öffentlich zugänglichen Quellen unwidersprochen erschienen ist.[85] Ansonsten sind auch in diesem Fall unwahre Tatsachenbehauptungen anzunehmen.[86]

d) Unvollständige Tatsachenbehauptungen

Die unvollständige Tatsachenbehauptung kann einen falschen Eindruck von einem Geschehen vermitteln. Dabei handelt es sich um Aussagen, die für sich betrachtet wahr sind, im Ergebnis aber doch irgendwie unzutreffende tatsächliche Vorstellungen erzeugen. Sie ist daher für den Geschäftsruf des Betroffenen nicht weniger gefährlich, als wenn sie völlig unwahr wäre.[87] Eine solche unvollständige Tatsachenbehauptung liegt vor, wenn z.B. darüber berichtet wird, der Betroffene leite einen bestimmten Schadenstoff ab, dabei aber verschwiegen wird, dass er für die Ableitung über Zertifikate verfügt, die sie ihm gestalten.

---

81 BGH NJW 2008, 2262 Rn. 25; OLG Köln AfP 2001, 524, 525; Wenzel/*Burkhardt*, Kap. 12 Rn. 135; *Beater*, Medienrecht, Rn. 1679; *Soehring*, Presserecht, Rn. 30.24; *Damm/Rehbock*, Rn. 827; *Brömmekamp*, AfP 2002, 141, 143 ff.; *Molle*, ZUM 2010, 331, 335.

82 *Brömmekamp*, AfP 2002, 141, 145.

83 Wenzel/*Burkhardt*, Kap. 12 Rn. 133; *Beater*, Medienrecht, Rn. 1679.

84 Vgl. BVerfG NJW 1992, 1439, 1442; BVerfG NJW 1999, 1322, 1324.

85 BVerfG NJW 1992, 1439, 1442; BVerfG NJW 1999, 1322, 1324, Wenzel/*Burkhardt*, Kap. 12, Rn. 136.

86 Es sollte aber nicht übersehen werden, dass es problematisch ist, die Darlegungs- und Beweislast „Einzelner" wesentlich anders zu beurteilen als die der „Presse". Richtigerweise sollte die Berufung auf das „Laienprivileg" nur zurückhaltend als durchgreifend anerkannt werden. Wenzel/*Burkhardt*, Kap. 12 Rn. 137.

87 *Helle*, S. 13 f.; *Rekta*, AfP 2018, 196, 196.

Im Unterschied zu den unwahren Tatsachenaussagen im engeren Sinne reicht es für unvollständige Tatsachenbehauptungen schon aus, wenn „Halbwahrheiten“ übermittelt werden.[88] Dies ist etwa der Fall, wenn dem Leser Tatsachen mitgeteilt werden, aus denen er erkennbar eigene Schlussfolgerungen ziehen kann und soll. Hierbei dürfen keine wesentlichen Tatsachen, die dem Vorgang ein anderes Gewicht geben können, verschwiegen werden, weil Kenntnis solcher Tatsachen für ein zutreffendes Urteil unerlässlich ist.[89] Zu beachten ist dabei, dass das Weglassen von Nebensächlichkeiten grundsätzlich zu keiner unwahren Tatsachenbehauptung führen soll, soweit der Aussagegehalt hierdurch nicht beeinträchtigt wird.[90]

Die oben dargestellten Grundsätze sollen auch bei entstellenden, übertriebenen oder verzerrten Tatsachenbehauptungen gelten. Dabei werden wesentliche Tatsachen zwar nicht verschwiegen, aber verzerrt oder übertrieben und sind damit „unrichtig“ geworden und können ebenfalls einen falschen Eindruck vom Geschehen vermitteln. Deshalb sind solche Aussagen auch als unwahre Tatsachenbehauptungen zu behandeln.[91]

2.1.1.2 Geschäftsschädigende Werturteile

Der „Gegensatz“ zur Tatsachenbehauptung im deutschen Äußerungsrecht ist das Werturteil, das in der Praxis auch sehr häufig als Meinungsäußerung bezeichnet wird.[92] Werturteile sind dementsprechend Äußerungen, die durch eine subjektive Beziehung des sich Äußernden zum Inhalt seiner Aussage geprägt sowie durch die „Elemente der Stellungnahme, des Dafürhaltens oder des Meinens“ gekennzeichnet sind.[93] Sie genießen besonderen Schutz nach Art. 5 Abs. 1 GG in Deutschland.

---

88 *Beater*, Medienrecht, Rn. 1669; Wenzel/*Burkhardt/Peifer*, Kap. 5 Rn. 81; *Rekta*, AfP 2018; 196, 198.

89 BGH NJW 2006, 601 Rn. 18 – „Unvollständige Berichterstattung“; *Soehring*, Presserecht, Rn. 16.44; Wenzel/*Burkhardt/Peifer*, Kap. 5 Rn. 81.

90 *Ricker*, S. 56.

91 Erman/*Wilhelmi*, BGB, § 824 Rn. 4; *Helle*, S. 13, 65; *Ricker*, S. 56.

92 Vgl. Wenzel/*Burkhardt*, Kap. 4 Rn. 42.

93 BVerfGE 85, 1, 15 = NJW 1992, 1439, 1440 – „Kritische Bayer-Aktionäre“; BVerfGE 90, 241, 247 = NJW 1994, 1779 – „Auschwitzlüge“; BGH NJW 2015, 773 Rn. 8 – „Hochleistungsmagneten“; BGHZ 132, 13, 21 = NJW 1996, 1131, 1133 – „Lohnkiller“; BGHZ 139, 95 102 = NJW 1998, 3047, 3048 – „Stolpe“; BGHZ 166, 84, 100 = NJW 2006, 830, 836 – „Kirch“; BGH GRUR 2016, 855, 858 – „Ärztebewertungsportal“; *Grimm*, NJW 1995, 1697, 1698; *Hager*, JA 2007, 296, 296; Müko/*Wagner*, BGB, § 824 Rn. 15; Müko/*Rixecker*, BGB, § 12 Anh. Rn. 182; Soergel/*Beater*, BGB, § 823 Anh.

Im Gegensatz zu den Tatsachenbehauptungen steht bei einem Werturteil die subjektive Beziehung zwischen dem Äußernden und dem Inhalt seiner Äußerung im Vordergrund.[94] Nicht erheblich ist das inhaltliche Niveau oder die Qualität der Äußerung.[95] Es kommt also nicht darauf an, ob die Äußerung emotional oder rational ist und ob sie für nützlich oder schädlich, wertvoll oder wertlos gehalten wird.[96]

Wenn Beurteilungen, Wertungen, Einschätzungen erfolgen oder wenn Auffassungen, Ansichten, Anschauungen geäußert werden, ist dies i.d.R. als Werturteil anzusehen.[97] Substanzarme Pauschalierungen sind normalerweise ebenfalls keine Beschreibungen der Wirklichkeit, sondern Bewertungen.[98] Eine Äußerung ist substanzarm, wenn kein konkreter greifbarer Gehalt davon entnommen wird und sie bloß ein pauschales Urteil enthält, bspw. die Bezeichnung „Gen-Milch".[99] Dieser Grundsatz hat eine besondere Bedeutung bei der Beurteilung von Rechtsbegriffen, weil diese meistens als umfassende und durch Wertung geprägte Subsumtion verwendet werden. Trotzdem ist eine Ermittlung unter Berücksichtigung aller Zusammenhänge erforderlich.[100]

Anders als die „Richtigkeit" oder „Wahrheit" der Tatsachenbehauptung ist die „Richtigkeit" des Werturteils keinesfalls davon hängig, ob sie als solche tatsächlich stattgefunden hat.[101] D.h., es ist unmöglich, objektiv zu beweisen, ob ein Werturteil richtig oder falsch ist. Die „Richtigkeit" eines Werturteils ist vielmehr von der Zustimmung oder Bejahung des Empfängers abhängig. Letzteres leitet sich eigentlich von dessen Überzeugung oder gesellschaftlichen Vorstellungen ab.[102] Daher kann das Maß der „Richtigkeit" eines Werturteils von Person zu

---

IV Rn. 162; Wenzel/*Burkhardt*, Kap. 4 Rn. 48; BeckOGK/*Spindler*, BGB, § 824 Rn. 8; Erman/*Klass*, BGB, § 12 Anh. Rn. 98; *Prinz/Peters*, Medienrecht, Rn. 4.

94 *Grimm*, NJW 1995, 1697, 1698; BeckOGK/*Spindler*, BGB, § 824 Rn. 8; Müko/*Wagner*, BGB, § 824 Rn. 15.

95 Müko/*Wagner*, BGB, § 824 Rn. 15; BeckOK InfoMedienR/*Söder*, BGB, § 823 Rn. 40.

96 Vgl. BGH NJW 1982, 2246, 2247 – „Klinikdirektoren"; BGHZ 139, 95, 102 = NJW 1998, 3047, 3048 – „Stolpe"; Palandt/*Sprau*, BGB, § 823 Rn. 103; Erman/*Klass*, BGB, § 12 Anh. Rn. 98.

97 Wenzel/*Burkhardt*, Kap. 4 Rn. 48.

98 BVerfG NJW 2010, 3501, 3502 – „Gen-Milch"; BGH NJW 2008, 2110, 2111 f. – „Gen-Milch"; Müko/*Rixecker*, BGB, § 12 Anh. Rn. 182; Erman/*Klass*, BGB, § 12 Anh. Rn. 102.

99 Vgl. BVerfG NJW 2010, 3501 Rn. 21 – „Gen-Milch"; BGH NJW 2008, 2110, 2112 – „Gen-Milch"; Staudinger/*Hager*, BGB, § 823 Rn. C77.

100 Vgl. BeckOK InfoMedienR/*Söder*, BGB, § 823 Rn. 41.

101 Soergel/*Beater*, BGB, § 824 Rn. 9.

102 Soergel/*Beater*, BGB, § 824 Rn. 9.

Person ganz unterschiedlich ausfallen. Aus diesem Grund kann die Zulässigkeit eines Werturteils nicht nach dessen „Richtigkeit“ oder „Wahrheit“ beurteilt werden. Deswegen soll dafür ein neues Beurteilungskriterium eingesetzt werden.

Im Rahmen der unternehmensbezogenen Äußerung ist ein Werturteil nach Art. 5 Abs. 1 GG grundsätzlich dann erst im deutschen Recht als unzulässig anzusehen, wenn es sich als Schmähkritik erweist. Im Falle der Schmähkritik beschränkt sich das Werturteil nicht mehr auf die Auseinandersetzung in der Sache selbst. Demgegenüber steht dabei offensichtlich die Herabsetzung des Betroffenen im Vordergrund.[103] Das ist z.B. der Fall, wenn das Produkt eines Unternehmens als „Scheiß des Monats“[104] oder eine Bank als „Schmuddelkind der Bankenbranche“[105] bezeichnet wird. Dies bedeutet jedoch nicht, dass scharfe, abwertende, überzogene oder gar ausfällig formulierte Werteurteile oder Kritiken unbedingt zu einer Schmähung führen.[106] Eine Äußerung nimmt der Auffassung des BVerfG nach erst den Charakter der Schmähung an, wenn der Betroffene jenseits polemischer und überspitzter Kritik herabgesetzt und gleichsam an den Pranger gestellt wird.[107] Dazu sind die Ziele und Motive des Äußernden von Bedeutung. Bei der zu beanstandenden Äußerung muss es eben gerade um die Herabwürdigung des Betroffenen gehen.[108] Daher liegt die Schmähung in der Praxis sehr selten vor.

2.1.1.3 Mischäußerungen

In der Praxis können nicht alle Äußerungen ohne Zweifel als Tatsachenbehauptungen oder Werturteile eingeordnet werden. Bei einer Äußerung kommt es nicht selten vor, dass sie aus tatsächlichen und wertenden Bestandteilen besteht und die beiden Teile gemeinsam den Sinn der Äußerung ausmachen.[109] Der

---

103 BVerfG NJW 2016, 2870 Rn. 14 m. Anm. *Gostomzyk*; BVerfG NJW 2003, 3760, 3760; BVerfG NJW 1995, 3303, 3304 – „Soldaten sind Mörder“; BGH NJW 2009, 1872 Rn. 18; BGH NJW 2009, 3508 Rn. 17 – „Verdacht unsauberer Geschäfte“; BGH NJW 2008, 2110 Rn. 15 – „Gen-Milch“.

104 OLG München WRP 1996, 925, 927 – „Scheiß des Monats“.

105 OLG Frankfurt a. M. WRP 2015, 1119, 1120 – „Schmuddelkind“.

106 BVerfG AfP 2017, 308 Rn. 14; BGH NJW 2007, 686 Rn. 18 – „Terroristentochter“; Wenzel/*Burkhardt*, Kap. 4 Rn. 49a.

107 BVerfG GRUR 2015, 289, 292 – „Hochleistungsmagneten“; BVerfG AfP 2008, 193 Rn. 15.

108 Götting/Schertz/Seitz/*Höch*, Persönlichkeitsrecht, § 21 Rn. 7.

109 Vgl. *Grimm*, NJW 1995, 1697, 1699; BeckOK InfoMedienR/*Söder*, BGB, § 823 Rn. 32; BeckOGK/*Specht/Riemenschneider*, BGB, § 823 Rn. 1282; Wenzel/*Burkhardt*, Kap. 4 Rn. 50.

Grund liegt darin, dass Werturteilen i.d.R. ein Tatsachenkern zugrunde liegt.[110] In diesem Fall ist zuerst zu prüfen, ob die tatsächlichen und wertenden Teile der beanstandeten Äußerung voneinander getrennt werden können, ohne dass der Sinn der Äußerung verloren geht oder verfälscht wird.[111] Falls ja, werden die voneinander getrennten tatsächlichen und wertenden Teile separat als Tatsachenbehauptung und Werturteil behandelt.[112]

Wenn die Trennung der tatsächlichen und wertenden Bestandteile nicht möglich ist oder dadurch der Sinn des Satzes verfälscht wird, dann liegt eine „echt" gemischte Äußerung vor. In diesem Fall kommt es bei der Einordnung der Mischäußerung dann darauf an, ob der tatsächliche oder wertende Bestandteil überwiegt.[113] Wenn der tatsächliche Bestandteil im Vordergrund steht und damit eine Beweisaufnahme über dessen Wahrheit möglich ist, wird in diesem Fall vom Überwiegen des tatsächlichen Charakters ausgegangen.[114] Wenn nach dem Schwerpunkt der Äußerung der wertende Bestandteil, d.h. die Stellungnahme, das Dafürhalten oder Meinen des Äußernden, überwiegt, ist sie insgesamt als Werturteil zu qualifizieren.[115] Dies ist z.B. der Fall, wenn aus einem zutreffenden Tatsachenkern Vermutungen oder Schlussfolgerungen gezogen werden.[116]

Dennoch könnte es in manchen Fällen nicht möglich sein, eine gemischte Äußerung ihrem Schwerpunkt nach klar und deutlich zu beurteilen. In diesen zweifelhaften Fällen soll die Regel vom „Vorrang des wertenden Elements"

110 BGH GRUR 1972, 435, 439 – „Grundstücksgesellschaft" m. Anm. *Knopp*; vgl. BeckOK InfoMedienR/*Söder*, BGB, § 823 Rn. 45; Wenzel/*Burkhardt*, Kap. 4 Rn. 50.

111 Vgl. BVerfG ZUM 2013, 793 Rn. 18 – „Begriff der Schmähkritik"; *Grimm*, NJW 1995, 1697, 1699; BeckOK InfoMedienR/*Söder*, BGB, § 823 Rn. 46; BeckOGK/*Specht/Riemenschneider*, BGB, § 823 Rn. 1283.

112 MüKo/*Mertens*, (3. Aufl. 1997) BGB, § 824 Rn. 23; Staudinger/*Hager*, BGB, § 823 Rn. C77; *Hager*, AcP 196 (1996), 168, 214.

113 Vgl. BVerfG ZUM 2013, 793 Rn. 18 – „Begriff der Schmähkritik"; BeckOK InfoMedienR/*Söder*, BGB, § 823 Rn. 46; BeckOGK/*Specht/Riemenschneider*, BGB, § 823 Rn. 1283; Wenzel/*Burkhardt*, Kap. 4 Rn. 50 ff.; *Beater*, Medienrecht, Rn. 1685.

114 BGH NJW 1996, 1131, 1133 – „Lohnkiller"; BeckOK InfoMedienR/*Söder*, BGB, § 823 Rn. 46; BeckOGK/*Specht/Riemenschneider*, BGB, § 823 Rn. 1284; Erman/*Klass*, BGB, § 12 Anh. Rn. 102; Wenzel/*Burkhardt*, Kap. 4 Rn. 51.

115 BVerfG MMR 2016, 849 Rn. 13; BVerfG ZUM 2013, 793 Rn. 18; BeckOK InfoMedienR/*Söder*, BGB, § 823 Rn. 46; BeckOGK/*Specht/Riemenschneider*, BGB, § 823 Rn. 1284; Erman/*Klass*, BGB, § 12 Anh. Rn. 102; Wenzel/*Burkhardt*, Kap. 4 Rn. 53.

116 BVerfG MMR 2016, 849 Rn. 14.

Anwendung finden. Danach wird die Mischäußerung im Zweifel grundsätzlich als Werturteil im deutschen Recht qualifiziert und rechtlich behandelt.[117]

2.1.1.4 Fragen

Echte Fragen sind Äußerungen, die weder als Tatsachenbehauptungen noch als Werturteile klassifiziert werden können.[118] Eine echte Frage ist keine Stellungnahme, Beurteilung oder Einschätzung, vielmehr will sie eine Äußerung als eine Antwort herbeiführen.[119] Ebenso wenig wird bei ihr etwas Geschehenes oder Bestehendes, das in die Wirklichkeit eingetreten und einer objektiven Klärung und dem Beweis zugänglich ist, beschrieben. Daher bilden die echten Fragen eine eigene Äußerungskategorie.[120]

Nach Auffassung der deutschen Rechtsprechung genießen echte Fragen den Rechtsschutz in gleicher Weise wie Werturteile,[121] weil sie ebenfalls zur Meinungsbildung beitragen.[122] Allerdings ist nicht jede Frage eine echte Frage, die auf eine Antwort gerichtet ist. Es gibt auch solche Fragen, die nicht um eine Antwort willen geäußert werden, sondern die bzw. der Fragende hat den Zweck ihrer bzw. seiner Äußerung bereits mit der Stellung der Frage erreicht.[123] Solche Fragesätze werden als unechte oder rhetorische Fragen bezeichnet. Unechte Fragen sollen in allen Zusammenhängen jeweils als Tatsachenbehauptung oder als

117 Vgl. BVerfG NJW-RR 2017, 1001 – „Volksverhetzung"; BVerfG NJW 1983, 1415 – „Wahlkampfäußerung"; BGH NJW 2015, 773 Rn. 8 – „Hochleistungsmagneten"; *Grimm*, NJW 1995, 1697, 1699; BeckOGK/*Specht/Riemenschneider*, BGB, § 823 Rn. 1284; Wenzel/*Burkhardt*, Kap. 4 Rn. 66; Staudinger/*Hager*, BGB, § 823 Rn. C79; *Beater*, Medienrecht, Rn. 1685.

118 Erman/*Klass*, BGB, § 12 Anh. Rn. 106; Müko/*Rixecker*, BGB, § 12 Anh. Rn. 188.

119 Vgl. BeckOK InfoMedienR/*Söder*, BGB, § 823 Rn. 47; Müko/*Rixecker*, BGB, § 12 Anh. Rn. 188.

120 Vgl. BVerfG NJW 1992, 1442, 1443 – „Altenheim"; *Grimm*, NJW 1995, 1697, 1700; Erman/*Klass*, BGB, § 12 Anh. Rn. 106; BeckOK InfoMedienR/*Söder*, BGB, § 823 Rn. 47; Wenzel/*Burkhardt*, Kap. 4 Rn. 31; *Prinz/Peters*, Medienrecht, Rn. 15.

121 Vgl. BVerfG NJW 1992, 1442 – „Altenheim"; BVerfG NJW 2014, 766, 767; BGH GRUR 2017, 298 Rn. 13 – „Mal PR-Agent, mal Reporter"; BGH GRUR 2015, 96 Rn. 19 – „Chefjustiziar".

122 *Grimm*, NJW 1995, 1697, 1700.

123 Erman/*Klass*, BGB, § 12 Anh. Rn. 106.

Werturteil eingeordnet und wie solche rechtlich behandelt werden.[124] Die Regelungen im Rahmen von Tatsachenbehauptung und Werturteil finden jeweils Anwendung.

2.1.2 Unternehmensschädigende Äußerungen im chinesischen Recht

Im chinesischen Zivilrecht wird der Standpunkt vertreten, dass der gute Ruf eines Unternehmens von Diffamierung oder Beleidigung beeinträchtigt werden kann.[125] Danach können rufschädigende Äußerungen entweder als diffamierende oder als beleidigende Äußerungen im chinesischen Recht qualifiziert werden.

2.1.2.1 Diffamierende Äußerungen

Vor der Darlegung einer Definition für diffamierende Äußerung ist es notwendig, zunächst den Begriff der Diffamierung zu definieren. Das Problem ist aber, dass es ebenfalls keine Legaldefinitionen von Diffamierung im chinesischen Deliktsrecht gibt. Der chinesische Gesetzgeber verwendet diesen Begriff in AGZ, ohne ihn zu definieren oder näher zu erläutern. Was die Definition von Diffamierung betrifft, sind allerdings in der Praxis die Meinungen des ersten Zivilsenats des OVG, der Instanzgerichte und des Schrifttums nicht einheitlich.

a) Begriff der Diffamierung

aa) Der erste Zivilsenat des OVG

Zum ersten Mal hat der erste Zivilsenat des OVG die Diffamierung in seinen Erläuterungen zu den Bestimmungen des OVG zu einigen Fragen der Rechtsanwendung bei der Verhandlung von Zivilstreitigkeiten über Verletzung der Persönlichkeitsrechte und Persönlichkeitsrechtsgüter durch Informationsnetze aus dem Jahr 2014 (Interpretation von 2014)[126] definiert. Demnach wird Diffamierung als Erfindung und Verbreitung unwahrer Tatsachenbehauptungen

---

124 Vgl. BVerfG NJW 2003, 660, 661 – „Meinungsfreiheit oder Volksverhetzung"; Erman/*Klass*, BGB, § 12 Anh. Rn. 106; Wenzel/*Burkhardt*, Kap. 4 Rn. 31.

125 民法通则 101 条规定: 禁止以侮辱、诽谤的方式侵害企业的名誉。

126 最高人民法院法释[2014]第 11 号。

festgelegt, durch welche die gesellschaftliche Gesamtbewertung des Betroffenen gemindert werden kann.[127]

bb) Die Instanzgerichte

In der chinesischen gerichtlichen Praxis versuchen nur sehr wenige Volksgerichte bei der Anwendung der §§ 101, 120 AGZ, Diffamierung zu definieren, während die meisten auf die Erklärung des Begriffs von Diffamierung schlichtweg verzichtet haben.[128]

In einem Urteil hat das Obere Volksgericht der Zhejiang-Provinz Diffamierung als Veröffentlichung oder Verbreitung verfälschter Tatsachen definiert, wodurch die Persönlichkeit oder den Ruf des Betroffenen beeinträchtigt werden kann.[129] Das Obere Volksgericht der Henan-Provinz definiert Diffamierung als solche Taten, durch welche unwahre Tatsachen absichtlich aufgestellt und verbreitet werden, um das Ansehen des Betroffenen zu mindern.[130] Das Mittlere Volksgericht Suqian in Jiangsu-Provinz ist der Meinung, dass Diffamierung die Bedeutung hat, den Ruf einer Person durch vorsätzliche oder fahrlässige Verbreitung gefälschter Tatsachen zu schädigen.[131] Das Mittlere Volksgericht Shenzhen in Guangdong-Provinz definiert Diffamierung als Aufstellung und Verbreitung unwahrer Tatsachen, die zur Minderung der sozialen Bewertung des Opfers führen können.[132] In dem Urteil des Volksgerichts des Bezirks Gulou in Nanjing der Jiangsu-Provinz wird Diffamierung als Aufstellung und Verbreitung unrichtiger Tatsachen verstanden, um das Ansehen einer Person zu schädigen.[133] Das

127 *奚晓明*:《最高人民法院利用网络侵害人身权益司法解释理解与适用》, 第161页。

128 陕西省高级人民法院(2017)陕民申第 1914号民事裁定书; 河北省高级人民法院(2017)冀民终第 352 号民事判决书; 浙江省高级人民法院(2017)浙民申字第2051号民事裁定书; 云南省高级人民法(2016)云民申第881号民事裁定书; 北京市高级人民法院(2018)京民申第959号民事裁定书; 河南省高级人民法院(2016)豫民终第32号民事判决书; 黑龙江省高级人民法院(2015)黑高民申二字第727号民事裁定书; 浙江省高级人民法院(2014)浙民申字第436号民事裁定书; 四川省高级人民法院(1994)川高法经初字第2号民事判决书; 广东省高级人民法院(2009)粤高法审监民提字第226号民事判决书; 辽宁省高级人民法院(2014)辽审一民申字第193号民事裁定书; *张新宝*:《名誉权的法律保护》, 第118页。

129 浙江省高级人民法院(2016)浙民申第1216号民事裁定书。

130 河南省高级人民法院(2013)豫民法提字第001号民事判决书。

131 江苏省宿迁市中级人民法院(2013)宿中商初字第0279号民事判决书。

132 深圳市中级人民法院(2014)深中法民终字第3239号民事判决书。

133 《最高人民法院公报》2003年第2期。

Volksgericht des Bezirks Xuhui in Shanghai hatte in seinem Urteil die Diffamierung ebenfalls definiert. Demnach handelt es sich bei Diffamierung um unwahre Tatsachen, die sich zur Beeinträchtigung der Persönlichkeit oder des Rufs einer Person eignen sowie absichtlich behauptet und verbreitet werden.[134]

cc) Das Schrifttum

Im Schrifttum gibt es ebenfalls mehrere Definitionen von Diffamierung, die insgesamt in zwei Kategorien unterteilt werden können. Der ersten Kategorie nach bezieht sich die Diffamierung auf die Aufstellung und/oder Verbreitung bestimmter unrichtiger Tatsachen, wodurch der Ruf einer Person geschädigt wird.[135] Laut der zweiten Kategorie bedeutet Diffamierung die Verbreitung unwahrer Tatsachen oder unangemessener Bewertungen, die auf unwahren Tatsachen basieren.[136]

dd) Ergebnis

In Hinsicht auf den Begriff der Diffamierung stimmen der erste Zivilsenat des OVG, die Instanzgerichte und das Schrifttum in den folgenden drei Punkten überein: Erstens stehen bei Diffamierung immer unwahre Tatsachenbehauptungen im Vordergrund. Zweitens muss der Schädiger solche unwahren Tatsachenaussagen behauptet oder verbreitet haben. Drittens tritt die Persönlichkeitsverletzung oder Rufbeeinträchtigung des Betroffenen als Folge der Diffamierung ein.

Umstritten ist aber, ob dem Schädiger die Unwahrheit der Tatsachen beim Behaupten oder Verbreiten bewusst sein muss. Es gibt eine Meinung im Schrifttum, derzufolge die Verwendung von Worten wie „Erfindung“, „Aufstellung“ oder gar „Veröffentlichung“ bei der Definition der Diffamierung bereits das Bewusstsein des Schädigers über die Unwahrheit der Tatsachen beinhaltet, weil solche Worte im Chinesischen eine absichtliche oder willentliche Bedeutung enthalten.[137] Die Absicht oder das Bewusstsein des Schädigers sollte eigentlich

---

134 上海市徐汇区人民法院(2015)徐民二（商）初字第2668号民事判决书。

135 *王利明*:《人格权法（第二版）》，第285页; *王利明*:《人格权法研究》, 第505页; *杨立新*:《人格权法》, 第521页; *苏兆勇*: 论侵害名誉权行为的认定,《新学术》2008年第2期，第91页。

136 *张红*:《人格权各论》，第290页; *张新宝*:《名誉权的法律保护》，第118页; *王明锁/崔艳艳*: 关于侵害名誉权构成要件认定的探讨,《河南司法警官职业学院院报》2005年第1期，第57–58页

137 *杨晔*:《法人名誉权及其侵权责任法保护研究》, 第88页。

bei der Äußerungsabgrenzung keine Rolle spielen, weil sich die Kenntnis der Unrichtigkeit der Tatsachen nur darauf bezieht, ob der Äußernde schuldhaft handelt.[138] Richtigerweise sollten Aufstellung und Verbreitung unangemessener Bewertungen ebenfalls von der Definition von Diffamierung ausgeschlossen werden. Denn sie fallen unter die Beleidigung, nicht aber unter die Diffamierung.[139]

Aufgrund der oben genannten drei Gemeinsamkeiten kann Diffamierung i.S.d. chinesischen Rechts als unlautere Handlung des Schädigers definiert werden, die das Persönlichkeitsrecht oder den Ruf des Betroffenen durch Behaupten oder Verbreiten unwahrer Tatsachenäußerungen beeinträchtigt. Bei dieser Definition wird der subjektive Zustand des Schädigers nicht berücksichtigt. Ob er sich der Unwahrheit der von ihm behaupteten oder verbreiteten Tatsachenbehauptung bewusst ist, spielt bei der Definition der als eine unlautere Handlung angenommenen Diffamierung keine Rolle. Ob er die Folgen des Behauptens oder Verbreitens solcher Behauptungen vorhersehen kann, hat dabei ebenso keine Bedeutung. Demnach sind diffamierende Äußerungen, die von dem Schädiger behaupteten oder verbreiteten unwahren Tatsachenbehauptungen. D.h., diffamierende Äußerungen im chinesischen Recht sind eigentlich unwahre Tatsachenbehauptungen.

b) Arten der unwahren Tatsachenbehauptungen im chinesischen Recht

aa) Arten der unwahren Tatsachenbehauptungen nach Ansicht des OVG und seines ersten Zivilsenats

Die Frage der Unterteilung der unwahren Tatsachenbehauptungen im chinesischen Recht hat das OVG das erste Mal in seiner Interpretation zum Ehrenschutz aus dem Jahr 1993 (im Folgenden: Interpretation von 1993) erwähnt. Später hat der erste Zivilsenat des OVG in seinen Erläuterungen zur Interpretation von 2014 versucht, die unwahren Tatsachenbehauptungen zu unterteilen.

1. Ansicht des OVG in der Interpretation von 1993

Bei der Wahrheitsprüfung einer Äußerung hat das OVG in dieser Interpretation die Aufmerksamkeit auf die Wahrheit des maßgeblichen Inhalts dieser Äußerung gerichtet. Demzufolge wird zwischen Äußerungen, deren maßgeblicher Inhalt wahr ist, und Äußerungen, deren maßgeblicher Inhalt unwahr ist,

---

138 *苏兆勇*:论侵害名誉权行为的认定,《新学术》2008年第2期，第91页。

139 Dazu siehe Kap. 2 2.1.2.

differenziert.[140] Zu den Problemen, was den maßgeblichen Inhalt angeht und wie die Wahrheit und die Unwahrheit des maßgeblichen Inhalts zu beurteilen sind, hat diese Interpretation aber keine weiteren Bestimmungen getroffen. Dennoch hat die Interpretation von 1993 ein grundlegendes Kriterium für die Wahrheitsprüfung einer Äußerung im chinesischen Recht festgelegt. Demnach reicht es für die Wahrheit einer Äußerung schon aus, wenn ihr maßgeblicher Inhalt richtig ist. Eine vollständige Richtigkeit ihres Gesamtinhaltes ist nicht notwendig. Eine Behauptung ist deshalb wahr, wenn ihr maßgeblicher Inhalt mit dem tatsächlichen Vorgang übereinstimmt und die Diskrepanzen bei Kleinigkeiten völlig gleichgültig sind.[141] Sie ist demgegenüber unwahr, wenn ihr maßgeblicher Inhalt mit dem tatsächlichen Vorgang nicht übereinstimmt. In diesem Punkt stimmen das OVG und die h.M. im deutschen Recht überein.

2. Ansicht des ersten Zivilsenats des OVG in seinen Erläuterungen zur Interpretation von 2014

Die Interpretation von 2014 als solche beinhaltet keine Vorschrift zur Beurteilung der Wahrheit einer Behauptung. In den Erläuterungen des ersten Zivilsenats des OVG, die zum Verständnis und zur Anwendung der Interpretation von 2014 dienen, ist die Unterscheidung unwahrer Tatsachenbehauptungen erwähnt. Der erste Zivilsenat des OVG ist demnach der Meinung, dass unwahre Tatsachenbehauptungen unterteilt werden können, nämlich in die absoluten und relativen unwahren Tatsachenbehauptungen.[142] Unter die absoluten unwahren Tatsachenbehauptungen fallen die erfundenen Tatsachenaussagen, die vermeintlich wahren Tatsachenaussagen sowie die unwahren Aussagen, die man leichtgläubig für wahr hält. Zu den relativen unwahren Tatsachenbehauptungen gehören der Auffassung des ersten Zivilsenats des OVG nach die unvollständigen Tatsachenaussagen und die wahren Tatsachenaussagen, deren Kerninhalt nicht völlig oder ausführlich ausgelegt wird.[143]

---

140 参见1993年司法解释第7条。虽然第7条第2款没有使用“基本真实”，而是改称“基本属实”，但根据该条三个条款之间的关系可以看出，第2款中的基本属实和第一款中的基本真实具有相同的含义，是与第三款中的“基本失实”相对立的概念。Vgl. *梁书文*:《最高人民法院关于审理名誉权案件若干问题的解释》的理解与适用，中国人大网，http://www.npc.gov.cn/huiyi/lfzt/qqzrfca/2008-12/21/content_1462860.htm，最后访问日期: 2019年5月26日。

141 *张新宝*:《名誉权的法律保护》，第177页。

142 *奚晓明*:《最高人民法院利用网络侵害人身权益司法解释理解与适用》，第161页。

143 *奚晓明*:《最高人民法院利用网络侵害人身权益司法解释理解与适用》，第161页。

(1) Absolute unwahre Tatsachenbehauptungen

Unproblematisch ist, dass die erfundenen Tatsachenaussagen als absolute unwahre Tatsachenaussagen zu qualifizieren sind. Damit werden eigentlich unwahre Tatsachenaussagen, deren Unwahrheit dem jeweiligen Behauptenden bewusst ist, behauptet. Im Vergleich dazu sind die anderen zwei Arten von unwahren Tatsachenbehauptungen, und zwar die vermeintlich wahren Tatsachenaussagen und die unwahren Tatsachenaussagen, die man leichtgläubig für wahr hält, ziemlich fragwürdig. Eigentlich liegt der Unterschied bei diesen zwei Arten unwahrer Tatsachenaussagen nicht bereits in den Aussagen als solchen, sondern darin, ob man sie wegen grober oder leichter Fahrlässigkeit für wahr hält. Bei vermeintlich wahren Tatsachenaussagen liegt eine leichte Fahrlässigkeit vor, bei der anderen Art eine grobe. Daher handelt es sich bei diesen zwei Arten unwahrer Tatsachenbehauptungen eigentlich um die Frage, ob der Mitteilende seiner Sorgfaltspflicht beim Behaupten oder Verbreiten nachkommt. Blickt man auf die Definition der erfundenen Tatsachenaussagen des ersten Zivilsenats des OVG zurück, lässt sich feststellen, dass es sich bei der weiteren Unterteilung der sog. absolut unwahren Tatsachenbehauptungen nicht um Äußerungen als solche handelt. Tatsächlich geht es um die Frage, ob der Schädiger vorsätzlich oder (grob oder leicht) fahrlässig eine unwahre Tatsachenaussage behauptet oder verbreitet. Daher wird unter dieser weiteren Unterteilung eigentlich das Verschulden des Schädigers von dem ersten Zivilsenat des OVG behandelt.

(2) Relative unwahre Tatsachenbehauptungen

Ebenso unproblematisch ist, dass unvollständige Tatsachaussagen vom OVG als relative unwahre Tatsachenbehauptungen qualifiziert werden, weil sie – wie oben erwähnt – ebenfalls einen falschen Eindruck von einem Geschehen vermitteln können. In welcher Situation eine Tatsachenbehauptung als eine unvollständige angesehen werden kann, ist aber danach noch unklar. Dieses Problem kann aber anhand der Definition der zweiten Art der relativen unwahren Tatsachenbehauptungen gelöst werden. Der erste Zivilsenat des OVG betrachtet die zweite relative unwahre Tatsachenbehauptung als die Tatsachenaussage, deren wahrer Kerninhalt nicht vollkommen oder ausführlich ausgelegt wird.[144] Demnach ist klar, dass der erste Zivilsenat des OVG bei unvollständiger Tatsachenbehauptung die Tatsachenaussage meint, der der Kerninhalt fehlt.

Demgegenüber hat allerdings die andere Art der relativen unwahren Tatsachenbehauptungen, nämlich die Tatsachenaussage, deren wahrer Kerninhalt

144 *奚晓明*:《最高人民法院利用网络侵害人身权益司法解释理解与适用》, 第161页。

nicht völlig oder ausführlich ausgelegt wird, große Probleme bereitet. Nach ihrer Definition enthält diese Art der Tatsachenaussage einen wahren Kerninhalt. Falls diese Art der Tatsachenaussage als (relative) unwahre Tatsachenbehauptung angenommen würde, wäre der Behauptende dann im chinesischen Recht tatsächlich verpflichtet, den wahren Kerninhalt seiner Aussage so ausführlich wie möglich zu erklären oder auszulegen. Eine derartige Auslegungspflicht des Behauptenden besteht jedoch nicht. Der Grund liegt zunächst darin, dass eine Auslegungspflicht den Behauptenden übermäßig belasten kann. Die freie Kommunikation würde dadurch schwer behindert. Zweitens könnte die Anerkennung einer Auslegungspflicht sogar zu einem absurden Ergebnis führen: Eine Tatsachenbehauptung, die einen wahren Kerninhalt hat, ist dann unwahr, wenn dieser wahre Kerninhalt nicht völlig oder ausführlich ausgelegt wird. Denn eine Tatsachenbehauptung ist – wie bereits dargestellt – schon wahr, wenn ihr Kerninhalt wahr ist.[145]

Die obigen Darstellungen zeigen, dass die Unterteilung der unwahren Tatsachenbehauptungen des ersten Zivilsenats des OVG, nämlich die absoluten und relativen unwahren Tatsachenbehauptungen, nicht sehr sinnvoll ist. Der Grund liegt einerseits darin, dass bei der weiteren Unterteilung der sog. absoluten unwahren Tatsachenbehauptungen eigentlich nicht die unwahren Tatsachenbehauptungen als solche differenziert werden, sondern das Verschulden des Schädigers. Die weitere Unterteilung der sog. relativen unwahren Tatsachenbehauptungen führt andererseits zu einem unlogischen Ergebnis. Daher ist die Unterteilung der unwahren Tatsachenbehauptungen des ersten Zivilsenats des OVG in seinen Erläuterungen zur Interpretation von 2014 nicht zuzustimmen.

bb) Arten der unwahren Tatsachenbehauptungen in der Rechtsprechung

In der Rechtsprechung werden die folgenden vier Arten von Aussagen von den chinesischen Gerichten als unwahre Tatsachenbehauptungen angenommen: erfundene Tatsachenaussagen, unrichtige Tatsachenaussagen, unzutreffende Tatsachenaussagen und unrichtige Zitate.

1. Erfundene Tatsachenaussagen

Im Chinesischen versteht man unter der erfundenen Tatsachenaussage eine Äußerung, die vom Äußernden aus dem Nichts heraus behauptet wird.[146] Darüber hinaus deutet das Wort „erfunden“ im chinesischen Sprachgebrauch normalerweise auch an, dass der Äußernde sich der Unwahrheit seiner Tatsachaussage

---

145 Dazu siehe Kap. 2 2.1.2.1 cc).

146 Vgl. 广东省高级人民法院(2013)粤高法民三终字第106号民事判决书。

vor dem oder zumindest beim Behaupten bewusst ist.[147] In der chinesischen Rechtsprechung wird eine Tatsachenaussage grundsätzlich als erfunden angenommen, wenn der Äußernde überhaupt keine zugänglichen Beweise für die Wahrheit seiner Behauptung im Gerichtsverfahren vorlegen kann.

Ein solcher Fall lag z.B. vor, als in einem Beitrag behauptet wurde, dass Bestechung der Mitarbeiter von Taobao[148] für Händler das beste Mittel sei, um Online-Shops bei Taobao zu eröffnen, an verschiedenen Werbeaktionen teilzunehmen und die Zahl der Geschäfte zu erhöhen. Im Gerichtsverfahren konnte der Behauptende aber keine Beweise für diese Behauptung vorlegen. Daher hat das Gericht die Behauptung als erfundene Tatsachenaussage eingestuft.[149] In einem anderen Fall hatte der Beklagte einen Artikel in seinem offenen Account bei WeChat[150] veröffentlicht. Darin wurde behauptet, jedes in der KFC-Hühnerfarm aufgezogene Huhn werde mit Hormonen herangezüchtet. Die Hühner hätten keine Federn. KFC und McDonald's hätten eine hormonfördernde Technologie entwickelt, womit es möglich sei, einem Huhn mehrere Beine und mehrere Flügel wachsen zu lassen. Der Artikel wurde auch mit drei Bildern von Hühnern mit mehreren Beinen oder mehreren Flügeln ausgestattet. Solche Behauptungen werden vom Gericht als erfundene Behauptungen verstanden.[151]

2. Unrichtige Tatsachenaussagen

Wenn eine Aussage nicht vollständig mit der Wirklichkeit übereinstimmt, wird sie in der chinesischen Rechtsprechung normalerweise als unrichtige Tatsachenbehauptung bezeichnet. Wie bereits dargestellt, ist eine Behauptung nach Auffassung des OVG erst unwahr, wenn ihr Kerninhalt unwahr ist.[152] Demnach ist eine Tatsachenaussage als unrichtig anzusehen, nur wenn ihr Kerninhalt unrichtig

---

147 *杨晔*:《法人名誉权及其侵权责任法保护研究》, 第87页。

148 Taobao (chin:淘宝; Pinyin: Táobǎo) ist eine chinesische Online-Einkaufsplattform für den C2C-Einzelhandel, die am 10. Mai 2003 vom Mutterkonzern Alibaba Group eingeführt wurde. Vgl. Wikipedia, https://de.wikipedia.org/wiki/Taobao (zuletzt abgerufen am 28. Mai 2019).

149 杭州市中级人民法院(2015)浙杭民终字第3493号民事判决书。

150 WeChat (chin: 微信; Pinyin: Wēixìn) war ursprünglich ein Chat-Dienst für Smartphones (vergleichbar mit Whatsapp), betrieben von Tencent in China, der inzwischen um zahlreiche Funktionen erweitert wurde. Vgl. Wikipedia, https://de.wikipedia.org/wiki/WeChat (zuletzt abgerufen am 28. Mai 2019).

151 上海市徐汇区人民法院(2015)徐民二(商)初字第2668号民事判决书。Vgl. auch: 上海市徐汇区人民法院(2015)徐民二(商)初字第2667号民事判决书; 上海市徐汇区人民法院(2015)徐民二(商)初字第2669号民事判决书。

152 Dazu siehe Kap. 2 2.1.2.1 cc).

oder unwahr ist. Ein solcher Fall liegt z.B. vor, wenn der Äußernde ein Unternehmen für die Herstellung mangelhafter Produkte kritisiert, aber schließlich festgestellt wird, dass eigentlich der Produktionsablauf des betroffenen Unternehmens mangelhaft ist und die Produkte trotz des mangelhaften Produktionsablaufs immer noch den gesetzlichen Qualitätsanforderungen entsprechen. In diesem Fall wird die Behauptung, der Betroffene stelle mangelhafte Produkte her, vom Gericht als unrichtige Tatsachenbehauptung eingestuft.[153]

3. Unzutreffende Tatsachenaussagen

Bei der Beschreibung oder Wiedergabe eines Vorgangs oder Geschehens besteht die Möglichkeit, dass der Äußernde ihn zusammenfasst oder subsumiert. Dabei kann er Begriffe oder Fachausdrücke verwenden. Aber aus einer Vielzahl von Gründen, z.B. persönliche Erfahrungen oder Fachwissen oder gar nicht richtiges Verständnis, könnten nicht richtige oder unzutreffende Begriffe oder Fachausdrücke verwendet werden. Dies führt dann dazu, dass die Bedeutung des verwendeten Begriffs nicht mehr mit der Wirklichkeit übereinstimmt. In der chinesischen Rechtsprechung werden die verwendeten unzutreffenden oder gar nicht richtige Fachbegriffe, insbesondere die Rechtsbegriffe, von den Gerichten als unwahre Tatsachenbehauptung eingestuft.

In einer Entscheidung hat das OVG z.B. die Verwendung des Begriffs „Herstellungsfehler“ als unwahr beurteilt.[154] Die Klägerin hatte ihrem Kunden insgesamt sieben Hydrierungsanlagen verkauft. Nach einem schweren Unfall mit einer dieser Anlagen in der Firma des Kunden wurden die restlichen sechs Anlagen überprüft. Das Überprüfungsergebnis zeigte, dass diese sechs Anlagen unterschiedliche Qualitätsmängel hatten. Hinterher hatte der Beklagte in seiner Berichterstattung behauptet, dass die von der Klägerin hergestellten Hydrierungsanlagen Herstellungsfehler hatten. In diesem Punkt stimmte das OVG dem Beklagten aber nicht zu. Es ist der Meinung, dass das Überprüfungsergebnis lediglich auf Qualitätsmängel aufweist, aber nicht auf Herstellungsfehler. Ein Qualitätsmangel darf nicht mit einem Herstellungsfehler gleichgesetzt werden. Deshalb ist die Behauptung des Beklagten eine unwahre Tatsachenbehauptung. In einem anderen Rechtsstreit[155] hat der Beklagte die von der Klägerin hergestellten mangelhaften Produkte als „gefälschte“ Markenprodukte bezeichnet. Das OVG hat dies auch als unwahre Tatsachenbehauptung eingestuft, weil die Verwendung des Wortes „gefälscht“ nach seiner Ansicht dazu führt, dass die

153 山东省高级人民法院(2015)鲁民一终字第3号民事判决书。
154 最高人民法院(2014)民一终字第73号民事判决书。
155 最高人民法院(2013)民申字第1203号民事裁定书。

Verbraucher meinen könnten, die Klägerin verfüge nicht über die Qualifikation und Fähigkeit zur Herstellung solcher Produkte.

Zu den unzutreffenden Tatsachenaussagen gehören darüber hinaus auch die übermäßigen Übertreibungen oder Überspitzungen. Bei der Beschreibung eines Vorgangs oder Geschehens ist es normalerweise unvermeidlich, dass der Behauptende die Wirklichkeit übersteigert darstellt. Dies kann aus verschiedenen Gründen geschehen. Beispielsweise will der Behauptende dadurch lediglich seine Zuhörer fesseln. Wenn die Übertreibung oder Überspitzung aber das erträgliche Maß überschreitet, beurteilen dies die chinesischen Gerichte häufig als unzutreffend. Ebenfalls in der Hydrierungsanlagen-Entscheidung[156] hatte der Beklagte behauptet, dass eine von der Klägerin hergestellte Anlage explodiert und einen Brand verursacht habe. Nach dem Bericht des Unfalluntersuchungsausschusses wurde der Brand jedoch dadurch verursacht, dass sich diese Anlage gespalten hat. Deshalb ist das OVG der Ansicht, dass der Vorgang durch die Verwendung des Wortes „Explodieren" übermäßig übertrieben wird. Demzufolge ist diese Aussage ebenfalls als unwahre Tatsachenbehauptung anzusehen.

4. Unrichtige Zitate

Unrichtige Zitate sind auch eine Art unwahrer Tatsachenbehauptung in der chinesischen Rechtsprechung. Ebenso hat das OVG in seiner Hydrierungsanlagen-Entscheidung so entschieden.[157] In diesem Fall hatte der Beklagte in seinem Beitrag zitiert, dass die explodierende und das Feuer verursachende Hydrierungsanlage offensichtlich einen Herstellungsfehler aufweist. Die Einzelheiten der Herstellungsfehler werden in dem Beitrag auch zitiert. Der Beklagte meinte, dass er einen Prüfungsbericht, der von einer staatlichen Prüfstelle ausgestellt wurde, zitiere. Das OVG hat später aber herausgefunden, dass die vom Beklagten zitierten Sätze nicht aus dem Prüfungsbericht stammten, sondern aus einem anderen Bericht, der vom Unfalluntersuchungsausschuss nach der Untersuchung der Unfallstelle ausgestellt wurde. Außerdem war der vom Beklagten zitierten Satz, die Hydrierungsanlage weise Herstellungsfehler auf, lediglich ein Zwischenergebnis. Demgemäß hat das OVG solche Zitate als unwahr beurteilt.

cc) Abgrenzung zwischen Kerngehalt und Nebensächlichkeit

Wie oben erwähnt, ist das OVG in seiner Interpretation von 1993 der Meinung, dass eine unwahre Tatsachenbehauptung nur vorliegt, wenn ihr Kerngehalt mit

---

156 最高人民法院(2014)民一终字第73号民事判决书。
157 最高人民法院(2014)民一终字第73号民事判决书。

den tatsächlichen Vorgängen nicht übereinstimmt. Damit hat das chinesische Gericht eigentlich erkannt, dass die Fehler in den Details der Behauptungen unvermeidlich sind. Solche Fehler führen allerdings nicht dazu, dass die ganze Behauptung unwahr geworden ist.[158] Dies liegt vor in dem Fall, als ein Beklagter irrtümlicherweise einen Vorgang im März für den Juli annahm und auch die Zahlungsweise zwischen der Klägerin und einem Dritten falsch beschrieben hat. Das Volksgericht ist jedoch der Meinung, dass solche Fehler die Geschäftsehre der Klägerin nicht beeinträchtigen können. Daher kann die gesamte Aussage des Beklagten nicht als unwahre Tatsachenbehauptung angesehen werden.[159]

Diese Entscheidung zeigt, wie die chinesischen Gerichte den Kerngehalt von den Nebensächlichkeiten unterscheiden. Ein Inhalt, dessen Unwahrheit den Ruf des Betroffenen untergraben könnte, wird i.d.R. von den Gerichten als Kerngehalt betrachtet.[160] Ist das Gegenteil der Fall, fällt er unter die Nebensächlichkeit. Demnach gehören i.d.R. das Datum, die Mengen- oder Zahlenangaben, der Ort des Geschehens usw. regelmäßig zu den Nebensächlichkeiten.[161] Fehler bei solchen Informationen können normalerweise den Ruf des Betroffenen nicht beeinträchtigen.

Dieses Abgrenzungskriterium darf aber nicht verabsolutiert werden. Ob eine Information zum Kerngehalt gehört, muss im Einzelfall beurteilt werden. So ist es in der Hydrierungsanlagen-Entscheidung des OVG.[162] Der Beklagte behauptete, dass der Kunde, der die sieben Hydrierungsanlagen gekauft hat, wegen des von der Hydrierungsanlage verursachten Unfalls einen Verlust von 200 Millionen Yuan erlitten habe, der auf einem Verlustbewertungsbericht basiert. Die Verlustbewertung wurde von einer Wirtschaftsprüfungsgesellschaft durchgeführt, die dieser Kunde aber allein beauftragt hatte. Tatsächlich hatte dieser

---

158 Vgl. 北京市高级人民法院(2008)高民初字第1373号民事判决书; *江必新/何东宁*: 《最高人民法院指导性案例裁判规则理解与适用(侵权赔偿卷二)》, 第127页; *岳业鹏*: 论名誉侵权中的真实性抗辩, 《福建师范大学学报（哲学社会科学版）》2014年第6期, 第15页; *王灏*: 我国诽谤侵权责任抗辩事由的完善——普通法系国家的经验及其启示,《社会科学战线》2018年第4期, 199页; *李杰*: 论新闻报道侵犯名誉权中的“内容失实”和“评论不当”, 《法律适用》2006年第1-2期, 第109页。

159 南昌市中级人民法院(2014)洪民一终字第719号民事判决书。

160 *梁书文*:《最高人民法院关于审理名誉权案件若干问题的解释》的理解与适用, 中国人大网, http://www.npc.gov.cn/huiyi/lfzt/qqzrfca/2008-12/21/content_1462860.htm, 最后访问日期: 2019年5月26日; *李琦/胡志超*: 广东新闻侵权诉讼研究, 《新闻与传播研究》, 1996年第4期, 第7页。

161 参见*张新宝*:《名誉权的法律保护》, 第177页。

162 最高人民法院(2014)民一终字第73号民事判决书。

Kunde einen Schadensersatz in Höhe von 49 Millionen Yuan in der Rechtsklage mit dem Betroffenen geltend gemacht. Das OVG hat entschieden, dass die große Lücke zwischen diesen beiden Beträgen zu einer Unwahrheit der Behauptung führe. Das bedeutet, dass die Höhe des Verlustes in diesem Urteil ebenso zum Kerngehalt gehört.

c) Vergleich mit dem deutschen Recht

Die obige Darstellung hat deutlich gezeigt, dass im Falle der Unternehmensreputationsverletzung durch Diffamierung stets die Wahrheit der beanstandeten Äußerungen in der chinesischen Rechtspraxis geprüft wird. Daher sind diffamierende Äußerungen im chinesischen Recht sozusagen mit unwahren Tatsachenbehauptungen im deutschen Recht gleichzustellen. In Fällen dieser Art wird von den deutschen und chinesischen Gerichten immer geprüft, ob die beanstandete Äußerung mit dem Sachverhalt, in dem sie gefallen ist, übereinstimmt. Dabei sind Deutschland und China sich ebenfalls darüber einig, dass eine Tatsachenaussage schon wahr ist, wenn ihr Kerninhalt der Wirklichkeit entspricht.

Die Einteilung unwahrer Tatsachenbehauptungen im deutschen und chinesischen Recht sind allerdings nicht deckungsgleich. Ein deutliches Beispiel hierfür ist, dass eine unvollständige Tatsachenaussage nicht als eine eigenständige Äußerungsform im Rahmen unwahrer Tatsachenbehauptungen in der chinesischen Rechtspraxis angesehen wird. Dies bedeutet aber überhaupt nicht, dass eine unvollständige Tatsachaussage eine wahre Tatsachenbehauptung i.S.d. chinesischen Rechts ist. Im Einzelfall kann sie vom chinesischen Gericht noch entweder als unrichtige Tatsachenbehauptung oder als unzutreffende Tatsachenbehauptung beurteilt werden. Demnach haben die Unterschiede bei der Unterteilung unwahrer Tatsachenbehauptungen im deutschen und chinesischen Recht keine große Bedeutung.

Allerdings gibt es noch einen deutlichen Unterschied bezüglich der Behandlung der nicht richtig verwendeten Fachbegriffe, insbesondere Rechtsbegriffe. Im chinesischen Recht wird ein unrichtig verwendeter Fachbegriff im Regelfall als unwahre Tatsachenbehauptung betrachtet, während er im deutschen Recht grundsätzlich als Meinungsäußerung unter dem Schutz der Meinungsfreiheit behandelt wird.

2.1.2.2 Beleidigende Äußerungen

a) Begriff der beleidigenden Äußerung im chinesischen Recht

Es gibt ebenfalls keine Legaldefinition einer beleidigenden Äußerung im chinesischen Recht. Daher kann die Definition einer beleidigenden Äußerung nur anhand der Definition des Begriffs der Beleidigung festgestellt werden. Ebenso wie die Diffamierung hat der chinesische Gesetzgeber den Begriff der Beleidigung in AGZ verwendet, ohne den Begriff zu definieren. Das OVG hat Beleidigung in seinen vier Interpretationen ebenfalls nicht definiert. Der erste Zivilsenat des OVG hat Beleidigung in seinen Erläuterungen zur Interpretation von 2014 zum ersten Mal definiert. Demzufolge wird mit Beleidigung eine Tat des Schädigers definiert, die die Persönlichkeit des Betroffenen absichtlich durch abwertende Äußerungen oder Handlungen beeinträchtigt.[163]

In der instanzgerichtlichen Rechtsprechung haben einige chinesische Gerichte versucht, Beleidigung zu definieren. Das Obere Volksgericht der Zhejiang- Provinz definiert Beleidigung in seinem Urteil als eine Tat, die die Persönlichkeit und den Ruf einer Person in mündlicher oder schriftlicher Weise in der Öffentlichkeit verletzt.[164] In einer Entscheidung des Oberen Volksgerichts der Henan-Provinz wird Beleidigung als die Verhaltensweise definiert, die die Persönlichkeit einer anderen Person absichtlich durch Äußerungen oder Handlungen beeinträchtigt.[165] Das Mittlere Volksgericht Suqian in Jiangsu-Provinz ist in einem Urteil der Meinung, dass die Beleidigung bedeutet, den Ruf einer Person mit mündlichen oder schriftlichen Äußerungen bzw. Gewalt absichtlich zu verletzen.[166] In einem Urteil des Mittleren Volksgerichts Shenzhen in Guangdong-Provinz wird Beleidigung als unlautere Handlung des Schädigers definiert, der absichtlich Äußerungen oder Handlungen gebraucht, um die Persönlichkeit anderer anzugreifen.[167] Das Volksgericht des Bezirks Gulou in Nanjing der Jiangsu-Provinz bezeichnet Beleidigung als eine unlautere Handlung, die die Persönlichkeit oder den Ruf einer Person eklatant schädigen oder verunglimpfen kann.[168]

Im Schrifttum wird auch versucht, den Begriff der Beleidigung zu definieren. *Wang Liming* vertritt den Standpunkt, dass sich die Beleidigung darauf bezieht, die Persönlichkeit oder den Ruf einer Person absichtlich durch Gewalt oder andere Handlungen zu schädigen.[169] *Yang lixin* ist der Meinung, dass eine Beleidigung vorliegt, wenn vorhandene Defekte oder andere Tatsachen, die

163 *奚晓明*:《最高人民法院利用网络侵害人身权益司法解释理解与适用》, 第161页。
164 浙江省高级人民法院(2016)浙民申第1216号民事裁定书。
165 河南省高级人民法院(2013)豫民法提字第001号民事判决书。
166 江苏省宿迁市中级人民法院(2013)宿中商初字第0279号民事判决书。
167 深圳市中级人民法院(2014)深中法民终字第3239号民事判决书。
168 《最高人民法院公报》2003年第2期。
169 *王利明*:《人格权法研究(第二版)》, 第284页; *王利明*:《人格权法研究》, 第502页。

der sozialen Einschätzung einer Person abträglich sind, verbreitet werden, um sie zu stigmatisieren.[170] Nach der Auffassung *Zhang Hong*'s ist die Beleidigung eine Tat, die die Persönlichkeit und den Ruf einer Person durch mündliche oder schriftliche Äußerungen bzw. Handlungen öffentlich schädigen kann.[171] Obwohl *Zhang Xinbao* den Begriff der Beleidigung nicht definiert, meint er, dass der Inhalt einer Beleidigung unwahr ist und nicht dazu führt, in die Irre zu leiten.[172]

Im Vergleich zu den Definitionen von Beleidigung in der instanzgerichtlichen Rechtsprechung und im Schrifttum ist die Definition des ersten Zivilsenats des OVG deutlicher und zutreffender. Er hat eindeutig darauf hingewiesen, dass abwertende Äußerungen zur Beleidigung führen können. In den anderen Definitionen wird dagegen lediglich erwähnt, dass der Betroffene durch Äußerungen beleidigt werden kann. Eine eindeutige Gemeinsamkeit aller oben dargestellten Definitionen von Beleidigung ist, dass die Persönlichkeit oder der Ruf des Betroffenen das verletzte Recht oder Rechtsgut im Falle der Beleidigung sind.

Über den subjektiven Zustand des Schädigers stimmen der erste Zivilsenat des OVG, die Instanzgerichte und das Schrifttum ebenfalls nicht überein. Nach der h.M. muss der Schädiger aber absichtlich handeln. Dieser Ansicht ist jedoch nicht zuzustimmen. Der subjektive Zustand des Schädigers soll – wie bereits erwähnt – nur bei der Feststellung seines Verschuldens geprüft werden.[173] Daher soll er ebenfalls von der Definition der Beleidigung ausgeschlossen werden. Demnach wird Beleidigung in dieser Arbeit als unlautere Handlung des Schädigers definiert, die die Persönlichkeit oder den Ruf des Betroffenen durch abwertende Behauptungen oder Handlungen beeinträchtigen kann. Demnach sind beleidigende Äußerungen abwertende Behauptungen. Im Regelfall wird eine Behauptung in der chinesischen Rechtsprechung als beleidigend angesehen, wenn ihre Bedeutung schmerzlich ist oder sie herabwürdigende Wörter oder sogar Schimpfwörter enthält.[174]

---

170 *杨立新*:《人格权法》, 第522页。

171 *张红*:《人格权法各论》, 第289页。

172 *张新宝*:《名誉权的法律保护》, 第118页。

173 *苏兆勇*: 论侵害名誉权行为的认定, 《新学术》2008年第2期, 第91–92页。

174 Vgl. 上海市第一中级人民法院(2014)沪一中民四(商)终字第2186号民事判决书。根据学者对83例涉及评论侵权案例的统计分析, "使用侮辱性言辞"作为名誉侵权成立理由的有18例, 占21.7 %。参见 *徐迅*:《新闻(媒体)侵权研究新论》, 第114页。

b) Vergleich mit deutschem Recht

Die vorstehenden Ausführungen zeigen deutlich, dass beleidigende Äußerungen im chinesischen Recht tatsächlich Werturteile, genauer kritische oder gar negative Werturteile i.S.d. deutschen Rechts sind. Es kommt demnach im deutschen und chinesischen Recht darüber zu einer gemeinsamen Verständigung, dass die Unternehmensreputation durch ungünstige Werturteile beeinträchtigt werden kann.

In der Frage, unter welchen Umständen ein Werturteil als rufverletzend angesehen werde, ist die h.M. im chinesischen Recht jedoch nicht einer Meinung mit der im deutschen Recht. Wegen der grundrechtlichen Garantie der Meinungsfreiheit i.S.d. Art. 5 Abs. 1 GG ist das deutsche Gericht bei der Qualifizierung unternehmensreputationsverletzender Werturteile sehr zurückhaltend. In der deutschen Rechtspraxis müssen die Betroffenen kritische oder gar negative Werturteile hinnehmen, sofern sie keine Schmähung darstellen. Im Vergleich dazu wird im chinesischen Recht ein niedriger Standard für die Qualifizierung beleidigender Äußerungen angesetzt. Demnach ist ein Werturteil schon grundsätzlich beleidigend, wenn es ungefällige oder unfreundliche Worte enthält oder ihre Bedeutung ein unangenehmes Gefühl hervorrufen kann.

2.1.2.3 Unfaire Bemerkungen

Im chinesischen Recht versteht man unter einer unfairen Bemerkung im Regelfall eine ungerechte oder gar negative Bewertung vonseiten des Äußernden zu einem Verhalten des Betroffenen oder einem Ereignis oder Geschehnis, an dem der Betroffene sich beteiligt hat.[175] Demnach sind unfaire Bemerkungen tatsächlich sog. gemischte Äußerungen im chinesischen Recht, da sie sich einerseits auf Tatsachenbehauptungen und andererseits auf Werturteile beziehen.[176]

Bei der gerichtlichen Beurteilung der Zulässigkeit unfairer Bemerkungen prüft das chinesische Gericht zunächst die Wahrheit ihrer tatsächlichen Elemente. Die Unwahrheit der tatsächlichen Elemente führt der h.M. nach grundsätzlich zu einer Unfairness der Bemerkungen.[177] Wenn die tatsächlichen

---

175 *张红*:《人格权法各论》, 第294页。

176 Vgl. *王松苗*:"有事实依据"不等于"有客观事实", 载徐迅主编:《新闻(媒体)侵权研究新论》, 第252页; *李杰*:论新闻报道侵害名誉权中的"内容失实"与"评论不当",《法律适用》2006年第1-2期, 第109页。

177 Vgl. 最高人民法院(2014)民一终字第73号民事判决书; 南京市中级人民法院(2015)宁民终字第2522号民事判决书; 西安市中级人民法院(2007)西民二终字第346号民事判决书;

Elemente wahr sind, wird in der chinesischen gerichtlichen Praxis dann weiter geprüft, ob abwertende, beleidigende, drastische, ironische, burschikose oder boshafte Worte oder Ausdrücke in den wertenden Elementen der beanstandeten Bemerkung zu verwenden sind.[178] Die Verwendung solcher Worte oder Ausdrücke führt normalerweise ebenfalls zur Unfairness der Bemerkungen.[179]

Im Vergleich zum deutschen Recht ist die Behandlung gemischter Äußerungen in der chinesischen Rechtspraxis völlig anders. Die gemischten Äußerungen lassen sich im chinesischen Recht nicht in „echte" und „unechte" gemischte Äußerungen unterscheiden. Eine gemischte Äußerung ist im chinesischen Recht erst zulässig, wenn die tatsächlichen Elemente wahr sind und die wertenden Elemente zu keiner Beleidigung führen.

2.1.2.4 Schweigen

Ob Schweigen auch eine dem Ansehen schädliche Äußerungsform ist, hängt von der Frage ab, ob ein Unterlassen den Ruf einer Person verletzen kann. Im Schrifttum geht die h.M. davon aus, dass auch ein Unterlassen eine Handlung ist, welche die Persönlichkeit oder den Ruf des Betroffenen verletzen kann.[180] Nach der h.M. kann ein Unterlassen in den folgenden zwei Situationen zur Ehrverletzung führen. In der ersten Situation hat der Äußernde in außergewöhnlichen Fällen eine Sonderpflicht, die Reputation Dritter zu schützen. Falls er diese Sonderpflicht nicht erfüllt, liegt eine Ehrverletzung wegen Unterlassung vor. In der zweiten Situation verletzt der Äußernde dann seine Unterlassungspflicht, wenn sein früheres Verhalten den Ruf anderer gefährdet und er dazu verpflichtet ist, die Ehrverletzungsgefahr zu beseitigen.[181]

张红:《人格权各论》，第315页; *杨立新*:《人格权法》，第228页; *李国民*:我国法院审判评论侵权案件总体情况的统计分析, 载: 徐迅主编《新闻(媒体)侵权研究新论》，第116页。

178 *杨立新*:《人格权法》，第228–229页, *李国民*:我国法院审判评论侵权案件总体情况的统计分析, 载徐迅主编:《新闻(媒体)侵权研究新论》，第117页; 李杰:论新闻报道侵害名誉权中的"内容失实"与"评论不当",《法律适用》2006年第1-2期, 第109页。

179 Vgl. 上海市普陀区人民法院民事判决书(2011)普民一(民)初字第1876号。

180 *杨立新*:《人格权法》，第514页; *张红*:《人格权各论》，第285页; *王利明*:《人格权法(第二版)》，287页。A.A.: *张新宝*:《名誉权的法律保护》，第118页; *王明锁/崔艳艳*: 关于侵害名誉权构成要件认定的探讨,《河南司法警官职业学院学报》2005年第1期, 第58页。

181 *杨立新*:《人格权法》，第514页。

a) *Erste Situation*

Die Sonderpflicht in der ersten Situation bezieht sich insbesondere auf die Prüfpflicht der Massenmedien.[182] Um ihre Sonderschutzpflicht zu erfüllen, sind die Massenmeiden verpflichtet, die Richtigkeit einer Behauptung vor ihrer Veröffentlichung zu überprüfen. Wenn die Massenmedien ihre Prüfpflicht nicht erfüllen, wird der Ruf des Betroffenen i.d.R. dadurch verletzt. Die Ehrverletzung in solchen Situationen ist laut der Meinung im Schrifttum schließlich auf die Nichterfüllung der Sonderschutzpflicht des Äußernden zurückzuführen. Daher liegt eine Ehrverletzung wegen Unterlassung vor.[183]

Diesem Rückgriff ist aber nicht zuzustimmen. In dieser Situation folgt die Ehrverletzung tatsächlich unmittelbar aus der Veröffentlichung der ehrverletzenden Behauptung. Die Verletzung der Prüfpflicht bedeutet richtigerweise aber nur, dass die Massenmedien bei der Veröffentlichung der beanstandeten Behauptung schuldhaft sind.[184] Demnach haben die Massenmedien die Reputation des Verletzten wegen ihres positiven Tuns, und zwar der Veröffentlichung einer ehrverletzenden Behauptung, verletzt.[185] Daher ist die Behandlung der Ehrverletzung mithilfe der Verletzung einer Sonderschutzpflicht überflüssig. Demgemäß scheidet eine Ehrverletzung wegen Unterlassung in solchen Fällen aus.[186]

b) *Zweite Situation*

Gemäß den Interpretationen des OVG gibt es zwei Varianten von Rufschädigung wegen Unterlassung i.S.d. zweiten Situation. Die erste Variante wird in Art. 9 S. 3 der Interpretation von 1993 geregelt.[187] Demnach haftet eine Verlagsanstalt dafür, dass sie es abgelehnt hat, eine Erklärung zu veröffentlichen oder eine andere entsprechende Maßnahme zu ergreifen, um die Nachwirkungen zu beseitigen, nachdem ein Gericht bereits entschieden hatte, dass ein von ihr herausgegebenes literarisches Werk den Ruf anderer verletzt hatte.[188] Die zweite

---

182 *杨立新*:《人格权法》, 第514页。

183 *杨立新*:《人格权法》, 第514页。

184 Dazu siehe Kap.3 3.2.4.

185 *江必新/何东宁*:《最高人民法院指导性案例裁判规则理解与适用(侵权赔偿卷二)》, 第119 页。

186 *雷丽莉*: 新闻名誉侵权构成要件分析, 载徐迅主编:《新闻(媒体)侵权研究新论》, 第156页。

187 *杨立新*:《人格权法》, 第514页。

188 《解答》第9条第3款规定: "编辑出版单位在作品已被认定为侵害他人名誉权或者被告知明显属于侵害他人名誉权后, 应刊登声明消除影响或者采取其他补救措施; 拒不刊登声明, 不采取其他补救措施, 或者继续刊登, 出版侵权作品的, 应认定为侵权。"

Variante der Unterlassungspflichtverletzung wird in Art. 6 S. 2 der Interpretation von 1998 geregelt. Danach verletzen die Massenmedien ihre Unterlassungspflicht, wenn sie die Berichtigung einer unrichtigen Nachricht verweigert, die auf einem fehlerhaften Verwaltungsakt eines Staatsorgans beruht, nachdem das Staatsorgan seinen Fehler korrigiert hat.[189]

aa) Erste Variante

Art. 9 S. 3 der Interpretation von 1993 kommt häufig in Fällen zur Anwendung, in denen das Recht auf den guten Ruf natürlicher Person durch literarische Werke verletzt wird.[190] Demgegenüber ist es aber für ein Unternehmen normalerweise sehr schwierig zu beweisen, dass es z.B. das in einem Roman beschriebene Unternehmen ist. Nur in Sachbüchern oder Büchern über Wirtschaftsführung oder Betriebsmanagement könnte ein bestimmtes Unternehmen als zentrale Figur identifiziert werden.[191] Die in solchen Büchern beschriebenen Unternehmen müssen existieren, sonst würden die Bücher keine Leser anziehen. Deshalb müssen die Verlagsanstalten bei der Herausgabe solcher Bücher streng auf die Wahrheit achten. Falls die Verlagsanstalten gegen ihre Prüfungspflichten verstoßen, müssen sie dafür entsprechend haften.

Gemäß Art. 9 S. 3 der Interpretation von 1993 trifft eine Verlagsanstalt dann eine deliktsrechtliche Haftung für die Rufschädigung, wenn sie sich geweigert hat, eine Berichtigungserklärung abzugeben oder andere ähnliche Abhilfemaßnahmen zu ergreifen, oder sich weigert, die Publikation eines ehrverletzenden Buchs einzustellen. Dies bedeutet aber nicht, dass in solchen Fällen keine Ehrverletzung bestanden hat, bevor eine Verlagsanstalt die oben erwähnten Maßnahmen ergriffen hat. Eine Ehrverletzung liegt nach Art. 9 S. 2 bereits mit der

---

189 《解释》第6条规定: 新闻单位根据国家机关依职权制作的公开的文书和实施的公开的职权行为所做的报道……, 其报道失实, 或者前述文书或职权行为已公开纠正而拒绝更正报道, 致使他人名誉受到损害的, 应认定为侵害他人名誉权。

190 哈尔滨市中级人民法院(2017)黑01民再第2号民事判决书; 呼和浩特市中级人民法院(2017)内01民终第1430号民事判决书; 邯郸市中级人民法院(2014)邯市民二终字第76号民事判决书; 北京市第一中级人民法院(2014)一中民终字第7797号民事判决书; 浙江省金华市中级人民法院(2000)金中民终字第323号民事判决书。

191 就公开的判决来看, 中国目前发生的唯一一例文学作品侵害企业名誉权的案例所涉及的就是纪实文学。参见江门市中级人民法院(2016)粤07民终第1035号民事判决书。

Veröffentlichung eines beanstandeten Buches vor.[192] Ein Autor haftet demnach schon für die Ehrverletzung. Als Mitschuldner sollte die Verlagsanstalt jedoch ebenfalls eine Haftung in Bezug auf die Veröffentlichung eines Buchs und in Bezug auf die Verletzung ihrer Prüfpflicht übernehmen.[193] Aber das OVG will die Haftung der Verlagsanstalt abmindern, indem es in Art. 9 S. 3 vorsieht, dass die Verlagsanstalt ihre Haftung für die Ehrverletzungen erst trägt, wenn sie die Veröffentlichung einer Berichtigungserklärung und das Beenden der Publikation des streitigen Buches abgelehnt hat. Demnach sollte Art. 9 S. 3 richtigerweise als eine Vorschrift über die Haftungsbefreiung verstanden werden. Die Verlagsanstalt wird von der Haftung befreit, wenn sie die erforderlichen Voraussetzungen erfüllt hat. Deshalb besteht im Falle der Art. 9 S. 3 der Interpretation von 1993 keine Ehrverletzung durch Unterlassung.

bb) Zweite Variante

Im Vergleich zu den Fällen i.S.d. Art. 9 S. 3 der Interpretation von 1993 kommen die Fälle, bei denen Art. 6 S. 2 der Interpretation von 1998 Anwendung findet, häufiger vor.[194] Der Grund liegt darin, dass Geschäft und Betrieb eines Unternehmens von den staatlichen Verwaltungsbehörden beaufsichtigt und überwacht werden müssen. Beispielsweise hat das chinesische Industrie- und Handelsverwaltungsbüro das Recht, die Qualität der verkauften Waren zu kontrollieren. Die staatlichen Verwaltungsbehörden sind ebenfalls verpflichtet, die Prüfergebnisse rechtzeitig zu veröffentlichen. Solche Prüfergebnisse werden häufig auch von den lokalen Medien übermittelt.[195] Wenn die Staatsorgane bei der Wahrnehmung ihrer Aufgaben einen Fehler begehen, wird meistens auch ein fehlerhaftes Ergebnis veröffentlicht. Durch die Mitteilung eines fehlerhaften

---

192 1993年司法解释第九条第二款：描写真人真事的文学作品，对特定人进行侮辱、诽谤或者披露隐私损害其名誉的；或者虽未写明真实姓名或者地址，但事实是以特定人或者特定人的特定事实为描写对象，文中有侮辱、诽谤或者披露隐私的内容，致其名誉受到损害的，应认定为侵害他人名誉。

193 参见江门市中级人民法院（2016）粤07民终第1035号民事判决书。

194 这一点也可以从法院判决的数量看出，相对于前注中提到的唯一一个援引《解答》第9条做出的判决（但法院却是根据《出版管理条例（2011年修订）》第24和25条的规定，认定出版社承担责任的），从2015–2017年法院援引《解释》第6条做出的终审判决就达到了3个。参见山东省高级人民法院民事判决书（2015）鲁民一终字第3号；湘西土家族苗族自治州中级人民法院民事判决书（2017）湘31民终581号；杭州市中级人民法院民事判决书（2017）浙01民终1040号。

195 上一注释中的三个案例都是此种情况。

Ergebnisses kann aber der Betrieb des betroffenen Unternehmens beeinträchtigt werden.

Bei solchen Fällen kann die Presseagentur jedoch nicht direkt zur Verantwortung für die unwahre Nachricht gezogen werden, da sie dabei kein Verschulden trifft. Auf der anderen Seite besteht aber die Gefahr, dass die Meldung von fehlerhaften Ergebnissen durch die Medien die Reputation des betroffenen Unternehmens verletzt. Wenn solche fehlerhaften Ergebnisse weiterhin verbreitet werden dürften, müsste das betroffene Unternehmen unnötige geschäftliche Schäden erleiden. Um den Konflikt zwischen dem Schutz der Unternehmensreputation und der Haftungsbeschränkung der Presseagentur zu lösen, wird in Art. 6 S. 2 der Interpretation von 1998 geregelt, dass die Presseagentur verpflichtet ist, die unrichtige Nachricht zu berichtigen, nachdem das Staatsorgan den Fehler richtiggestellt hat. Denn sonst wird eine Ehrverletzung des Betroffenen wegen unrichtiger Nachrichten der Presseagentur angenommen. Demnach ist die Presseagentur nicht verantwortlich für die vorherige unrichtige Meldung, sondern nur für die nachfolgende Verhaltenspflichtverletzung. Die Rechtsverletzung i.S.d. Art. 6 S. 2 der Interpretation von 1998 ist dann ein echtes Unterlassungsdelikt.[196]

Zusammenfassend lässt sich festhalten, dass der Ruf durch Schweigen nur unter sehr strikten Voraussetzungen verletzt werden kann. Dies entsteht erst, wenn ein Äußernder zuvor unverschuldet eine Quelle für Ehrverletzung geschaffen und danach aber keine Maßnahmen, die für die Beseitigung der Schadenfolgen erforderlich sind, ergriffen hat. Ehrverletzungen, die aus der Nichterfüllung der Sonderschutzpflicht eines Äußernden und aus der Veröffentlichung eines ehrverletzenden Buches der Verlagsanstalt folgen, sind deshalb keine Ehrverletzungen wegen einer Unterlassung.

c) Vergleich mit deutschem Recht

Im Vergleich mit dem deutschen Recht ist das Schweigen eine spezifische rufschädigende Äußerungsform im chinesischen Recht. Dies ist auf die in den AGZ vorgesehenen Ansprüche zurückzugreifen, die vom Betroffenen in Fällen dieser Art geltend gemacht werden können. Gemäß § 120 Abs. 2 AGZ stehen dem betroffenen Unternehmen die Ansprüche auf Einstellung der Verletzung, Wiederherstellung seines Rufs, Beseitigung der Auswirkungen, eine Entschuldigung und Schadensersatz zu, wenn sein Recht auf seinen Ruf verletzt wird. Demnach

196 *江必新/何东宁*:《最高人民法院指导性案例裁判规则理解与适用(侵权赔偿卷二)》,第119页。

steht dem Betroffenen jedoch im Falle des Äußerungsdelikts offensichtlich kein Unterlassungsanspruch in AGZ zur Verfügung. Dies ist eine Gesetzeslücke im chinesischen Recht. Um diese Gesetzeslücke zu schließen, hat das OVG den Äußernden eine sog. Berichtigungspflicht durch seine Interpretationen auferlegt, anstatt einen Unterlassungsanspruch des Verletzten festzusetzen.[197] Die Einführung einer Berichtigungspflicht führt dazu, dass der Ruf durch Unterlassen des Pflichtträgers verletzt werden kann. Aus dem Unterlassen ergibt sich das Schweigen des Pflichtträgers.

In Fällen dieser Art kann der deutsche Betroffene nach §§ 823 Abs. 1 i.V.m. 1004 BGB Unterlassung beanspruchen, da Wiederholungsgefahr bezüglich der betreffenden Äußerung besteht. Um diese Wiederholungsgefahr zu beseitigen, muss der Verletzende nach Auffassung in der deutschen Rechtsprechung zumindest mitteilen, dass seine Äußerung unrichtige Elemente enthalten hat.[198] Demgegenüber ist die Anforderung an den Verletzenden im chinesischen Recht höher, da er die unrichtigen Tatsachenbehauptungen richtigstellen muss. Es reicht demnach im chinesischen Recht nicht aus, dass der Verletzende lediglich mitgeteilt hat, dass seine zuvor gegebene Behauptung unrichtige Inhalte enthält.

2.2 Sinnermittlung im deutschen und im chinesischen Recht

2.2.1 Sinnermittlung im deutschen Recht

Ob es sich bei einer Äußerung um eine Tatsachenbehauptung, ein Werturteil oder eine gemischte Äußerung handelt, hängt von ihrem „richtigen" Verständnis ab, das die Grundlage für ihre rechtliche Beurteilung schafft. Das „richtige" Verständnis kann man aber nur durch Auslegung erreichen.[199] Deshalb ist es die erste Aufgabe bei der Lösung einer äußerungsbezogenen Rechtsfrage, den Sinn der beanstandeten Äußerung zu ermitteln.[200]

197 *江必新/何东宁*:《最高人民法院指导性案例裁判规则理解与适用(侵权赔偿卷二)》,第119页。

198 Vgl. OLG Frankfurt a. M. MMR 2007, 604; KG NJW-RR 2005, 274, 274 f. Der Ansicht des BGH nach ist in aller Regel eine strafbewehrte Unterlassungserklärung des Verletzers für die Beseitigung der Wiederholungsgefahr erforderlich. Vgl. BGH NJW 1994, 1281, 1283.

199 *Beater*, Medienrecht, Rn. 1608; *ders.*, JZ 2006; 432, 432.

200 Vgl. *Hager*, JA 2007, 296, 297; Müko/*Rixecker*, BGB, § 12 Anh. Rn. 178; BeckOK/*Förster*, BGB, § 824 Rn. 12; Erman/*Klass*, BGB, § 12 Anh. Rn. 102; Soergel/*Beater*, BGB, § 824 Rn. 10; *Beater*, Medienrecht, Rn. 1608.

Wegen der Divergenzen in Bildung, Vorwissen, Überzeugungen, Aufmerksamkeitsgrad, persönlicher Betroffenheit und vielen anderen Parametern kann eine Äußerung von verschiedenen Rezipienten unterschiedlich aufgefasst werden.[201] Aber bei der rechtlichen Beurteilung ist nur der objektive Sinn einer Äußerung entscheidend. Das ist der Sinn, der sich nach Gesamtinhalt, Färbung und Übermittlungsweise der Äußerung als nächstliegend aufdrängt.[202] Er ist sozusagen ein Gesamteindruck.[203] Das Ziel der Sinnermittlung ist es, einen solchen objektiven Gehalt zu ermitteln.[204]

Die Sinnermittlung bedeutet einerseits, dass das Gericht seiner Beurteilung eine Äußerung nicht zugrunde legen darf, die so nicht gefallen ist, und auch dass es ihr keinen Sinn geben darf, den sie nach dem festgestellten Wortlaut objektiv nicht hat.[205] Andererseits darf man sich bei Äußerungen, die mehrere Bedeutungen haben, nicht für den zur Verurteilung führenden Sinn entscheiden, ohne zuvor die Alternativen mit tragfähigen Gründen ausgeschlossen zu haben.[206] Fehler bei der Sinnermittlung können zur falschen Einordnung der Äußerung führen und weiter im Ergebnis eine zulässige Äußerung unterdrücken oder die Rechte der Betroffenen verletzen.[207]

Bei der Auslegung ist stets vom Wortlaut auszugehen.[208] Dabei sollen alle Faktoren, die den Sinn der Äußerung färben oder entstellen können, berücksichtigt werden. Im Folgenden werden vier relativ wichtige Elemente, die den Sinn der betroffenen Äußerung beeinflussen können, untersucht: Verständnis aufseiten

---

201 BeckOK InfoMedienR/*Söder*, BGB, § 823 Rn. 51.

202 BGH GRUR 1951, 283, 285 – „Möbelbezugsstoffe".

203 *Beater*, JZ 2006, 432, 435.

204 BVerfG NJW 1995, 3303, 3304 – „Soldaten sind Mörder IV"; BVerfG NJW 2010, 2193, 2194 – „Ausländerrückführung"; BVerfG NJW 2012, 1643, 1644; BGH NJW 2008, 2110, 2112 – „Gen-Milch"; BGH GRUR 2017, 308 Rn. 13 – „Die Anstalt"; Staudinger/*Hager*, BGB, § 823 Rn. C65; Wenzel/*Burkhardt*, Kap. 4 Rn. 1; BeckOK InfoMedienR/*Söder*, BGB, § 823 Rn. 51.

205 Vgl. BVerfGE 43, 130, 136 f. = NJW 1977, 799 – „Flugblatt"; BVerfG NJW 1996; 1529, 1530 – „DGHS"; *Grimm*, NJW 1995, 1697, 1700; Müko/*Wagner*, BGB, § 824 Rn. 12; Staudinger/*Hager*, BGB, § 823 Rn. C71; Wenzel/*Burkhardt*, Kap. 4 Rn. 2; Müko/*Rixecker*, BGB, § 12 Anh. Rn. 178.

206 Vgl. BVerfGE 43, 130, 136 f. = NJW 1977, 799 – „Flugblatt"; BVerfG NJW 1996; 1529, 1530 – „DGHS"; *Grimm*, NJW 1995, 1697, 1700; Wenzel/*Burkhardt*, Kap. 4 Rn. 2; Müko/*Rixecker*, BGB, § 12 Anh. Rn. 178.

207 Vgl. BeckOK InfoMedienR/*Söder*, BGB, § 823 Rn. 50; *Grimm*, NJW 1995, 1697, 1700; *ders.*, AfP 2008, 1, 3.

208 BeckOK InfoMedienR/*Söder*, BGB, § 823 Rn. 51.

des Durchschnittsempfängers, offene oder verdeckte Aussagen, Ein- und Mehrdeutigkeit der Äußerung und die vom Äußernden verwendeten Stilmittel.

2.2.1.1 Verständnis aufseiten des Durchschnittsempfängers

Bei der Interpretation einer Äußerung kommt es im deutschen Recht nicht auf das subjektive Verständnis des von der Äußerungen Betroffenen an.[209] Ebenso wenig wichtig ist es, welcher Inhalt vom Äußernden gewollt war oder in welchem Sinne er die beanstandeten Äußerungen verstanden wissen will.[210]

Vielmehr ist nach ständiger Rechtsprechung eine Äußerung in dem Kontext, in dem sie gefallen ist, unter Berücksichtigung des allgemeinen Sprachgebrauchs nach dem Verständnis eines unvoreingenommenen und verständigen Durchschnittsempfängers zu interpretieren.[211] In der deutschen Literatur und Rechtsprechung werden im gleichen Sinne auch „Durchschnittsleser",[212] „Durchschnittspublikum"[213] oder ähnliche Ausdrücke verwendet.

Der Durchschnittsempfänger einer Äußerung ist jeweils in ihrem Empfängerkreis zu finden. Dieser wird dann durch die Ausrichtung einer Äußerung bestimmt.[214] Sind im Fall der Rufschädigung des Unternehmens die beanstandeten Äußerungen an die Öffentlichkeit gelangt, so kommt es auf das Verständnis eines ideellen oder fiktiven unbefangenen Empfängers an, der über

---

209 BGH GRUR 2017, 308 Rn. 13 – „Die Anstalt"; BGH NJW 1998, 3047, 3048 – „Stolpe"; BGH NJW 2006, 601 Rn. 14 – „Unvollständige Berichterstattung"; *Simes*, AfP 2004, 485, 485; Staudinger/*Hager* BGB, § 823 Rn. C65; BeckOK InfoMedienR/*Söder*, BGB, § 823 Rn. 51; Müko/*Wagner*, BGB, § 824 Rn. 11.

210 Vgl. BVerfG NJW 2013, 217, 218 – „Focus-Ärzteliste"; BGH NJW 1998, 3047, 3048 – „Stolpe"; BGH GRUR 2017, 308 Rn. 13 – „Die Anstalt"; *Simes*, AfP 2004, 485, 485; Staudinger/*Hager*, BGB, § 823 Rn. C65; Soergel/*Beater*, BGB, § 824 Rn. 11; Wenzel/*Burkhardt*, Kap. 4 Rn. 4; BeckOK InfoMedienR/*Söder*, BGB, § 823 Rn. 51; Müko/*Wagner*, BGB, § 824 Rn. 11.

211 BVerfG NJW 1995, 3303, 3305 – „Soldaten sind Mörder IV"; BGH NJW 1998, 3047, 3048 – „Stolpe"; BGH NJW 2006, 601 Rn. 14 – „Unvollständige Berichterstattung"; BGH GRUR 2017, 308 Rn. 13 – „Die Anstalt"; Müko/*Wagner*, BGB, § 824 Rn. 11 ff.; Staudinger/*Hager*, BGB, § 823 Rn. C65; Wenzel/*Brukhardt*, Kap. 4 Rn. 4; BeckOK InfoMedienR/*Söder*, BGB, § 823 Rn. 51; Erman/*Klass*, BGB, § 12 Anh. Rn. 102; *Beater*, Medienrecht, Rn. 1611.

212 Vgl. BVerfG NJW 2003, 1855 – „Asylbewerberheim"; BGH NJW 2007, 686 – „Terroristentochter"; BGH NJW 1974, 1762 – „Deutschland-Stiftung"; *Damm/Rehbock*, Rn. 364 ff.

213 BVerfG NJW 2010, 1587 Rn. 26 – „Zitat aus Anwaltsschreiben".

214 Soergel/*Beater*, BGB, § 824 Rn. 12.

ein durchschnittliches Verständnis verfügt. Ein Empfängerkreis kann auch von mehreren Personen, die gemeinsam bestimmte Eigenschaft haben, gebildet werden, bspw. die Leserschaft von Fachzeitschriften[215] oder einer Lokalzeitung,[216] die eigenen Landsleute[217] oder ausländische Mitbürger in einem Staat.[218] In diesen Fällen ist das durchschnittliche Verständnis des jeweiligen Empfängerkreises bei der Auslegung der beanstandeten Äußerung von primärer Bedeutung.

Einem unvoreingenommenen und verständigen Durchschnittsempfänger ist ein flüchtiger Leser gegenüberzustellen. In den meisten Fällen ist das Verständnis eines flüchtigen Lesers nicht wichtig, weil es von der deutschen Rechtsprechung verboten ist, eine Äußerung aus dem sie betreffenden Kontext herauszulösen und dann isoliert zu überprüfen.[219] Aber dieser kann im Fall von plakativ hervorgehobenen Sätzen mit eindeutigem eigenständigen Aussagegehalt eine Rolle spielen, weil die herausgestellten Sätze in solchen Fällen eigenständig interpretiert werden können.[220]

2.2.1.2 Offene und verdeckte Äußerungen

Zu betonen ist, dass der Gegenstand der Sinnermittlung nicht ein einzelnes Wort ist, sondern die ganze Äußerung.[221] Bei der Auslegung des Wortlautes ist aber zu beachten, ob die ganze Äußerung eine offene oder verdeckte Äußerung ist.

a) Offene Äußerung

Unter einer offenen Äußerung versteht man eine Aussage, die der Äußernde offen ausgesprochen hat. Der Äußernde spricht aus, was er eigentlich gewollt

215 Soergel/*Beater*, BGB, § 824 Rn. 12.

216 Vgl. OLG Karlsruhe ZUM-RD 2006, 331; BeckOK InfoMedienR/*Söder*, BGB, § 823 Rn. 52.1.

217 Vgl. Wenzel/*Burkhardt*, Kap. 4 Rn. 6.

218 Vgl. BGH NJW 1985, 1621 – „Türkeiflug".

219 BVerfG NJW 1995, 3303 3305 – „Soldaten sind Mörder IV"; BGH GRUR 2015, 96 Rn. 19 – „Chefjustiziar"; BGH GRUR 2017, 308 Rn. 13 – „Die Anstalt"; BGH GRUR-RR 2016, 521 Rn. 11 – „Pressebericht über Organentnahme"; BGH GRUR 2014, 1021 Rn. 13 f. – „Die vierte Gewalt"; BeckOK InfoMedienR/*Söder*, BGB, § 823 Rn. 51; Wenzel/*Burkhardt*, Kap. 4 Rn. 1; BeckOGK/*Specht/Riemenschneider*, BGB, § 823 Rn. 1266; Erman/*Klass*, BGB, § 12 Anh. Rn. 102.

220 Vgl. BVerfG NJW 2004, 277, 278 – „Die NGG"; BeckOK InfoMedienR/*Söder*, BGB, § 823 Rn. 33.

221 BVerfG NJW 1996, 1529, 1530; BGH NJW 2008, 2110 Rn. 20 – „Gen-Milch"; BGH NJW 2014, 3154 Rn. 13; Wenzel/*Burkhardt*, Kap. 4 Rn. 1; BeckOGK/*Specht/Riemenschneider*, BGB, § 823 Rn. 1266.

hat. Theoretisch ist bei der Sinnermittlung davon auszugehen, dass die beanstandete Äußerung eine offene Aussage ist. Ansonsten werden der Informationsaustausch und die Kommunikation erschwert. Im Fall der offenen Äußerungen ist bei der Auslegung problemlos von ihrem Wortlaut auszugehen.

b) Verdeckte Äußerung

Aber in der Praxis gibt es auch solche Fälle, in denen die Aussage nicht direkt aufgestellt wird, sondern nur „zwischen den Zeilen" entnommen bzw. in denen ein bestimmter Eindruck erweckt wird.[222] In solchen Fällen muss unterschieden werden, ob der Empfänger aus der Mitteilung von Fakten eigene Schlüsse ziehen kann und soll oder durch das Zusammenspiel der offenen Äußerungen eine zusätzliche Sachaussage vorliegt bzw. sie dem Empfänger als unabweisbarer Schluss naheliegt.[223] Die Aussage im letzten Fall ist die eigentlich verdeckte Äußerung.[224] Die mögliche (richtige oder falsche) Schlussfolgerung, die der Leser oder Zuhörer aus den ihm mitgeteilten Fakten zieht oder ziehen kann, ist allerdings keine verdeckte Äußerung.[225] Wenn z.B. der Mitteilende die Äußerung „als Modernisierer hatte man den Kläger nach K-Stadt geholt" mit der weiteren Äußerung „doch jetzt stehen die K.er Politiker belämmert vor einem verschuldeten Haus" in einem Beitrag verknüpft hat, liegt nach Auffassung des BGH die Schlussfolgerung, dass der mit einer bestimmter Absicht („Modernisierer") geholte Kläger die an ihn gestellten Erwartungen nicht erfüllte und ein verschuldetes Haus hinterlassen hat, nicht zwingend vor.[226] Eine andere mögliche Bedeutung der Verknüpfung ist nach Ansicht des BGH, dass die Bewältigung der finanziellen Risiken in der Äußerung angesprochen wird.[227] Die erste Sinndeutung ist aber auch naheliegend. Deshalb liegt nach Ansicht des BGH in solchen Fällen vielmehr eine mehrdeutige Äußerung vor.[228]

---

222 BeckOK InfoMedienR/*Söder*, BGB, § 823 Rn. 57.

223 BGH NJW 2006, 601 Rn. 17; BGH NJW 2004; 598, 599, Müko/*Rixecker*, BGB, § 12 Anh. Rn. 187.

224 BGH NJW 2006, 601 Rn. 17, Müko/*Rixecker*, BGB, § 12 Anh. Rn. 187; *Soehring*, Presserecht, Rn. 16.44

225 BGH, NJW 2006; 601 Rn. 17; *Beater*, Medienrecht, Rn. 1651; *Soehring*, Presserecht, Rn. 16.44.

226 BGH NJW 2004, 598, 599.

227 BGH NJW 2004, 598, 599.

228 BGH NJW 2004, 598, 599.

Bei der Feststellung der verdeckten Äußerungen ist besondere Zurückhaltung geboten, um die Spannungslage zwischen Ehrschutz und Äußerungsfreiheit nicht einseitig zulasten der Äußerungsfreiheit zu verschieben.[229] Eine verdeckte Aussage ist deshalb nur unter engen Voraussetzungen anzunehmen, wenn sie sich dem Leser trotz der nicht ausdrücklichen Formulierung als unabweisbare Schlussfolgerung aus dem Zusammenspiel der offen getätigten Aussagen aufdrängt.[230] Der Betroffene ist besonders schutzwürdig, weil die verdeckte Äußerung ihm eine weniger feste Grundlage an die Hand gibt, von der aus er zur Abwehr in der Lage ist.[231]

Ein ganz besonderer Fall der verdeckten Äußerung ist eine bewusst unvollständige Berichterstattung. Eine bewusst unvollständige Berichterstattung liegt dann vor, wenn aus mehreren unstreitigen Umständen eine Schlussfolgerung gezogen werden kann, die für den Durchschnittsempfänger weniger nahegelegen hätte, wären weitere Informationen nicht verschwiegen worden.[232] Der BGH ordnete eine bewusst unvollständige Berichterstattung rechtlich wie eine unwahre Tatsachenbehauptung ein und nicht als verdeckte Tatsachenbehauptung.[233]

Eine verdeckte Äußerung kann auch bei Zitaten entstehen, wenn durch Auslassungen und Hinzufügungen ein bestimmter Eindruck erweckt wird.[234] Verdeckte Äußerungen können zudem durch Zitate von Auskunftspersonen aufgestellt werden, deren Angaben zwar für sich betrachtet zutreffen mögen, die aber dadurch ein falsches Bild vermitteln.[235] Dies ist insbesondere für die Berichterstattungen in Massenmedien von Bedeutung, weil dort Äußerungen von Dritten ziemlich häufig zitiert werden. Bei der Sinnermittlung von Zitaten sind zwei Aussagegehalte zu ermitteln, und zwar die originale Äußerung des Zitierten und die wiedergegebene Äußerung des Zitierenden. Wird die originale Äußerung unzutreffend wiedergegeben, so ist das Zitat unrichtig und der Zitierende ist nicht mehr schutzwürdig. Das gilt auch, wenn in indirekter Rede zitiert wird.[236]

---

229 BGH NJW 2000, 656, 657; BGH NJW-RR 1994, 1246, 1247 – „Verdeckte Aussage".
230 OLG Düsseldorf AfP 2014, 70, 73.
231 Vgl. BGH NJW 1980, 2807.
232 Müko/*Rixecker*, BGB, § 12 Anh. Rn. 187.
233 Vgl. BGH NJW 2006; 601 Rn. 18; BGH NJW 2000, 656, 657 – „Vergabepraxis".
234 Staudinger/*Hager*, BGB, § 823 Rn. C69.
235 Wenzel/*Burkhardt*, Kap. 4 Rn. 18.
236 Wenzel/*Burkhardt*, Kap. 5 Rn. 91.

2.2.1.3 Ein- oder Mehrdeutigkeit der Äußerung

Die gerichtliche Würdigung der beanstandeten Äußerung darf nur aufgrund ihrer objektiven Aussage durchgeführt werden. Theoretisch ist die objektive Aussage meistens auch eine eindeutige Aussage. Deshalb obliegt es dem Gericht, einen solchen eindeutigen und objektiven Aussagegehalt durch die Sinnermittlung aus der beanstandeten Äußerung zu finden oder gar ihr eine eindeutige Aussage beizumessen.[237] Aber in der Praxis gibt es Äußerungen, die auch nach der Auslegung noch mehrere ernsthafte Deutungsmöglichkeiten haben. In solchen Fällen liegt dann eine mehrdeutige Äußerung vor. Zu beachten ist, dass nicht jede Äußerung, die mehr als eine Auslegungsmöglichkeit aufweist, eine mehrdeutige Äußerung ist, sondern nur solche Äußerungen, die mehrere nicht fernliegende Auslegungsmöglichkeiten enthalten.[238] Bei „echt" mehrdeutigen Äußerungen ist es so, dass ein unvoreingenommenes und verständiges Publikum eine Äußerung nicht eindeutig wahrnimmt oder erhebliche Teile des Publikums jeweils unterschiedlich verstehen.[239] Beispielsweise kann der Ausdruck „clever" nicht nur als eine besondere Geschäftstüchtigkeit, sondern auch als eine übersteigerte Tätigkeit verstanden werden, die den Betroffenen in zweifelhaftem Licht erscheinen lässt.[240]

Im Fall der mehrdeutigen Äußerungen entwickelt das BVerfG die sog. Variantenlehre.[241] Die Anwendung der Variantenlehre besteht aus zwei Schritten: Zunächst sind alle nur möglichen Deutungen einer Äußerung, im Ausnahmsfall auch die ganz entfernt liegenden Deutungen, zu prüfen. Die Deutungen, die der rechtlichen Beurteilung nicht zugrunde gelegt werden, sind unter Angabe von schlüssigen Gründen auszuschließen. Demzufolge wird diejenige der verbleibenden Deutungen, die für den Äußerer am günstigsten ist, angenommen, wenn der Ausschluss aller Deutungen bis auf eine nach dem ersten Schritt nicht gelingt.[242] Dies wird auch als Grundsatz einer verletzerfreundlichen Auslegung

---

237 BVerfG NJW 2010, 3501 Rn. 22 – „Gen-Milch"; BeckOK InfoMedienR/*Söder*, BGB, § 823 Rn. 59.

238 BeckOGK/*Specht-Riemenschneider*, BGB, § 823 Rn. 1292.

239 BVerfG NJW 2010, 3501 – „Gen-Milch"; BVerfG NJW 2006, 207 Rn. 31 – „Stolpe"; *Helle*, AfP 2006, 110, 113; BeckOGK/*Specht/Riemenschneider*, BGB, § 823 Rn. 1292; *Specht/Müller-Riemenschneider*, NJW 2015, 727, 728.

240 BGH GRUR 1968, 314, 316 – „fix und clever"; dazu Wenzel/*Burkhardt*, Kap. 4 Rn. 28.

241 Vgl. BVerfG NJW 1996, 1529 – „DGHS"; *Seitz*, NJW 1996, 1518, 1519.

242 Vgl. *Helle*, AfP 2006, 110, 112.

bezeichnet.[243] Das Ziel und auch die erwartete Folge der Variantenlehre sind, dass jeweils rechtlich nur eine einzige von mehreren möglichen Deutungen den Entscheidungen zugrunde gelegt werden kann. Die Mehrdeutigkeit einer Äußerung wird dadurch reduziert.

Aber der Gedanke hinter der Variantenlehre, dass in allen Fällen nur eine von mehreren infrage kommenden Deutungen rechtlich erheblich sein kann, entspricht der Wirklichkeit nicht.[244] Deshalb wurde die Variantenlehre in der Literatur dauerhaft und heftig kritisiert.[245] Als Reaktion zu den Kritiken hat das BVerfG mit seiner Stolpe-Entscheidung die Variantenlehre dadurch modifiziert, dass es die mehrdeutige Äußerung als solche als Bezugspunkt der äußerungsrechtlichen Prüfung beim Unterlassungsanspruch anerkennt.[246] In diesem Fall ist die Deutungsmöglichkeit, die dem Ruf des Betroffenen schädlich ist, entscheidend.[247] Damit wurde der Unterlassungsanspruch bei Mehrdeutigkeit von der Variantenlehre befreit. Die Anwendung der Variantenlehre bleibt aber nach der Stolpe-Entscheidung bei den anderen Ansprüchen, und zwar strafrechtlichen Sanktionen, dem Widerrufsanspruch, dem Berichtigungsanspruch und dem Schadensersatzanspruch unberührt.[248] D.h., die Deutungsmöglichkeit, die den Ruf des Betroffenen weniger oder nicht verletzt, wird weiter bei der gerichtlichen Verurteilung zugrunde gelegt, wenn die obigen Ansprüche betroffen sind. Inzwischen fällt der Gegendarstellungsanspruch auch aufgrund der Rechtsprechung des BVerfG in diesen Katalog privilegierter Rechtsfolgen.[249]

2.2.1.4 Stilmittel

Der Sinn einer Äußerung kann auch durch die vom Äußernden verwendeten Stilmittel verändert oder sogar verfälscht werden. Die wichtigsten Stilmittel im Bereich des Äußerungsrechts sind Metapher und Satire.

---

243 Vgl. Müko/*Rixecker*, BGB, § 12 Anh. Rn. 178; Staudinger/*Hager*, BGB, § 823 Rn. C71a.

244 *Helle*, AfP 2006, 110, 112.

245 Vgl. *Scholz/Konrad*, AöR 123 (1998), 60 ff.; *Siems*, AfP 2004, 485 ff.; *Helle*, AfP 2006, 110 ff.

246 Vgl. BVerfG NJW 2006, 207 – „IM-Sekretär Stolpe".

247 Vgl. BVerfG NJW 2006, 3769, 3773; BVerfG NJW 2010, 3501 f.; *Gomille*, JZ 2012, 769,771.

248 BVerfG NJW 2006, 207 Rn. 33 ff. – „IM-Sekretär Stolpe".

249 Vgl. BVerfG NJW 2008, 1654, 1656.

a) *Metapher*

Jeder kann dieses Stilmittel in seiner Äußerung verwenden. Unter einer Metapher versteht man die Vertauschung des eigentlich gemeinten Begriffs mit einem anderen.[250] Beispielsweise wurde mit der Metapher „Menschen wie Heuschrecken, die mit Gewalt dezimiert werden müssen" die Grundhaltung einer politischen Partei zur Überbevölkerung gekennzeichnet.[251] Eine Metapher ist offensichtlich recht nützlich für das Verständnis eines abstrakten Begriffs. Allerdings kommt es bei der Sinnermittlung einer Metapher nicht auf ihre exakt-wörtliche Ebene an, weil dabei etwas offensichtlich Unsinniges oder Unmögliches herauskommen würde.[252] Deswegen muss die Metapher bei der Sinnermittlung auf ihren eigentlichen Aussagekern zurückgeführt werden.[253] Dadurch ist eine Metapher entweder als Tatsachenbehauptung oder als Werturteil einzustufen.

b) *Satire*

Ein anderes Stilmittel, das bei der Sinnermittlung einer Äußerung besonders zu beachten ist, ist die Satire. Mit Satire arbeitet der Verfasser mit Verfremdungen, Verzerrungen und Übertreibungen, um in aggressiver Form Missstände zu tadeln und Widersprüche zwischen Anspruch und Realität aufzudecken.[254] Satire wird vor allem von der Kunstfreiheit i.S.d. Art. 5 Abs. 3 S. 1 GG, aber zusätzlich auch von der Meinungsfreiheit i.S.d. Art. 5 Abs. 1 S. 1 GG geschützt, je nachdem ob sie Kunst ist.[255]

Eine Satire besteht aus zwei Teilen, und zwar dem eigentlichen Inhalt und einem in Wort oder Bild gewählten Gewand. Für die Sinnermittlung ist zwischen dem Aussagegehalt und dem vom Verfasser gewählten satirischen Gewand zu trennen.[256] D.h., das Gewand muss nach der Rechtsprechung entkleidet werden, um den eigentlichen Inhalt – Tatsachenbehauptung oder Werturteil – zu

---

250 Wenzel/*Burkhardt*, Kap. 4 Rn. 13; *Prinz/Peters*, Medienrecht, Rn. 19.

251 OLG München NJW 1996, 2515 – „Feuer in die Herzen".

252 *Prinz/Peters*, Medienrecht, Rn. 19.

253 BVerfGE 61, 1, 9; Staudinger/*Hager*, BGB, § 823 Rn. C67; Wenzel/*Burkhardt*, Kap. 4 Rn. 13; *Prinz/Peters*, Medienrecht, Rn. 19.

254 BVerfG NJW 2005, 3271, 3272; BeckOK InfoMedienR/*Söder*, BGB, § 823 Rn. 49; Staudinger/*Hager*, BGB, § 823 Rn. C132; *Klass*, AfP 2016, 477, 478.

255 BVerfG NJW 1992, 2073, 2073 – „geb. Mörder/Krüppel"; Staudinger/*Hager*, BGB, § 823 Rn. C132; Wenzel/*Burkhardt*, Kap. 4 Rn. 40a; *Klass*, AfP 2016, 477, 479 ff.

256 BVerfGE 75, 369, 377 f. – „Strauß-Karikatur"; BVerfG NJW 1998, 1386, 1387 – „Münze-Erna"; BGHZ 143, 199, 209; BVerfG NJW 2002, 3767.

ermitteln.[257] Damit wird der Satire durch wörtliche Auslegung kein Inhalt untergeschoben, den ihr der Verfasser offensichtlich nicht beifügen wollte.[258] Wenn z.B. die Überschrift „Großes Marlboro-Poker!“ durch die Worte „Großes Mordoro-Poker!“ ersetzt wurde, wollte der Äußernde nur über die Schädlichkeit des Rauchens aufklären und meinte er damit kein kriminelles Verhalten des Zigarettenherstellers.[259]

Die Sinnermittlung des Aussagekerns einer Satire soll nach den sog. „satire- bzw. werkgerechten“ Maßstäben durchgeführt werden.[260] Im Regelfall läuft dies gerade auf das Gegenteil dessen hinaus, was der Äußernde scheinbar sagt.[261] Der auf diese Weise ermittelte Inhalt der Aussage ist nach den allgemeinen Maßstäben zu beurteilen.[262] Darin liegt entweder eine Tatsachenbehauptung oder ein Werturteil.[263] Im Zweifel ist der Inhalt der Aussage als Werturteil zu behandeln, damit sie von der Meinungsfreiheit i.S.d Art. 5 Abs. 1 S. 1 GG geschützt wird.[264] Die satirische Einkleidung soll ebenfalls daraufhin überprüft werden, ob sie das Recht des Betroffenen verletzt.[265] Sie unterliegt sogar noch großzügigeren Maßstäben als die, die bei der Überprüfung des Aussagekerns gelten. Daher ist die satirische Einkleidung in der Praxis kaum unzulässig.[266] Dies führt dazu, dass der objektive Sinn des Aussagekerns einer Satire bei ihrer Sinnermittlung in die Waagschale fällt.[267]

2.2.2 Sinnermittlung im chinesischen Recht

Bei der Sinnermittlung der beanstandeten Äußerungen geht das chinesische Gericht gleichfalls vom Verständnis der durchschnittlichen Leser oder Hörer aus. Ebenso wie im deutschen Recht sollen dabei auch verschiedene Elemente, die den Sinn einer Äußerung beeinflussen können, berücksichtigt werden.

---

257 BVerfG NJW 2005, 3271, 3272; BGHZ 143, 199, 209.

258 BeckOK InfoMedienR/*Söder*, BGB, § 823 Rn. 49; Wenzel/*Burkhardt*, Kap. 4 Rn. 40a.

259 BGH GRUR 1984, 684 – „Mordoro“.

260 Vgl. BVerfG NJW 2002, 3767; BGHZ 143, 199, 209 ff.

261 *Beater*, Medienrecht, Rn. 1642; *ders.*, JZ 2006, 432, 437.

262 *Beater*, Medienrecht, Rn. 1718; *ders.*, JZ 2006, 432, 437.

263 BVerfG NJW 2005, 3271, 3272 – „Ron Sommer“; BeckOK InfoMedienR/*Söder*, BGB, § 823 Rn. 49.

264 *Beater*, Medienrecht, Rn. 1642; *ders.*, JZ 2006, 432, 437.

265 Vgl. BVerfG NJW 2005, 3271, 3272 – „Ron Sommer“.

266 *Beater*, Medienrecht, Rn. 1642; *ders.*, JZ 2006, 432, 437.

267 *Beater*, Medienrecht, Rn. 1644; *Oechsler*, NJW 2017, 757, 758; *Beater*, JZ 2006, 432, 437.

2.2.2.1 Verständnis des durchschnittlichen Publikums

Wenn ein Unternehmen durch rufschädigende Äußerungen angegriffen wird, ist sein Recht auf dem Ruf dem chinesischen Gesetz nach verletzt. Der Ruf eines Unternehmens ist der h.M. nach eine umfassende Einschätzung der Öffentlichkeit.[268] Die Steigerung und Minderung einer solchen öffentlichen Einschätzung hängen nicht von der Selbsteinschätzung des Unternehmens bzw. der Selbstwahrnehmung seiner Mitarbeiter ab.[269] Deshalb darf man die Bedeutung der streitigen Äußerung nicht aus der Perspektive des Betroffenen verstehen.[270] Da der von Äußerungen angegriffene Ruf des Unternehmens eine öffentliche Einschätzung ist, sollte die Beurteilung auch auf den Empfindungen des Publikums beruhen. Das bedeutet, das Verständnis eines unvoreingenommenen und verständigen Publikums spielt bei der Sinnermittlung der beanstandeten Äußerung auch im chinesischen Recht eine entscheidende Rolle.[271]

Beispielsweise hatte das OVG in einem Urteil entschieden, dass der Satz „Die ähnlichen Produkte von anderen Herstellern sind qualitativ schlechter", der in der Werbung eines Unternehmers erwähnt wurde, genügt, den durchschnittlichen

---

268 上海市第一中级人民法院(2014)沪一中民四(商)终字第2186号民事判决书; *杨立新*:《人身权法论》, 第521页; *张红*:《人格权各论》, 第383页, *王利明*:《人格权法(第二版)》, 第286页; *魏振瀛*:侵害名誉权的认定,《中外法学》1990年第1期, 第7-8页; *王锦东/展江*: "贼喊捉贼"是否侵犯商誉? ——奇虎企业诉阮子文侵害法人名誉权案解读,《新闻界》2017年第3期, 第20页。

269 *张红*:《人格权各论》, 第383页; *魏振瀛*: 侵害名誉权的认定, 《中外法学》1990年第1期, 第8页。

270 *王利明*:《人格权法(第二版)》, 第286页; *江必新/何东宁*:《最高人民法院指导性案例裁判规则理解与适用(侵权赔偿卷二)》, 第66页; *魏振瀛*: 侵害名誉权的认定,《中外法学》1990年第1期, 第8页。

271 最高人民法院(2016)最高法民申第673号民事裁定书; 最高人民法院民事裁定书(2015)民申字第2802号; 最高人民法院(2015)民申字第3340号民事裁定书; 最高人民法院(2014)民一终字第3号民事判决书; 最高人民法院民事判决书(2000)知终字第7, 8号; 重庆市高级人民法院(2014)渝高法民终字第00319号民事判决书; 广东省高级人民法院(2014)年粤高法民三终字第482号民事判决书; 《最高人民法院公报》1998年第1期——李林诉《新生界》杂志社、何建明侵害名誉权纠纷案; 北京市第二中级人民法院(2018)京02民终第2716号民事判决书; 广州知识产权法院(2017)粤73民终第296号; *江必新/何东宁*:《最高人民法院指导性案例裁判规则理解与适用(侵权赔偿卷二)》, 第66页; *王利明*:《人格权法(第二版)》, 286页; *王利明*:《人格权法研究》, 第508页及以下; *张新宝*:《互联网上的侵权问题研究》, 第115-116页; *梁慧星*:《民法总论(第二版)》, 第131页; *魏振瀛*:侵害名誉权的认定,《中外法学》1990年第1期, 第8页。

Verbraucher zu überzeugen, dass die vom Kläger hergestellten Produkte eine schlechte Qualität hatten.[272] In einem anderen Fall hatte eine Getränkefirma in einer Werbung behauptet, dass ihr Produkt „die erste Dose in sieben Jahren auf dem chinesischen Getränkemarkt" war. Das OVG vertrat die Ansicht, dass diese Aussage nach dem üblichen Verständnis des chinesischen Wortschatzes so verstanden werden könnte, dass das Getränke dieser Marke oder das von dieser Firma produzierte Getränk auf dem chinesischen Getränkemarkt hinsichtlich des Verkaufsvolumens oder der Verkaufsmenge für sieben aufeinanderfolgende Jahre an erster Stelle stand.[273] Damit geht das OVG noch mal vom Verständnis eines durchschnittlichen Publikums aus.

Um eine Äußerung richtig zu verstehen, wird im Einzelfall auch das Verständnis eines bestimmten Adressantenkreises bei der Sinnermittlung herangezogen. Das OVG vertritt z.B. in einem Urteil den Standpunkt, dass, ob ein Produkt zur neuen Generation gehöre, nach der Qualität des Produktes und der von den Fachleuten und Verbrauchern anerkannten wissenschaftlichen Methode bestimmt werden sollte.[274]

2.2.2.2 Kontext

Ein Wort lässt sich in der Regel in einem Satz verwenden, ein Satz ist Teil eines Textes. Daher ist es bei der Sinnermittlung in der chinesischen Rechtspraxis auch geboten, eine Äußerung umfassend und ganzheitlich zu verstehen. Das bedeutet, bei der Sinnermittlung dürfen Wort und Satz nicht aus dem sie betreffenden Kontext herausgelöst und rein isoliert betrachtet werden.[275]

Die chinesischen Gerichte wenden sich sehr häufig dem Kontext zu, um die exakte Deutung einer Äußerung herauszufinden, insbesondere wenn eine eindeutige Deutung einer Äußerung nach dem Verständnis des durchschnittlichen Publikums nicht ermittelt werden kann. Ein solcher Fall liegt z.B. vor, wenn die beanstandete Äußerung mehrere Deutungen hat.

Ein chinesisches Unternehmen, das Anti-Viren-Software vertreibt, wurde wegen seiner fraglichen Handlungen heftig kritisiert, als es sich an einem internationalen Ranking beteiligte. Daher gab es eine Erklärung ab, um seine

272 最高人民法院(2000)知终字第7号民事判决书。

273 最高人民法院(2015)号民事裁定书。

274 最高人民法院(2000)知终字第8号民事判决书。

275 *王利明*:《人格权法(第二版)》, 287页; *岳业鹏*:论侮辱侵权责任,《法律适用》2014年第1期, 第105页。

Handlungen zu erläutern. Die Erklärung war in Chinesisch und Englisch verfügbar. Der Beklagte übte wegen der Unterschiede der Formulierung in den chinesischen und englischen Versionen der Erklärung scharfe Kritik an dem Unternehmen, weil er der Auffassung war, dass der Kläger durch die Verwendung des englischen Worts „regret" die Absicht hatte, sich bei ausländischen Nutzern zu entschuldigen. In der chinesischen Version der Erklärung hatte er sich nicht entschuldigt, stattdessen beschuldigte der Kläger den das Ranking organisierenden Verein und verteidigte sein Verhalten. Der Beklagte vertrat deshalb die Auffassung, dass der Kläger die chinesischen Software-Nutzer durch die chinesische Version der Erklärung getäuscht hatte. In diesem Fall war die Bedeutung des englischen Worts „regret" der Streitpunkt. Das Gericht hatte die Mehrdeutigkeit des Wortes bestätigt. Das englische Wort „regret" beinhaltet mehrere Bedeutungen einschließlich Bedauern und Entschuldigung. Durch die Untersuchung des Kontextes und den Vergleich der chinesischen und englischen Versionen der Erklärung hatte das Gericht entschieden, dass die Verwendung des englischen Worts „regret" keine Abbitte darstellte.[276]

2.2.2.3 Absicht des Äußernden

Mit seiner Äußerung beabsichtigt der Äußernde oft, den Standpunkt des Adressaten dieser Aussage zu beeinflussen. Deshalb wird die Absicht des Äußernden, in welchem Sinne er die beanstandete Äußerung verstanden wissen will, von den chinesischen Gerichten bei der Sinnermittlung berücksichtigt. Die Absicht des Äußernden spielt eine wichtige bzw. entscheidende Rolle vor allem in solchen Fällen, in denen es um Meinungsäußerungen geht. Wenn der Äußernde dabei herabwürdigende bzw. aggressive Wörter verwendet, ist das chinesische Gericht normalerweise der Auffassung, dass der Äußernde gewollt hat, dem Adressaten eine herabsetzende Bedeutung zu vermitteln. Daher wird diese als der Sinn der streitigen Äußerung angesehen und die streitige Äußerung wird daher als beleidigend betrachtet. Ein Äußernder hatte z.B. ein Unternehmen als das unethischste Unternehmen in China beschrieben. Der Betrieb des Unternehmens wurde als „Täuschung" und „Erpressung" dargestellt. Sein Geschäftsmodell wurde daraufhin als „Drogenhandel" bezeichnet. In Bezug auf solche Äußerungen bestätigte das Gericht, dass es sich um Meinungsäußerung handelte. Jedoch wurde angenommen, dass der Äußernde dabei beabsichtigte, das betroffene Unternehmen zu beleidigen und herabzuwürdigen. Das Publikum wurde auch dadurch über

276 北京市第二中级人民法院（2017）京 02 民终第 1011号民事判决书。

die wirkliche Lage hinweggetäuscht. Solche Äußerungen seien daher unzulässig, weil sie über die wohlgemeinten Kritiken hinausgingen.[277]

In einem anderen Urteil wurde eine Internetfirma als „eine Krebszelle im Internet“ und „ein bösartiger Tumor der Cyber-Gesellschaft“ bezeichnet. Der Umgang der betroffenen Firma mit den Benutzerdaten wurde als „Entführung von Benutzerinformationen“ und „Anti-Mensch“ beschrieben. Die von der Firma angebotenen Software-Produkte wurden als „Krebsgene im Internet“ bezeichnet. Das Gericht befand, dass der Äußernde die umstrittenen technischen Probleme ohne Begründung übertrieben und die Internetnutzer böswillig dazu gebracht hatte, über ernsthafte Konsequenzen nachzudenken. Dadurch wurde die Reputation der betroffenen Firma und der von ihr angebotenen Software verletzt.[278]

2.2.3 Vergleich mit dem deutschen Recht

Die vorstehenden Ausführungen machen deutlich, dass bei der Sinnermittlung viele Praktiken der deutschen und chinesischen Gerichte gleich sind. Der Ausgangspunkt der Sinnermittlung ist immer der Wortlaut der Äußerung. Für die Auslegung der Äußerung stellen die Gerichte der beiden Länder ebenso auf den Sinn ab, den die Äußerung nach dem Verständnis des unvoreingenommenen und verständigen Publikums hat. Sowohl im deutschen Recht als auch im chinesischen Recht ist es verboten, bei der Auslegung die Äußerung aus dem sie betreffenden Kontext herauszulösen und rein isoliert zu betrachten.

Im Detail gibt es jedoch noch Unterschiede. Augenfällig sind die Haltungen der deutschen und chinesischen Gerichte gegenüber der subjektiven Absicht des Äußernden, die unterschiedlich sind. Im deutschen Recht muss der Richter bei der Sinnermittlung die Absicht des Äußernden, in welchem Sinne er die streitige Äußerung verstanden wissen wollte, nicht zu berücksichtigen.[279] Der chinesische Richter ist jedoch ganz anderer Meinung. Demnach sollen die subjektiven Intentionen des Äußernden eine wichtige Rolle spielen. Die Bedeutung einer Äußerung hängt unter Umständen sogar von der Absicht des Äußernden in solchen Fällen ab, in denen es um Meinungsäußerungen geht.

277 北京市第一中级人民法院(2018)京01民终第20号民事判决书。

278 上海市徐汇区人民法院(2013)徐民二(商)初字第913号民事判决书。

279 Vgl. BVerfG NJW 2013, 217, 218 – „Focus-Ärzteliste“; BGH NJW 1998, 3047, 3048 – „Stolpe“; BGH GRUR 2017, 308 Rn. 13 – „Die Anstalt“; Soergel/*Beater*, BGB, § 824 Rn. 11; Wenzel/*Burkhardt*, Kap. 4 Rn. 4; BeckOK InfoMedienR/*Söder*, BGB, § 823 Rn. 51.

Der Kontext spielt im chinesischen Recht ebenfalls eine wichtigere Rolle als im deutschen Recht. Der Kontext wird zuerst als Hilfsmittel für den chinesischen Richter bei der Sinnermittlung verwendet. Im Falle von komplizierten Äußerungen, und zwar mehrdeutigen, verdeckten und satirischen Äußerungen, entwickelte sich jeweils eine dementsprechende Theorie oder Lehre im deutschen Recht, um die richtige Bedeutung der Äußerung zu ermitteln. Aufgrund des Mangels an solchen Theorien und Lehren kann sich der chinesische Richter bei solchen Fällen nur an den die komplizierte Äußerung betreffenden Kontext halten. Diese Praxis hat Vor- und Nachteile. Der Vorteil besteht darin, dass Streitigkeiten und Unsicherheit der Ergebnisse der Sinnermittlung, die sich aus der Anwendung einer solchen Theorie und Lehre ergeben, vermieden werden können. Der Nachteil ist, dass die persönlichen Vorurteile des Richters die Feststellung der richtigen Bedeutung der beanstandeten Äußerungen erheblich beeinflussen können.

Die übermäßige Abhängigkeit vom Kontext wirft aber noch ein Problem in der chinesischen gerichtlichen Praxis auf: In manchen Fällen untersuchen die chinesischen Gerichte nicht mehr alle möglichen Bedeutungen der beanstandeten Äußerung nach dem Verständnis des durchschnittlichen Publikums, sondern ziehen direkt aus dem die Äußerung betreffenden Kontext die Schlussfolgerung, ohne sie zureichend zu begründen.[280]

2.3 Ergebnis des Kapitels

Die vorangegangenen Darstellungen zeigen, dass bei der Abgrenzung der unternehmensschädigenden Äußerungen in den Vergleichsländern Einigkeit besteht. Sowohl in Deutschland als auch in China gehören hauptsächlich unwahre Tatsachenbehauptungen und geschäftsschädigende Werturteile zu den unternehmensschädigenden Äußerungen. Bei der Einteilung der unwahren Tatsachenbehauptungen bestehen in beiden Ländern nur feine Unterschiede. In Bezug auf die geschäftsschädigenden Werturteile ist Deutschland großzügiger als China. Während in Deutschland grundsätzlich nur Werturteile, die eine Schmähung darstellen, als geschäftsschädigend angesehen werden, sind Meinungsäußerungen, die nicht gefällige oder unfreundliche Worte enthalten oder deren Bedeutung ein unangenehmes Gefühl hervorrufen kann, in der chinesischen Rechtsprechung bereits grundsätzlich unzulässig. Bei der

280 Vgl. 浙江省高级人民法院（2017）浙民终第150号民事判决书; 北京市第二中级人民法院（2018）京02民终第2716号民事判决书; 北京市第二中级人民法院（2015）二中民终字第06600号民事判决书。

Behandlung gemischter Äußerungen gehen Deutschland und China ebenfalls gemeinsam davon aus, dass die Regelungen, die bei der Behandlung der unwahren Tatsachenbehauptungen und geschäftsschädigenden Werturteile gelten, entsprechend Anwendung finden. Ein Unterschied besteht aber dahingehend, dass vor der Anwendung solcher Regelungen in Deutschland geprüft wird, ob die tatsächlichen Elemente der beanstandeten gemischten Äußerung von den wertenden Elementen getrennt werden können, ohne den objektiven Sinn der gesamten Äußerung zu verzerren. Anderenfalls wird eine gemischte Äußerung als Werturteil behandelt. Demgegenüber fehlt diese vorangestellte Prüfung im chinesischen Recht. Daher sind die tatsächlichen und wertenden Elemente einer gemischten Äußerung immer getrennt zu beurteilen.

Bei der Sinnermittlung unternehmensschädigender Äußerungen wird sowohl in der deutschen und als auch in der chinesischen Rechtspraxis davon ausgegangen, dass der Wortlaut der beanstandeten Äußerung in dem Kontext, in dem sie gefallen ist, nach dem Verständnis eines unvoreingenommenen und verständigen Durchschnittsempfängers ausgelegt werden soll. Ein Unterschied besteht darin, dass sich im deutschen Recht eine neue Theorie oder Lehre entwickelt hat, um die Anwendung dieses Prinzips zu modifizieren, während der chinesische Richter sich bei der Sinnermittlung vorschnell an den Kontext wendet. Außerdem ist in der chinesischen Rechtspraxis die Absicht des Äußernden, die er bei der Behauptung einer beanstandeten Aussage hegt, bei der Sinnermittlung zu berücksichtigen.

Kapitel 3: Haftungsbegründung des Schädigers bei Rufschädigung durch unwahre Tatsachenbehauptungen

Im Rahmen des Äußerungsrechts gehört es zu den gravierendsten Beeinträchtigungen der Persönlichkeit sowie der wirtschaftlichen Reputation, Unwahrheiten über sie zu behaupten oder zu verbreiten.[281] Der Schutz vor unwahren Tatsachenbehauptungen ist in einem Zeitalter, in dem die unternehmerische Reputation sehr anfällig gegenüber Behauptungen und Informationen in sozialen Medien, Internetbewertungsportalen sowie sonstigen Internetdiensten sein kann, von immer größerer Bedeutung.[282]

Als Schlussfolgerung des zweiten Kapitels wurde gezogen, dass die unwahren Tatsachenbehauptungen i.S.d. deutschen Rechts gewissermaßen ein Synonym für die diffamierenden Äußerungen im chinesischen Recht sind.[283] Deshalb lässt sich der Unternehmensschutz gegen unwahre Tatsachenbehauptungen im deutschen Recht mit dem gegen diffamierende Äußerungen im chinesischen Recht gleichstellen und wird in diesem Kapitel untersucht.

Zuerst wird ein Überblick gegeben über die Rechtsgrundlagen in Deutschland und China. Im Anschluss daran werden die Haftungsbegründungsvoraussetzungen des Schädigers im deutschen und chinesischen Recht eingehend aufgeführt und verglichen. Schließlich werden die Ausführungen zusammengefasst.

3.1 Rechtsgrundlagen

3.1.1 Deutschland

Im deutschen Bürgerlichen Gesetzbuch gibt es einige Vorschriften, die den Unternehmensschutz gegen unwahre Tatsachenbehauptungen regulieren. Vor allem wird der Ruf eines deutschen Unternehmens von der Kreditgefährdung i.S.d. § 824 BGB geschützt. Als einzige spezielle äußerungsrechtliche Vorschrift des Bürgerlichen Gesetzbuches befasst sich § 824 BGB ausdrücklich mit der Zulässigkeit von Äußerungen, die für den wirtschaftlichen Erfolg von

281 Wenzel/*Burkhardt/Peifer*, Kap. 5 Rn. 74.
282 Vgl. Wenzel/*Burkhardt/Peifer*, Kap. 5 Rn. 237.
283 Dazu siehe Kap. 2 2.1.2.1.

Unternehmen nachteilige Auswirkungen auslösen.[284] Demnach werden die wirtschaftlichen Interessen des Betroffenen geschützt.[285] Der Ruf des Unternehmens wird in diesem Tatbestand nur insoweit und en passant mitgeschützt, als er für Kredit, Erwerb und Fortkommen relevant ist, also als Kredit- und Geschäftswürdigkeit.[286] Der Kredit, der Erwerb und das Fortkommen eines Unternehmens hängen wesentlich von seinem geschäftlichen Ruf ab. In diesem Sinne kann man davon sprechen, dass der Schutz der Unternehmensreputation ein sehr wichtiger Anwendungsfall der Kreditgefährdung i.S.d. 824 BGB ist.

Das Recht am eingerichteten und ausgeübten Gewerbebetrieb i.S.d. § 823 Abs. 1 BGB kann auch im Falle der Verbreitung unwahrer Tatsachenbehauptungen greifen.[287] Dies kommt aber nur in Betracht, wenn diese sich auf den Ruf eines Unternehmens schädlich auswirken, ohne jedoch gegen dieses gerichtet zu sein.[288] Dies spielt demnach im Falle des Äußerungsdelikts durch unwahre Tatsachenbehauptungen lediglich eine ergänzende Rolle. Darüber hinaus kommt auch die Anwendung der sittenwidrigen Schädigung i.S.d. § 826 BGB in Betracht, wenn das vorsätzliche Behaupten oder Verbreiten unwahrer Tatsachenbehauptungen gegen die guten Sitten verstößt.[289] Die dort vorgeschriebenen hohen subjektiven Anforderungen werden jedoch in der Praxis nur selten erfüllt sein.[290] Deshalb ist Letzteres beim Unternehmensschutz gegen unwahre Tatsachenaussage nur von geringer Bedeutung.

Mithilfe von § 823 Abs. 2 BGB können §§ 186, 187 StGB neben §§ 824, 826 BGB in zivilrechtlichen äußerungsbezogenen Fällen greifen.[291] Die Anwendung von § 823 Abs. 2 BGB i.V.m. § 186 StGB setzt voraus, dass eine nicht zu erweisende wahre Tatsachenbehauptung aufgestellt oder verbreitet wird, die einen anderen verächtlich zu machen oder in der öffentlichen Meinung herabzuwürdigen geeignet ist. Von großer praktischer Bedeutung in der Praxis ist aber die in § 186 StGB vorgeschriebene Beweislastverteilung. Wenn die streitige Behauptung eine

---

284 *Beater*, Medienrecht, Rn. 419; *Prinz/Peters*, Medienrecht, Rn. 153; *Stein*, S. 19; *Kübler*, AcP 172 (1972), 177, 179–180.

285 Palandt/*Sprau*, BGB, § 824 Rn. 8; Müko/*Wagner*, BGB, § 824 Rn. 3.

286 Müko/*Wagner*, BGB, § 824 Rn. 3.

287 Vgl. BGH NJW 1998, 2141, 2142; BGH NJW 1984, 1607, 1609.

288 Müko/*Wagner*, BGB, § 824 Rn. 5.

289 Müko/*Wagner*, BGB, § 824 Rn. 6; *Prinz/Peters*, Medienrecht, Rn. 157; Wenzel/*Burckhardt/Peifer*, Kap. 5 Rn. 279.

290 *Schaub*, FS Köhler 2014, 593, 601.

291 Müko/*Wagner*, BGB, § 824 Rn. 5; BeckOGK/*Spindler*, BGB, § 824 Rn. 2; Wenzel/*Burckhardt/Peifer*, Kap. 5 Rn. 241; *Prinz/Peters*, Medienrecht, Rn. 156; *Stein*, S. 148.

üble Nachrede darstellt, tritt nach dieser Vorschrift eine Beweislastumkehr ein. Danach trägt grundsätzlich der Mitteilende die Darstellungs- und Beweislast für die Wahrheit der streitigen Tatsachenbehauptung.[292] Im Falle der Äußerungsdelikte durch unwahre Tatsachaussagen trotz positiver Kenntnis ihrer Unrichtigkeit kann auch § 823 Abs. 2 BGB i.V.m. § 187 StGB auch Anwendung finden. Aber die praktische Bedeutung dieser Norm ist wegen der Voraussetzung „wider besseres Wissen“ in den äußerungsbezogenen Fällen ebenfalls ziemlich gering.[293]

3.1.2 China

Da es in China bisher noch kein Zivilgesetzbuch gibt, sind die Regeln zum Schutz der Unternehmensreputation in verschiedenen Gesetzen oder gesetzlichen Regelungen im chinesischen Recht verstreut. Hauptsächlich wird der zivilrechtliche Schutz des unternehmerischen Rufs durch das in AGZ vorgesehene Recht der juristischen Person auf ihren Ruf erreicht. Der chinesische Gesetzgeber hat zwar den juristischen Personen das Recht auf ihren Ruf durch § 101 AGZ verliehen.[294] Für die Anwendung dieses Rechts spielen aber die vom OVG formulierten höchstgerichtlichen Interpretationen eine wichtigere Rolle, weil die Voraussetzungen zur Anwendung dieser Norm in diesen Interpretationen näher bestimmt werden. In AGZ wird demgegenüber nur allgemein vorgeschrieben, dass juristische Personen nach § 101 AGZ das Recht auf ihren Ruf genießen und es demnach verboten ist, dieses Recht durch Diffamierung und Beleidigung zu verletzen.[295]

---

292 BGH NJW 1985, 1621, 1622 – „Türkol“; BGH NJW 1993, 525, 527 – „Ketten-Mafia“; BGH NJW 1996, 1131 – „Lohnkiller“; Wenzel/*Burkhardt*, Kap. 12 Rn. 139; *Ricker*, S. 163; *Stein*, S. 152.

293 Staudinger/*Hager*, BGB, § 823 Rn. D22; *Prinz/Peters*, Medienrecht, Rn. 198; *Schaub*, FS Köhler 2014, 593, 601.

294 § 101 AGZ: Bürger und juristische Personen haben ein Recht an ihrem Ruf; die Achtung vor der Persönlichkeit des Bürgers genießt den Schutz des Gesetzes, und es ist verboten, mit Mitteln wie denen Beleidigung und Verleumdung den Ruf von Bürgern und juristischen Personen zu schädigen. Übersetzung von *Frank Münzel*, http://www.chinas-recht.de/zivilrecht.htm, zuletzt abgerufen am 30.10.2019.

295 § 101 AGZ wird von § 110 des Allgemeinen Teils des Zivilrechts der Volksrepublik China, der am 15. März 2017 auf der 5. Sitzung des 12. Nationalen Volkskongresses verabschiedet wurde, inhaltlich unverändert übernommen. § 110 des Allgemeinen Teils des Zivilrechts der VR China: (Abs. 1) Natürliche Personen genießen unter anderem das Recht auf Leben, das Recht auf körperliche Unversehrtheit, das Recht auf Gesundheit, das Recht am eigenen Namen, das Recht am eigenen Bildnis, das Recht (auf Schutz) des guten Rufs, das Recht (auf Schutz) der Ehre, das Recht auf

Als Sondergesetz kennt das chinesische Deliktshaftungsgesetz aber keine spezifische Vorschrift zum Schutz des persönlichen oder unternehmerischen Rufs.[296] Deshalb spielt dieses Gesetz bei den klassischen Äußerungsdelikten fast keine Rolle. Allerdings hat der chinesische Gesetzgeber eine Vorschrift – § 36 – ins Deliktshaftungsgesetz eingefügt, um die zunehmenden Verstöße im Online-Bereich zu regeln. Diese Vorschrift ist für die Behandlung von Äußerungsdelikten im Online-Bereich von großer Bedeutung.[297]

3.1.3 Ergebnis

Im Vergleich zu den Regelungen für Unternehmensschutz gegen unwahre Tatsachenbehauptungen im deutschen Bürgerlichen Gesetzbuch sind die Regelungen im chinesischen Zivilrecht viel einfacher gestaltet. Das Recht der juristischen Person auf ihren Ruf i.S.d. § 101 AGZ findet in allen Fällen Anwendung, in denen der Ruf eines Unternehmens vorsätzlich oder fahrlässig oder gar sittenwidrig durch unwahre Tatsachenbehauptungen verletzt wird. Es gibt daher kein Konkurrenzanspruch im Falle der Äußerungsdelikte im chinesischen Recht.

Darüber hinaus hat der deutsche Gesetzgeber die Beweislastumkehr mithilfe von §§ 823 Abs. 2 BGB i.V.m. 186 StGB in die Äußerungsdelikte durch

Privatsphäre sowie das eheliche Selbstbestimmungsrecht. (Abs. 2) Juristische Personen (und) Organisationen ohne Rechtspersönlichkeit genießen Rechte wie etwa das Recht (an) der (eigenen) Bezeichnung, das Recht (auf Schutz) des guten Rufs (und) das Recht (auf Schutz) der Ehre. *Klages/Leibküchler/Pißler*, ZChinR 2017, 208, 225.

296 张红: 侵权责任法对人格权保护之评述,《法学研究》2010年第6期, 第32页。

297 § 36 des Deliktshaftungsgesetzes der VR China: (Abs. 1) Wenn Netznutzer und Anbieter von Netzdienstleistungen durch die Nutzung des Netzes zivile Rechtsinteressen anderer verletzen, müssen sie die gesamtschuldnerische Haftung übernehmen. (Abs. 2) Wenn ein Netznutzer durch die Nutzung der Netzdienstleistungen rechtsverletzende Handlungen ausführt, ist der Verletzte berechtigt, dem Anbieter von Netzdienstleistungen mitzuteilen, dass er notwendige Maßnahmen wie zum Beispiel Löschung, Abschirmung und Trennung der Verbindung ergreift. Wenn der Anbieter von Netzdienstleistungen nach Empfang der Mitteilung nicht unverzüglich die notwendigen Maßnahmen ergreift, übernimmt er mit dem Netznutzer die gesamtschuldnerische Haftung für den (durch die Verzögerung oder das Unterlassen) ausgeweiteten Teil (des Schadens). (Abs. 3) Wenn der Anbieter von Netzdienstleistungen Kenntnis hat, dass ein Netznutzer durch die Nutzung der Netzdienstleistungen zivile Rechtsinteressen anderer verletzt, und keine notwendigen Maßnahmen ergreift, übernimmt er mit dem Nutzer dieses Netzes die gesamtschuldnerische Haftung. *Liu/Pißler*, ZChinR 2010, 41, 47. Die Anwendung des § 36 des chinesischen

unwahre Tatsachenbehauptungen eingeführt. Damit wird die Beweislast des Klägers erheblich erleichtert. Eine solche Beweislastumkehr besteht im chinesischen Zivilrecht aber nicht. Obwohl in der chinesischen gerichtlichen Praxis dem Beklagten eine Darlegungslast auferlegt wird, ist der Kläger außerdem verpflichtet, die Unwahrheit der beanstandeten Behauptung nachzuweisen.[298]

3.2 Haftungsbegründung des Schädigers

Die obige Darstellung hat deutlich gezeigt, dass § 824 BGB die wichtigste Rolle bei den aus unwahren Tatsachenbehauptungen resultierenden Verletzungen der Unternehmensreputation im deutschen Recht spielt. Demgegenüber hat § 101 AGZ eine vergleichbare Funktion im chinesischen Recht. Im Folgenden werden deshalb die nach diesen zwei Vorschriften aufgestellten Voraussetzungen für die Haftungsbegründung des Schädigers sowohl im deutschen als auch im chinesischen Recht dargestellt und anschließend miteinander verglichen.

3.2.1 Vorliegen einer äußerungsbezogenen Verletzungshandlung

3.2.1.1 Behaupten oder Verbreiten unwahrer Tatsachenbehauptungen im deutschen Recht

Im Sinne des § 824 BGB liegt eine äußerungsbezogene Verletzungshandlung eigentlich beim Behaupten oder Verbreiten einer unwahren Tatsachenbehauptung vor. Unwahre Tatsachenbehauptungen im deutschen Recht wurden bereits im zweiten Kapitel eingehend beleuchtet.[299] Deshalb sind in diesem Teil lediglich das Behaupten und Verbreiten im deutschen Recht zu untersuchen.

Deliktshaftungsgesetzes Chinas wird in Kapitel 5 eingehend dargelegt. Dazu siehe Kap. 5 5.2.2.

298 In der Rechtspraxis verstehen allerdings manche chinesischen Gerichte diese Darlegungslast fälschlicherweise als Beweislastumkehr. Vgl. 广东省高级人民法院(2009)粤高法审监民提字第266号民事判决书; 北京市第三中级人民法院(2016)京03民终1683号民事判决书; *凌然*: 新闻侵害名誉权案件中的证明责任,《河北科技师范学院学报(社会科学版)》2018年第2期, 第91页; *黄晓*: 谈新闻侵权诉讼的举证责任, 载徐迅主编:《新闻(媒体)侵权研究新论》, 第189页; *林爱珺*: 新闻侵权诉讼中的举证责任,《汕头大学学报(人文社会科学版)》2003年第2期, 第72页。

299 Dazu siehe Kap. 2 2.1.1.1.

a) *Behaupten und Verbreiten*

Gemäß § 824 Abs. 1 BGB richtet sich der Anspruch des Betroffenen nicht nur gegen jemanden, der die unwahre Tatsache behauptet, sondern auch gegen den, der sie verbreitet. Sowohl das Behaupten als auch das Verbreiten bedeuten, dass die Aussage gegenüber irgendeinem Dritten, der zugleich nicht der Betroffene ist, aufgestellt werden muss.[300]

Behaupten bedeutet, dass ein Äußerer eine Aussage aus eigener Überzeugung oder Erkenntnis kundgibt.[301] Unbeachtlich ist, ob er die Initiative zu der beanstandeten Behauptung ergriffen hat oder ob er von einem Dritten zu der streitigen Äußerung veranlasst worden ist.[302] Es bleibt sich ebenso gleich, ob der Äußernde seiner Aussage einschränkende Zusätze wie „soweit ich weiß", „Ich nehme an", „wie ich gehört habe", „mit an Sicherheit grenzender Wahrscheinlichkeit" o.Ä. oder eine Verdachtsformulierung wie „Ich vermute" zugefügt hat.[303] Aus der Behauptung ergibt eine eigene Äußerung.

Eine Äußerung wird verbreitet, wenn der Äußernde die Mitteilung auf eine Weise weitergibt, die es einem Dritten ermöglicht, sie außerhalb vertraulicher Beziehungen zur Kenntnis zu nehmen.[304] Im deutschen Recht wird zwischen sog. intellektuellen Verbreiten und technischen Verbreiten unterschieden. Dabei kommt es darauf an, ob der Verbreiter den Inhalt der verbreiteten Äußerung kennt.[305] Wer den Inhalt der verbreiteten Fremdäußerung kennt und diesen in seine eigene Äußerung aufnimmt, bspw. in Form von Zitaten und Interviews, ist intellektueller Verbreiter.[306] Technischer Verbreiter ist dagegen jemand, der lediglich an der Übermittlung von Äußernden zum Rezipienten beteiligt ist, ohne dass er den Inhalt kennt, z.B. die Drucker und Buchhändler.[307]

Aber der Umfang von Dritten wird in den Fällen begrenzt, wenn ein besonderes Vertrauensverhältnis zwischen dem Äußernden und Empfänger besteht.

---

300 Müko/*Wagner*, BGB, § 824 Rn. 35; BeckOGK/*Spindler*, BGB, § 824 Rn. 5; *Beater*, Medienrecht, Rn. 429; *Prinz/Peters*, Medienrecht, Rn. 163.

301 Müko/*Wagner*, BGB, § 824 Rn. 31; Wenzel/*Burkhardt*, Kap. 4 Rn. 96.

302 BGH GRUR 1974, 105 – „Kollo-Schlager" m. Anm. *Wenzel*; Wenzel/*Burkhardt/Peifer*, Kap. 5 Rn. 252; *Beater*, Medienrecht, Rn. 1941.

303 Müko/*Wagner*, BGB, § 824 Rn. 32; Wenzel/*Burkhardt*, Kap. 4 Rn. 97; BeckOK InfoMedienR/*Söder*, BGB, § 823 Rn. 7; *Prinz/Peters*, Medienrecht, Rn. 163.

304 Vgl. OLG Hamburg ZUM-RD 2009, 654.

305 BeckOK InfoMedienR/*Söder*, BGB, § 823 Rn. 14 ff.

306 BeckOK InfoMedienR/*Söder*, BGB, § 823 Rn. 14; Wenzel/*Burkhardt*, Kap. 4 Rn. 100.

307 BeckOK InfoMedienR/*Söder*, BGB § 823 Rn. 19; Wenzel/*Burkhardt/Peifer*, Kap. 5 Rn. 254.

Demnach sind bspw. die Geschäftsführer, die Vorstandsmitglieder und die Aufsichtsratsmitglieder eines Unternehmens im Verhältnis zueinander keine Dritten, sodass eine unternehmensbezogene Äußerung eines Vertreters gegenüber einem anderen Repräsentanten desselben Unternehmens kein Behaupten oder Verbreiten ist.[308] Dasselbe soll auch bei unternehmensbezogenen Äußerungen zwischen Anwalt und Mandant gelten.[309]

b) Das Zu-eigen-Machen

Ein Sonderproblem bei der Verbreitung ist das Zu-eigen-Machen. Ein Zu-eigen-Machen liegt vor, wenn der Verbreiter eine fremde Äußerung so in den eigenen Gedankengang einfügt, dass dadurch entweder diese als eigene erscheint[310] oder die eigene Aussage unterstrichen werden soll.[311] So ist es, wenn der Verbreiter z.B. eine in einem anderen Blatt aufgestellte Behauptung ohne Quellenangabe wiedergibt[312] oder eine Behauptung eines Dritten in den Mittelpunkt seiner Äußerung stellt.[313]. Ein Zu-eigen-Machen liegt nach der Rechtsprechung auch vor, wenn der Verbreiter eine Fremdäußerung als Beleg eigener Behauptung anführt.[314]

Wenn sich der Verbreiter die von ihm verbreitete Behauptung zu eigen macht, wird er im deutschen Recht mit dem Behauptenden gleichgesetzt. Das heißt, dadurch ist die von ihm verbreitete Behauptung ebenfalls als eigene Aussage des jeweiligen Verbreiters zu bewerten.[315] Diese Gleichsetzung kann die Prüfungspflicht für die Richtigkeit des Inhalts der Fremdbehauptung erhöhen. Hierauf ist weiter unten noch zurückzukommen.

Das Zu-eigen-Machen kann i.d.R. durch eine ernsthafte und deutliche Distanzierung, z.B. die deutliche Kennzeichnung einer Behauptung als

---

308 Müko/*Wagner*, BGB, § 824 Rn. 35.

309 Müko/*Wagner*, BGB, § 824 Rn. 35.

310 BGH NJW 2013, 790 Rn. 14 – „IM Christoph“; BGH NJW 2012, 2345 Rn. 11 – „RSS-Feeds“.

311 BGH GRUR 2014, 639 Rn. 20 – „Sächsische Korruptionsaffäre“; *Beater*, Medienrecht, Rn. 1944.

312 OLG Nürnberg ArchPR 1969, 81.

313 BGH NJW, 2013 790 Rn. 14 – „IM Christoph“; BGH MMR 2010, 556 Rn. 23 – „marions-kochbuch.de“ m. Anm. *Engels*; BGH GRUR 2012, 751 Rn. 11 – „RSS-Feeds“; *Lauber-Rönsberg*, NJW 2016, 744, 747.

314 BVerfG ZUM 2007, 468, 469.

315 BGH GRUR 2008, 1882 – „ueber18.de“; BGH GRUR 2015, 1129 Rn. 25 – „Hotelbewertungsportal“; BeckOK InfoMedienR/*Söder*, BGB, § 823 Rn. 2.

Drittäußerung,[316] im Rahmen des Äußerungsrechts vermieden werden.[317] Dagegen kann ein pauschaler Disclaimer, in denen sich die Anbieter ausdrücklich von den dargestellten Inhalten distanzieren und ihre Haftung ausschließen, das Zu-eigen-Machen aber nur ausnahmsweise verhindern.[318] Dennoch gibt es dazu aber keine einheitlichen Kriterien. Ob er sich von der Fremdbehauptung distanziert, kann nur nach dem Verständnis des verständigen Durchschnittsempfängers unter Berücksichtigung aller relevanten Umstände im Einzelfall beurteilt werden.[319]

3.2.1.2 Veröffentlichung oder Wiedergabe diffamierender Äußerungen im chinesischen Recht

Gemäß Art. 7 Abs. 1 der Interpretation von 1993 setzt die Anwendung des Rechts der juristischen Person auf ihren Ruf i.S.d. § 101 AGZ das Vorliegen einer rechtswidrigen Verletzungshandlung, die Rechtsgutverletzung, die Kausalität zwischen rechtswidriger Verletzungshandlung und Rechtsgutverletzung sowie das Verschulden des Handelnden voraus. Nach Art. 7 Abs. 1 der Interpretation i.V.m. § 101 AGZ besteht eine rechtswidrige Verletzungshandlung im Falle des Äußerungsdelikts durch Diffamierung eigentlich aus der Veröffentlichung oder Weitergabe diffamierender Äußerungen. Da diffamierende Äußerungen in der chinesischen Rechtspraxis bereits im zweiten Kapitel dargestellt wurden,[320] sind die Veröffentlichung und Weitergabe im chinesischen Recht für sich genommen im Folgenden zu behandeln.

a) Veröffentlichung

In der Literatur wird das Behaupten einer Äußerung als Veröffentlichung[321] oder Publizieren[322] bezeichnet. Die Veröffentlichung einer Äußerung kann

---

316 Vgl. BVerfG NJW-RR 2010, 470.

317 Vgl. BGH NJW 2003, 1308, 1311 – „Psychosekte"; BGH NJW 2008, 1882 Rn. 21 – „ueber18.de"; BeckOK InfoMedienR/*Paal*, TMG, § 7 Rn. 31a.

318 Spindler/Schmitz/*Spindler*, TMG, § 7 Rn. 25, BeckOK InfoMedienR/*Paal*, TMG, § 7 Rn. 37; Wenzel/*Burkhardt/Peifer*, Kap. 10 Rn. 238; *Jürgens/Veigel*, AfP 2007, 181, 182; *Ott*, WRP 2006, 691, 696 f.

319 BGH GRUR 2010, 616 Rn. 23 – „marions-kochbuch.de"; BGH GRUR 2012, 751 Rn. 11 – „RSS-Feeds"; BGH GRUR 2015, 1129 Rn. 25 – „Hotelbewertungsportal".

320 Dazu siehe Kap. 2 2.1.2.1.

321 *王利明*:《人格权法(第二版)》, 第289页; *张民安*:《无形人格侵权责任研究》, 第187页以下。

322 *张红*:《人格权各论》, 第425页。

entweder mündlich oder schriftlich erfolgen. Eine Behauptung kann entweder dem Empfänger ins Gesicht geäußert oder über ein Medium, z.B. E-Mails,[323] zugänglich gemacht werden. Eine Behauptung gilt als veröffentlicht, sobald irgendein Dritter außerhalb des Äußernden und Betroffenen sie zur Kenntnis nimmt.[324]

In einigen Fällen wird eine Veröffentlichung der Äußerung vom Richter verneint, selbst wenn sie gegenüber irgendeinem Dritten, der zugleich nicht der Betroffene ist, aufgestellt wird. In solchen Fällen hat der Dritte i.d.R. eine besondere Rechtsstellung. So ein Fall liegt vor, wenn der Äußernde bspw. gegenüber der Behörde oder dem Volksgericht eine vermeintliche rechtswidrige Handlung des Betroffenen anzeigt.[325]

Wenn eine negative Äußerung über ein Unternehmen von einem (potenziellen) Geschäftspartner behauptet und verbreitet wird, kann dessen Geschäftsruf ohne Weiteres auch dadurch verletzt sein. Aber im Falle der Innenverbreitung, wenn eine negative Äußerung lediglich innerhalb der Führungsorgane des Geschäftspartners verbreitet wird, ist eine Verletzung der Reputation des betroffenen Unternehmens nach Art. 2 der Interpretation von 1998 im chinesischen Recht zu verneinen.[326] Erst wenn die Verbreitung der negativen Information über die Führungsorgane hinausgeht, gilt der Geschäftsruf des Betroffenen nach dem Wortlaut dieser Vorschrift als verletzt. Das OVG hat hierbei den Begriff „irgendeines Dritten" restriktiv ausgelegt. Dadurch lässt sich der Anwendungsbereich des Rechts der juristischen Personen auf ihren Ruf i.S.d. § 101 AGZ einschränken.

Der Begriff „irgendeines Dritten" wird in der chinesischen Rechtsprechung des Weiteren restriktiv ausgelegt, wenn ein Unternehmen als Arbeitgeber von schädigenden Äußerungen eines Arbeitnehmers betroffen ist. Solange die streitige Äußerung innerhalb des Unternehmens verbreitet wird, wird eine Verletzung der Unternehmensreputation stets verneint, auch wenn das ganze Personal des Unternehmens diese Äußerung kennt. Das Gericht ist

---

323 参见北京市第一中级人民法院(2012)一中民终字第14964号民事判决书。

324 *张红*: 《人格权各论》, 第425页以下; *王利明*: 《人格权法(第二版)》, 第290页; *王利明/杨立新*: 《人格权与新闻侵权》, 第319页。

325 江苏省高级人民法院(2014)苏民终字第0179号民事判决书。

326 法释[1998] 26号第2条: "有关机关和组织编印的仅供领导部门内部参阅的刊物、资料等刊登的来信或者文章, 当事人以其内容侵害名誉权向人民法院提起诉讼的, 人民法院不予受理。机关、社会团体、学术机构、企事业单位分发本单位、本系统或者其他一定范围内的内部刊物或者内部资料, 所载内容引起名誉权纠纷的, 人民法院应受理。"

in diesem Fall der Meinung, dass kein Außenstehender die Äußerung kennt und sich die Reputation des Unternehmens, eine öffentliche Bewertung, deshalb nicht verschlechtert.[327]

b) *Weitergabe*

Wie bereits erwähnt, kann die Verbreitung einer unternehmensbezogenen Negativäußerung ebenfalls den Ruf des Betroffenen beeinträchtigen. Im chinesischen Recht wird die Verbreitung einer Äußerung als Weitergabe bezeichnet.[328] Unter die Weitergebenden fallen im chinesischen Recht demnach klassische Medienunternehmen, Verlagsanstalten, Fernsehsender, Radiostationen und Internetdienstanbieter.[329]

Im Falle der Weitergabe kann der Betroffene gegen die beanstandete Behauptung, die von klassischen Medienunternehmen weitergegeben wurden, Klage nach Art. 3 der Interpretation von 1998 erheben.[330] Da in den chinesischen Gesetzen keine weiteren Sonderregelungen über die Haftung des Weitergebenden vorgeschrieben werden, soll deshalb angenommen werden, dass er für eine Rufverletzung haftet wie der Behauptende.[331]

Wenn Äußerungen oder Artikel von Dritten mithilfe des Internets weitergegeben werden, besteht nach der Auffassung des ersten Zivilsenats des OVG kein Unterschied im Vergleich zur Weitergabe durch die klassischen Medienunternehmen.[332] Wie bereits erwähnt, findet für die Äußerungsdelikte im Online-Bereich § 36 des Deliktshaftungsgesetzes vorrangig Anwendung. Nach § 36 Abs. 1 des Deliktshaftungsgesetzes muss der Internetnutzer oder Internetdienstanbieter die Haftungen übernehmen, wenn er die Rechte Dritter über das Internet verletzt hat. Dazu gehört nach Ansicht des ersten Zivilsenats des OVG die Weitergabe von Fremdinhalten.[333]

327 江苏省苏州市中级人民法院(2010)苏中民终字第0246号民事判决书。

328 *王利明*: 《人格权法(第二版)》, 第289页; *张民安*: 《无形人格侵权责任研究》, 第193页以下。

329 *张民安*: 《无形人格侵权责任研究》, 第193–195页。

330 1998年司法解释第3条规定: "新闻媒介和出版机构转载作品, 当事人以转载者侵害其名誉权向人民法院提起诉讼的, 人民法院应当受理。"

331 *奚晓明*: 《最高人民法院利用网络侵害人身权益司法解释理解与适用》, 第143页; *张民安*: 《无形人格侵权责任研究》, 第197页。

332 *奚晓明*: 《最高人民法院利用网络侵害人身权益司法解释理解与适用》, 第143页。

333 *奚晓明*: 《最高人民法院利用网络侵害人身权益司法解释理解与适用》, 第143页。

3.2.1.3 *Ergebnis*

Die vorangegangenen Ausführungen haben gezeigt, dass die Veröffentlichung und Weitergabe unternehmensbezogener Negativäußerungen im chinesischen Recht tatsächlich beziehungsweise synonym zu Behaupten und Verbreiten i.S.d. deutschen Rechts einzustufen sind. Darüber hinaus wird im deutschen und chinesischen Recht der gleiche Standpunkt vertreten, dass die Begriffe des Behauptens und Verbreitens i.S.d. deutschen Rechts und die der Veröffentlichung und Weitergabe i.S.d. chinesischen Rechts restriktiv ausgelegt werden, wenn ein besonderes vertrauliches Verhältnis zwischen dem Äußernden und dem Empfänger besteht. In diesem Fall ist das Vorliegen einer äußerungsbezogenen Verletzungshandlung im Regelfall sowohl im deutschen als auch im chinesischen Recht zu verneinen. In dem Punkt, dass Behauptender und Verbreiter für die aus den Äußerungen resultierende Rufverletzung haften sollen, sind sich das deutsche und chinesische Recht ebenfalls einig.

Unterschiedlich sind aber die Funktionen der Unterscheidung im deutschen und chinesischen Recht. Die Unterscheidung zwischen Behaupten und Verbreiten spielt eine sehr wichtige Rolle bei der Prüfung des Verschuldens der Schädiger im deutschen Recht, da die Anforderungen an die Prüfpflicht des Behauptenden im Regelfall höher als die des Verbreiters sind.[334] Dadurch wird die Haftung des Verbreiters im Falle des Äußerungsdelikts normalerweise gemindert. Im Vergleich dazu liegt der Ausgangspunkt der Unterscheidung zwischen Veröffentlichung und Weitergabe im chinesischen Recht aber vielmehr darin, dass der Verbreiter ebenfalls in die Haftungsübernahme einer Rufverletzung einbezogen werden soll, weil der Ruf des Betroffenen auch durch bloße Verbreitung verletzt werden kann.[335] Damit ist auch zu erklären, warum sich die Rechtsfigur „Zueigen-Machen" oder etwas Ähnliches im chinesischen Recht nicht entwickeln konnte. Denn das Hauptziel der Unterscheidung zwischen Veröffentlichung und Weitergabe liegt nicht darin, die Haftung des Verbreiters von der des Behauptenden zu unterscheiden und sodann einzuschränken. Mit der Aufnahme des Verbreiters in die Haftungsübernahme für eine Rufverletzung ist das Ziel der Unterscheidung im chinesischen Recht bereits erreicht. Deshalb wird im chinesischen Recht vermutlich übersehen, dass diese Unterscheidung in anderen Aspekten des Äußerungsdelikts weiterhin eine Rolle spielen kann.

---

334 Dazu siehe Kap. 3 3.2.4.1.

335 *江必新/何东宁*:《最高人民法院指导性案例裁判规则理解与适用(侵权赔偿卷二)》, 第107页; *魏振瀛*: 侵害名誉权的认定,《中外法学》1990年第1期, 第11页。

3.2.2 Rechtsgutverletzung

3.2.2.1 Kreditgefährdung nach § 824 BGB

Für die Anwendung von § 824 BGB ist erforderlich, dass die behauptete oder verbreitete unwahre Tatsachenaussage „geeignet ist, den Kredit eines anderen zu gefährden oder sonstige Nachteile für dessen Erwerb oder Fortkommen herbeizuführen".

a) Eignung zur Kreditgefährdung

Dem Wortlaut des Gesetzes nach muss die streitige unwahre Tatsachenbehauptung geeignet sein, den Kredit des Betroffenen zu gefährden. Ob die Beeinträchtigung tatsächlich eintritt, ist für das Bestehen der Kreditgefährdung allerdings nicht erforderlich.[336] Allein schon die Bedrohung der Kreditgefährdung kann die Anwendung des § 824 BGB auslösen. Mit der Veröffentlichung der unwahren Tatsachenbehauptung wird deshalb vielmehr eine Kreditgefährdung oder deren Bedrohung (widerlegbar) vermutet.[337]

Kreditgefährdung ist nach h.M. anzunehmen, wenn das Vertrauen Dritter auf die Zahlungsfähigkeit und Zahlungswilligkeit des Betroffenen zu gegenwärtigen oder zukünftigen Verbindlichkeiten unterminiert wird.[338] Demnach geht es bei der Kreditgefährdung um die Verletzung des Vertrauens der Adressaten auf die Erfüllung der vermögensrechtlichen Verbindlichkeiten des Betroffenen. Wenn die beanstandete unwahre Tatsachenbehauptung für den Betroffenen keine Kreditgefährdung, sondern andere geschäftliche Nachteile für dessen Erwerb oder Fortkommen hervorruft, kommt die Anwendung von § 824 BGB ebenfalls in Betracht.[339] Unter Erwerb versteht man die gegenwärtigen wirtschaftlichen und beruflichen Aussichten, die der Betroffene bereits errungen hat, im Vergleich dazu bedeutet Fortkommen seine zukünftigen wirtschaftlichen und beruflichen Aussichten.[340] Daher findet § 824 BGB Anwendung, wenn z.B. die Kunden wegen der unwahren Behauptung des Äußernden ihr Vertrauen in

---

336 Müko/*Wagner*, BGB, § 824 Rn. 36; Staudinger/*Hager*, BGB, § 824 Rn. 5; *Prinz/Peters*, Medienrecht, Rn. 164 f.; Wenzel/*Burkhardt/Peifer*, Kap. 5 Rn. 257.

337 jurisPK-BGB/*Reichold*, § 824 Rn. 27.

338 RGRK/*Steffen*, BGB, § 824 Rn. 27; Müko/*Wagner*, BGB, § 824 Rn. 37; Staudinger/*Hager*, BGB, § 824 Rn. 5; Soergel/*Beater*, BGB, § 824 Rn. 28; *Helle*, S. 63.

339 RG JW 1933, 1254; Staudinger/*Hager*, BGB, § 824 Rn. 5; Müko/*Wagner*, BGB, § 824 Rn. 37.

340 Müko/*Wagner*, BGB, § 824 Rn. 37; Staudiger/*Hager*, BGB, § 824 Rn. 5; Wenzel/*Burkhardt/Peifer*, Kap. 5 Rn. 257; *Helle*, S. 63.

die Zuverlässigkeit des Betroffenen verlieren könnten.[341] Ebenso ist eine Kreditgefährdung i.S.d. § 824 BGB denkbar, wenn die Kompetenz des Betroffenen aufgrund einer unwahren Tatsachenbehauptung von den Adressaten bezweifelt wird.[342] Die unwahre Bewertung, ein Produkt sei ein Plagiat, auf elektronischen Marktplätzen kann ebenfalls eine Kreditgefährdung darstellen.[343] Damit erstreckt sich die Kreditgefährdung i.S.d. § 824 BGB eigentlich bereits auf den Schutz des geschäftlichen Rufs des Betroffenen.[344]

b) Unmittelbare Betroffenheit

Die Anwendung des § 824 BGB verlangt weiter, dass der Kredit „eines anderen" gefährdet werden muss, um eine überbordende Haftung zu vermeiden. Darunter versteht man die unmittelbare Betroffenheit der beanstandeten unwahren Tatsachenbehauptung im deutschen Recht. Unmittelbare Betroffenheit heißt, dass sich die kreditgefährdungsfähige unwahre Tatsachenbehauptung direkt an den Betroffenen richten muss. Der Betroffene kann eine lebende natürliche Person, eine juristische Person, ein Idealverein, ein nicht rechtsfähiger Verein, eine Handelsgesellschaft oder eine Personengemeinschaft sein, soweit seine Funktion als Wirtschaftsunternehmen oder sein Geschäftszweck durch die streitige unwahre Tatsachenbehauptung beeinträchtigt wird.[345]

Die unmittelbare Betroffenheit ist nach der Rechtsprechung erst zu bejahen, wenn sich die beanstandete unwahre Tatsachenbehauptung, so wie sie im Verkehr verstanden wird, mit dem Kläger befasst oder doch in enger Beziehung zu seinen Verhältnissen, seinem Betrieb oder seiner gewerblichen Leistung steht.[346] Demnach spielt die Erkennbarkeit des Geschädigten für den angesprochenen Adressatenkreis eine entscheidende Rolle.[347] Im deutschen Recht wird die

---

341 OLG München ZUM-RD 2009, 342, 343 – „Werbefilmkopie".

342 OLG München BeckRS 2011, 23051 Rn. 63.

343 BeckOGK/*Spindler*, BGB, § 824 Rn. 24; *Dörre/Kochmann*, ZUM 2007, 30, 32; *Petershagen*, NJW 2008, 953, 956. Vgl. auch OLG Frankfurt a. M. NJW-RR 1991, 1517; KG AfP 1994, 220.

344 Vgl. RGRK/*Steffen*, BGB, § 824 Rn. 27; Wenzel/*Burkhardt/Peifer*, Kap. 5 Rn. 256 ff.; *Helle*, S. 8 ff.

345 Palandt/*Sprau*, BGB, § 824 Rn. 8; Wenzel/*Burckhardt/Peifer*, Kap. 5 Rn. 261; *Prinz/Peters*, Medienrecht, Rn. 168 f.; *Ricker*, S. 52.

346 BGH GRUR 1989, 222, 223 – „Filmbesprechung"; BGH GRUR 1967, 540, 542 – „Die Nächte der Birgit Malmström" m. Anm. *Kleine*; BGH NJW 1965, 36, 37.

347 BGH GRUR 1989, 222, 224 – „Filmbesprechung"; Staudinger/*Hager*, BGB, § 824 Rn. 7; Wenzel/*Burkhardt/Peifer*, Kap. 5 Rn. 262; *Prinz/Peters*, Medienrecht, Rn. 172 f.; *Beater*, Medienrecht, Rn. 426; Paschke/Berlit/Meyer/*Vendt*, 33. Abschn. Rn. 64.

Erkennbarkeit des Betroffenen bei Nennung bestimmter Produkte und Kritik an einem Gesellschafter bejaht und bei Warengattungskritik und Systemvergleich abgelehnt.

aa) Bejahung der Erkennbarkeit des Betroffenen

1. Nennung bestimmter Produkte

Die Erkennbarkeit liegt zweifellos vor, wenn das betroffene Unternehmen namentlich genannt wird. Aber dies bedeutet nicht, dass für die Erkennbarkeit eine ausdrückliche Namensnennung erforderlich ist.[348] Nach der h.M. kann ein Unternehmen bereits identifiziert werden, wenn nicht das Unternehmen als solches, sondern lediglich sein oder seine Produkte von einer unwahren Tatsachenbehauptung betroffen sind.[349] Unerlässlich dafür ist eine enge Beziehung zwischen Produkt und Geschäftsbetrieb des Geschädigten, wie sie typischerweise beim Hersteller einer Ware gegeben ist.[350]

Dagegen haben die mit dem Vertrieb befassten Groß- und Einzelhändler i.d.R. keinen Anspruch nach § 824 BGB, weil es an einer solch engen Beziehung fehlt. Ihr Ruf und Ansehen werden nicht durch die auf die Ware bezogene unwahre Aussage im Geschäftsverkehr unmittelbar zum Gegenstand der Äußerungen gemacht. Die von ihnen erlittenen geschäftlichen Nachteile sind lediglich mittelbare und reflexive Folgen des Vertrauensschwundes gegenüber dem Produkt und dessen Hersteller.[351]

In Ausnahmefällen kann ein Händler berechtigt sein, wenn er zwar die mit einer unwahren Behauptung belegte Ware nicht selbst herstellt, diese Ware aber im Geschäftsverkehr als sein Produkt anzusehen ist. Diese Berechtigung kann z.B. durch Vergabe einer Lizenz oder Einräumung eines Vertriebsrechts begründet werden, wenn der Händler das Produkt gegenüber dem Geschäftsverkehr repräsentieren kann.[352] Dies ist beispielsweise der Fall, wenn das Alleinvertriebsrecht bzw. Markenrecht dem Händler zustehen.[353]

---

348 BGH GRUR 1989, 222, 224 – „Filmbesprechung"; *Prinz/Peters*, Medienrecht, Rn. 172; *Beater*, Medienrecht, Rn. 426.

349 BGH GRUR 1989, 222, 223 f. – „Filmbesprechung"; Wenzel/*Burkhardt/Peifer*, Kap. 5 Rn. 263; Erman/*Wilhelmi*, BGB, § 824 Rn. 6; *Prinz/Peters*, Medienrecht, Rn. 170; *Damm/Rehbock*, Rn. 467 f.; *Helle*, S. 63 ff.

350 BGH GRUR 1989, 222, 223 – „Filmbesprechung".

351 BGH GRUR 1989, 222, 224 – „Filmbesprechung".

352 BGH GRUR 1989, 222, 224 – „Filmbesprechung".

353 BGH NJW 1970, 187, 188 – „Hormoncreme" m. Anm. *Wenzel*.

2. Kritik an einem Gesellschafter

Bei Äußerungen über eine Gesellschaft sind damit noch nicht automatisch auch die Gesellschafter betroffen.[354] Aber anders kann es sich nach der Rechtsprechung verhalten, denn wenn ein Gesellschafter die Gesellschaft infolge seiner beherrschenden Stellung repräsentiert, ist er auch unmittelbar betroffen.[355]

Derartige Regeln sollen zudem in den umgekehrten Fällen Anwendung finden. Demnach soll i.d.R. die Betroffenheit der Gesellschaft verneint werden, wenn eine unwahre Tatsachenbehauptung einen Gesellschafter betrifft. Die unmittelbare Betroffenheit der Gesellschaft kann aber ausnahmsweise anerkennt werden, wenn dieser Gesellschafter aufgrund seiner beherrschenden Stellung die Gesellschaft repräsentiert.[356] Das ist z.B. der Fall, wenn der betroffene Gesellschafter der Geschäftsführer der Gesellschaft ist.

bb) Ablehnung der Erkennbarkeit des Betroffenen

1. Warengattung

Wenn sich die unwahre Tatsachenbehauptung nicht gegen bestimmte Ware, sondern gegen eine Warengattung richtet, fehlt es an der unmittelbaren Betroffenheit. Das OLG Hamburg hatte deswegen in seiner Entscheidung den Unterlassungsanspruch des klagenden Unternehmens abgelehnt.[357] Das Gericht begründete seine Entscheidung damit, dass „der „andere“, der in § 824 I BGB gemeint sei und dem der Anspruch aus dieser Vorschrift zustehen solle, nur derjenige sei, mit dem sich die beanstandete Äußerung befasse oder zu dessen Verhältnissen sie in enger Beziehung stehe“. Die Tatsache, dass sich die Mitglieder des klagenden Verbandes mit Zucker befassen und einige ihn gar herstellen, führe zugunsten des Verbandes hier auch nicht weiter. Das Gericht wies weiter darauf hin, dass „die Bezeichnung „Schadstoff Zucker“ sich nämlich nicht mit dem eben gerade von dem ein oder anderen Mitglied der Klägerin hergestellten oder vertriebenen Zucker befasse, sondern mit Zucker schlechthin, und zwar mit Zucker als einem nur der Gattung nach bestimmten Produkt“. Laut Meinung des OLG Hamburg ging es in diesem Fall nur um eine allgemeine Erscheinung,

---

354 Wenzel/*Burkhardt/Peifer*, Kap. 5 Rn. 262; *Prinz/Peters*, Medienrecht, Rn. 174.

355 BGH NJW 1954, 72, 72; Wenzel/*Burkhardt/Peifer*, Kap. 5 Rn. 262; *Prinz/Peters*, Medienrecht, Rn. 174.

356 *Branahl*, Medienrecht, S. 153. Vgl. auch BGH NJW 2006, 601 Rn. 11 – „Unvollständige Berichterstattung“.

357 Vgl. OLG Hamburg NJW 1988, 3211 – „Schadstoff Zucker“.

und kein bestimmter anderer wurde von einer Auseinandersetzung darüber betroffen.[358]

2. Systemvergleich

Unter Systemvergleich versteht man den Vergleich verschiedener Systeme, wie die Produktions-, Anwendungs- oder Vertriebssysteme, wenn darin nicht hinreichend auf bestimmte Hersteller Bezug genommen wird.[359] Ähnlich wie bei der Warengattungskritik fehlt es nach allgemeiner Auffassung beim Systemvergleich ebenfalls an der unmittelbaren Betroffenheit.[360]

So hat der BGH in seiner Entscheidung die unmittelbare Betroffenheit eines Herstellers elektronischer Orgeln verneint, wenn die elektronischen Orgeln mit den herkömmlichen Pfeifenorgeln für den Kirchengebrauch in einem Zeitschriftenartikel verglichen wurden. Im beanstandeten Artikel war der Ansicht des BGH nach weder eine bestimmte Person noch waren die Verhältnisse oder Erzeugnisse eines bestimmten Unternehmens betroffen. Der BGH hatte auch darauf hingewiesen, dass elektronische Orgeln anderer Firmen ebenfalls in Kirchen und kirchlichen Räumen in Gebrauch waren. Daher war die klagende Firma dem Beklagten unbekannt und die Äußerung konnte auch vom Leserkreis der Zeitschrift nicht dahingehend verstanden werden, dass sie sich eben gerade gegen die Erzeugnisse der klagenden Firma richtete. Der BGH nahm deshalb eine sehr entfernte Beziehung der beanstandeten Äußerung zum klagenden Unternehmen an.[361]

3.2.2.2 Rechtsgutverletzung i.S.d. § 101 AGZ

a) Verletzung des geschäftlichen Rufs des Betroffenen

aa) Herrschende Meinung

Wie oben erwähnt, ist der Ruf des Unternehmens als eine Bewertung der Öffentlichkeit anzusehen. Demnach bedeutet die Rechtsgutverletzung i.S.d. Art. 7 Abs. 1 der Interpretation von 1993 i.V.m. § 101 AGZ eine Senkung dieser öffentlichen Bewertung des betroffenen Unternehmens.[362] Fraglich

358 OLG Hamburg NJW 1988, 3211, 3211 – „Schadstoff Zucker".

359 *Prinz/Peters*, Medienrecht, Rn. 173; Fezer/Büscher/Obergfell/*Koos*, Bd. 2, UWG § 6 Rn. 96; *Henning-Bodewig*, GRUR-Int 1999, 385, 391.

360 BGH GRUR 1964, 162 ff. – „E-Orgeln" m. Anm. *Reimer*; Wenzel/*Burkhardt/Peifer*, Kap. 5 Rn. 262; *Prinz/Peters*, Medienrecht, Rn. 173; *Stein*, S. 26.

361 BGH GRUR 1964, 162, 163. – „E-Orgeln" m. Anm. *Reimer*.

362 *张红*: 《人格权各论》, 第429页; *雷丽莉*: 新闻名誉侵权构成要件分析, 载徐迅主编: 《新闻(媒体)侵权研究新论》, 第145页。

ist aber, wie der Verletzte beweisen kann, dass seine öffentliche Bewertung gemindert wird. Denn die öffentliche Bewertung ist sehr abstrakt. Ferner ist der Rückgang der öffentlichen Bewertung im Regelfall nicht offensichtlich. Daher vertritt selbst der Richter des OVG den Standpunkt, dass die Feststellung der Verletzung des geschäftlichen Rufs ein schwieriges Problem in der Rechtspraxis ist.[363]

Zur Lösung gibt es insgesamt drei Vorschläge in der Literatur.[364] Dem ersten nach soll der rechtliche Grundsatz, dass jede Partei die Beweislast für die tatsächlichen Voraussetzungen der für sie günstigen Rechtsnorm trägt, Anwendung finden. Danach muss der Verletzte die Schadensfolgen, das heißt die Verletzung seiner Geschäftsehre beweisen. Im Gegensatz dazu soll der zweiten Ansicht nach eine Beweislastumkehr gelten. Demnach muss der Kläger lediglich das Vorliegen der beanstandeten Behauptung nachweisen. Der Beklagte muss demgegenüber ggf. beweisen, dass die Geschäftsehre des Verletzten durch seine Behauptung nicht verletzt wird oder dass gar keine Geschäftsehrverletzung vorliegt. Die dritte Ansicht besagt, dass hier die Vermutung der Schadensfolgen gelten soll. Solange der Kläger die Existenz der beanstandeten Behauptung nachgewiesen hat, soll davon ausgegangen werden, dass sein geschäftlicher Ruf beeinträchtigt worden ist. Im chinesischen Recht ist die letzte Ansicht tatsächlich die h.M..[365]

bb) Ansicht des ersten Zivilsenats des OVG

Die Auffassung des ersten Zivilsenats des OVG stimmt jedoch nicht ganz mit der h. M. überein. Er vertritt in seinen Erläuterungen zur Interpretation des OVG von 2014 den Standpunkt, dass sich die Schäden im Falle der Verletzung des Rechts der juristischen Person auf ihren Ruf in zwei Teile – Kreditinteressenverlust und Vermögensschaden – aufspalten lassen sollten.[366] Die Auffassung

363 *奚晓明*: 《最高人民法院利用网络侵害人身权益司法解释理解与适用》, 第162页。*江必新/何东平*: 《最高人民法院指导性案例裁判规则理解与适用(侵权赔偿卷二)》, 第67页。

364 *奚晓明*: 《最高人民法院利用网络侵害人身权益司法解释理解与适用》, 第162页; 参见*王利明/杨立新*: 《人格权与新闻侵权》, 第317页。

365 *王利明/杨立新*: 《人格权与新闻侵权》, 第319页; *张红*: 《人格权各论》, 第429页; *江必新/何东宁*: 《最高人民法院指导性案例裁判规则理解与适用(侵权赔偿卷二)》, 第67页。

366 *奚晓明*: 《最高人民法院利用网络侵害人身权益司法解释理解与适用》, 第162页。

des ersten Zivilsenats des OVG ergibt sich vermutlich aus der h.M. über die Rechtsnatur des Rechts der juristischen Person auf ihren Ruf im chinesischen Recht.[367] Demnach ist das Recht der juristischen Person auf ihren Ruf ein (Sonder-)Persönlichkeitsrecht.[368] Doch schützt es der h.M. nach im Zeitalter der Marktwirtschaft ebenfalls kommerzielle Interessen, die sich aus dem guten Ruf des Rechtssubjekts ableiten.[369] Danach umfassen die vom Recht der juristischen Person auf ihren Ruf geschützten Interessen sowohl persönliche als auch kommerzielle Interessen.[370] Mit persönlichen Interessen sind eigentlich die Interessen des Betroffenen am guten Ruf als solchem gemeint.[371] Diese werden in der Literatur auch als ideelle Interessen bezeichnet, zu denen gerechte Bewertung, Respekt, Achtung, Anerkennung u.Ä. gehören.[372] Daher bedeutet die Verletzung des Rechts der juristischen Person auf ihren Ruf die Beeinträchtigung der persönlichen/ideellen und kommerziellen Interessen. Aufgrund dessen gehört das vom ersten Zivilsenat des OVG genannte Kreditinteresse tatsächlich zu den persönlichen/ideellen Interessen.

367 Der Mindermeinung nach ist das Recht der juristischen Person auf ihren Ruf ein Vermögensrecht. Vgl. *尹田*:论法人人格权,《法学研究》2004年第4期, 第56页; *尹田*: 论人格权的本质——简评我国民法典草案中关于人格权的规定,《法学研究》2003年第4期, 第14页; *梁慧星*: 《中国民法典中不能设置人格权编》, 《中州学刊》, 2016年第2期, 第48页; *钟瑞栋*:"法人人格权"之否认, 《厦门大学法律评论(第7辑)》, 厦门大学出版社, 2004年版, 第218页; *黄文熙*: 浅论自然人人格权与法人人格权的本质,《中国政法大学学报》2012年第5期, 第130页。

368 *张红*: 《人格权各论》, 第375页; *王利明*: 《人格权法(第二版)》, 第275页; *杨立新*: 《人格权法》, 第508页; *王泽鉴*: 《人格权法: 法释义学、比较法、案例研究》, 第137页; *张民安*: 《名誉侵权责任》, 第165页; *马俊驹*: 《人格与人格权理论讲稿》, 第293页以下; *许中缘/颜可云*: 论法人名誉权、法人人格权与我国民法典,《法学杂志》2016年第4期, 第37页以下; *薛军*: 法人人格权理论的展开,《上海财经大学学报》2011年第6期, 第27页; *吴锋/杜晓智*: 法人人格权研究,《北京科技大学学报(社会科学版)》2001年第3期, 第83页; *周龙杰*: 法人人格权立法问题之思,《社会科学战线》2012年第5期, 第177页; *薛军*: 法人人格权的基本理论问题探析, 《法律科学》2004年第1期, 第50页以下; *杨孜*: 法人名誉权问题探讨,《政治与法律》1988年第4期, 第29页。

369 *张红*: 《人格权各论》, 第379页。

370 Vgl. *马俊驹*: 《人格与人格权理论讲稿》, 第234–235页。

371 *杨立新*: 企业法人名誉权侵权责任的界限判定,《人民司法》2015年第16期, 第7页; *薛军*: 法人人格权理论的展开,《上海财经大学学报》2011年第6期, 第29页。

372 *张红*: 《人格权各论》, 第379–380页。

Mit dieser Aufspaltung will der erste Zivilsenat des OVG tatsächlich die Anforderungen an die Beweislast des Betroffenen für einen Schadensersatzanspruch erhöhen und damit die Schadensersatzhaftung des Äußernden im Falle des Äußerungsdelikts beschränken.[373] Diesem Gedanke des ersten Zivilsenats des OVG ist zwar zuzustimmen. Aber die von ihm vorgeschlagene Aufspaltung der Schadenfolgen im Falle der Rufverletzung ist sehr fragwürdig. Obwohl die Rechtsnatur des Kredits im chinesischen Recht noch umstritten ist, stimmen alle Meinungen miteinander über, dass die Vermögensinteressen des Betroffenen unbedingt zugleich mit dem Kreditschutz geschützt werden.[374] Daher gibt es eine Überlagerung zwischen dem Kreditinteressenverlust und dem Vermögensschaden. Außerdem widerspricht diese Aufspaltung dem Art. 18 Abs. 2 der Interpretation von 2014 des OVG. Demnach kann das Volksgericht den Vermögensschaden in einem Umfang von höchstens 500 Tausend Yuan (circa 65 Tausend Euro) in den Fällen, in denen die konkrete Höhe der vom Verletzten erlittenen Vermögensschäden nicht ermittelt werden kann, je nach den

373 *奚晓明*: 《最高人民法院利用网络侵害人身权益司法解释理解与适用》, 第162页。

374 Im Schrifttum wird die Anerkennung des Rechts am Kredit als ein Sonderpersönlichkeitsrecht schon seit Längerem gefordert. Es gibt insgesamt vier Meinungen zur Rechtsnatur des Rechts am Kredit im chinesischen Schrifttum. Der h. M. nach ist das Recht am Kredit ebenfalls ein (Sonder-)Persönlichkeitsrecht (vgl. *王泽鉴*: 《侵权行为》, 第123页; *杨立新*: 《人格权法》, 第539页; *苏号朋/蒋笃恒*: 论信用权,《法律科学》1995年第2期, 第65页; *杨立新/尹艳*: 论信用权及其损害的民法救济,《法律科学》1995年第4期, 第49页; *陈宾*: 论信用权的性质及其保护路径,《河南财经政法大学学报》2019年第1期, 第57页及以下; *尚国萍*: 民法典编纂中信用权保护模式的立法选择,《河南师范大学学报(哲学社会科学版)》2015年第6期, 第52页; *李新天/孙聪聪*: 信用的权利化及其民法保护,《时代法学》2012年第3期, 第21页; *刘欢*: 信用利益之性质研究,《武陵学刊》2018年第5期, 第124页以下; *胡大武*: 信用权性质论,《西南民族大学学报(人文社科版)》2008年第10期, 第216页; *何国强*: 论作为独立人格权的信用权,《社会科学家》2012年第7期, 第101页。). Der zweiten Meinung nach ist das Recht am Kredit ein gemischtes Recht, das sowohl persönlichkeitsrechtliche als auch vermögensrechtliche Elemente umfasst (vgl. *曾言*: 刍议信用权,《湖南师范大学社会科学学报》2008年第4期, 第63页。). Der dritten Meinung nach ist das Recht am Kredit ein Recht, das dem geistigen Eigentum ähnlich ist (vgl. *王仁富*: 试论信用权的性质及其法律保护, 《安徽大学学报(哲学社会科学版)》2002年第5期, 第104页。). Der vierten Meinung nach ist das Recht am Kredit ein Vermögensrecht und ein Recht am immateriellen Vermögen (vgl. *吴汉东*: 论信用权,《法学》2001年第1期, 第43页。).

konkreten Umständen bestimmen. Demnach werden die Vermögensschäden des Betroffenen tatsächlich ebenfalls vermutet.[375]

b) Betroffenheit

Das Recht der juristischen Person auf ihren Ruf impliziert ebenfalls die Betroffenheit der beanstandeten Äußerung.[376] Da der Begriff „das Recht der juristischen Person auf ihren Ruf" vom chinesischen Gesetzgeber in AGZ verwendet wird, sollte bei der Feststellung der Betroffenheit weiter geprüft werden, ob der Betroffene eine juristische Person ist. Allerdings ist dieses Tatbestandsmerkmal durch § 110 des Allgemeinen Teils des Zivilrechts der VR China aufzuheben, weil Organisationen ohne Persönlichkeit dieser neuen Vorschrift nach ebenfalls das Recht auf ihren Ruf genießen.[377] Deshalb wird im Folgenden lediglich die unmittelbare Betroffenheit der beanstandeten Äußerung erörtert.

Die beanstandete unwahre Tatsachenbehauptung muss auf das verletzte Unternehmen gerichtet werden. Der Grund hierfür liegt darin, dass der Ruf spezifisch ist. Das heißt, ein guter Ruf kommt nur einer bestimmten Person oder einer Gruppe von bestimmten Personen zu. Deshalb kann die Ehre oder der Ruf einer Person nur verletzt werden, wenn sie von der schädigenden Behauptung speziell betroffen wird.[378] Wenn die Behauptung sich nicht auf ein bestimmtes Unternehmen, sondern auf eine Branche bezieht, kann sie nicht als zielgerichtet angesehen werden.[379] Dies war bspw. der Fall, als der Geschäftsführer der beklagten Gesellschaft sich während eines Patentstreits mit der Klägerin im Interview dahingehend geäußert hat, dass keiner der Konkurrenzunternehmen Aussicht

375 Vgl. 北京市第三中级人民法院(2017)京03民终3571号民事判决书; 广东省高级人民法院(2004)粤高法民三终字第282号民事判决书; 江苏省高级人民法院(2005)苏民三终字第0106号民事判决书; 广东省高级人民法院(2009)粤高法审监民提字第266号民事判决书; 杭州市中级人民法院(2017)浙01民终6414号民事判决书; 珠海市中级人民法院(2017)粤04民终463号民事判决书。

376 *张民安*: 《无形人格侵权责任研究》, 第206页。

377 Dazu siehe Fn. 295.

378 *王利明*: 《人格权法(第二版)》, 第288页; *张新宝*: 《名誉权的法律保护》, 第122页; *马俊驹*: 《人格及人格权理论讲稿》, 第298页; *魏振瀛*: 侵害名誉权的认定, 《中外法学》1990年第1期, 第10页。

379 *杨立新*: 《人格权法》, 第515页; *王利明*: 《人格权法(第二版)》, 第288页; *张红*: 《人格权各论》, 第427页; *张新宝*: 《名誉权的法律保护》, 第122页; *奚晓明*: 《最高人民法院利用网络侵害人身权益司法解释理解与适用》, 第161页。

auf Erfolg hätte. Denn der Geschäftsführer glaubt, dass seine Gesellschaft technisch überlegen ist. Das OVG hat die Klage abgewiesen. Seiner Ansicht nach ist zunächst einmal die Behauptung des Geschäftsführers eine Bewertung. Ferner ist diese Bewertung ziemlich allgemein gehalten und nicht auf die Klägerin gerichtet. Demgemäß ist sie nicht von der Behauptung betroffen.[380]

In der chinesischen Rechtsprechung wird die unmittelbare Betroffenheit ebenfalls grundsätzlich bejaht, wenn der Name des Verletzten oder dessen Produkte in den beanstandeten Behauptungen genannt wird.[381] Dies bedeutet jedoch nicht, dass die Namensnennung des verletzten Unternehmens oder seiner Produkte erforderlich ist. Eine Behauptung ist ebenfalls auf den Verletzten gerichtet, wenn er durch die Umstände vom unbefangenen Durchschnittsempfänger identifiziert werden kann.[382] Demnach hat ein mittleres Volksgericht die Betroffenheit einer Muttergesellschaft abgelehnt. Da nur der Name ihrer Tochtergesellschaft in einer Berichterstattung genannt wird, ist ihr ursprünglicher Name dem Namen der Tochtergesellschaft ähnlich. In den Augen der Richter besteht darin keine Verwechselungsgefahr. Der Empfänger verwechselt damit die Muttergesellschaft nicht mit ihrer Tochtergesellschaft, die von der Berichterstattung betroffen ist.[383]

In China wird ebenfalls angenommen, dass das Image des Unternehmensmitgliedes, insbesondere des Gesellschafters und des Geschäftsführers, und die Reputation des Unternehmens unauflöslich miteinander verbunden sind.[384] Danach wird die Betroffenheit des Unternehmens i.d.R. vom chinesischen

380 最高人民法院(2015)民申字第191号民事裁定书。

381 最高人民法院(2014)民一终字第73号民事判决书; 最高人民法院(2011)民四终字第16号民事判决书; 山东省高级人民法院(2015)鲁民一终字第3号民事判决书; 甘肃省高级人民法院(2013)甘民二初字第20号民事判决书; 上海市第一中级人民法院(2014)沪一中民四(商)终字第2186号民事判决书。

382 *杨立新*: 《人格权法》, 第515页; *王利明*: 《人格权法(第二版)》, 第288页; *张红*: 《人格权各论》, 第427页; *王利明/杨立新*: 《人格权与新闻侵权》, 第323页; *张民安*: 《无形人格侵权责任研究》, 第211页; *程啸*: 《侵权责任法》, 第97页; *蔡立东*: 法人名誉权侵权法保护的实证研究, 《社会科学辑刊》 2012年第4期, 第72页; *杨坦辉/黄云*: 名誉权纠纷的法理解析与审理要点, 《人民司法》 2016年第7期, 第101页; *魏振瀛*: 侵害名誉权的认定, 《中外法学》 1990年第1期, 第10–11页。

383 南昌市中级人民法院(2014)洪民一终字第719号民事判决书。

384 *张红*: 《人格权各论》, 第418页; *马俊驹*: 《人格与人格权理论讲稿》, 第302页; *李艳军/杨婧*: 对法定代表人诽谤的认定与救济, 《哈尔滨学院学报》 2005年第11期, 第35页。

Gericht bejaht, wenn eine unwahre Tatsachenbehauptung auf seinen Gesellschafter oder Geschäftsführer gerichtet ist.[385]

3.2.2.3 Ergebnis

Die obige Darstellung hat gezeigt, dass es bezüglich der Feststellung der Rechtsgutverletzung Gemeinsamkeiten in der deutschen und chinesischen Rechtspraxis gibt. Die Kreditgefährdung i.S.d. § 824 BGB und die Verletzung des Rufs der juristischen Personen i.S.d. § 101 AGZ werden grundsätzlich in der Praxis vermutet. Die unmittelbare Betroffenheit der streitigen unwahren Tatsachenbehauptung wird sowohl im deutschen als auch im chinesischen Recht gefordert. Selbst die Methode der Feststellung der unmittelbaren Betroffenheit ist im deutschen im Wesentlichen gleich wie im chinesischen Recht.

Ein signifikanter Unterschied betrifft die Rechtsnatur des Schutzgutes. Im deutschen Recht wird allgemein anerkannt, dass wirtschaftliche Interessen des Betroffenen von § 824 BGB geschützt werden. Im chinesischen Recht schützt das Recht der juristischen Person auf ihren Ruf zwar der h.M. nach das „Goodwill" des Betroffenen, das ein wirtschaftliche Interesse ist. Dies wird aber immer noch als (Sonder-)Persönlichkeitsrecht anerkannt.[386] Der wichtigste Grund dafür ist, dass der h.M. nach eine Schutzlücke auftauchen könnte, wenn das Recht der juristischen Person auf ihren Ruf als ein Vermögensrecht zu qualifizieren wäre. Dies ist der Fall, wenn nicht gewinnorientierte juristische Personen, vor allem Idealvereine, von rufschädigenden Äußerungen betroffen sind, weil die Verletzung des Rufs nicht gewinnorientierter juristischer Personen nicht zu Vermögensschäden führen kann.[387] Dieser Grund ist vermutlich auf das Verständnis in Bezug auf wirtschaftliche Interessen im chinesischen Recht zurückzuführen. Offensichtlich werden die wirtschaftlichen Interessen im Falle der Verletzung

---

385 最高人民法院(1996)经终字第96号民事判决书; 北京市第三中级人民法院(2017)京03民终字3571号民事判决书; 江门市中级人民法院(2016)粤07民终1035号民事判决书。Die Betroffenheit abgelehnt: 西安市中级人民法院(2017)陕01民终第9736号民事裁定书。

386 Vgl. *许中缘/颜可云*: 论法人名誉权、法人人格权与我国民法典,《法学杂志》2016年第4期, 第38页以下。

387 *张红*: 《人格权各论》, 第381–382页; *许中缘/颜可云*: 论法人名誉权、法人人格权与我国民法典,《法学杂志》2016年第4期, 第39页; *周龙杰*: 法人人格权立法问题之思,《社会科学战线》2012年第5期, 第176页; *薛军*: 法人人格权的基本理论问题探析,《法律科学》2004年第1期, 第53–54页。

des Rechts der juristischen Person auf ihren Ruf als Gewinne verstanden.[388] Dieses Verständnis hat vermutlich mit der Unterteilung der juristischen Personen in gewinnorientierte und nicht gewinnorientierte juristische Personen im chinesischen Recht zu tun. Dafür ist es durchaus möglich, die angebliche Schutzlücke durch extensive Auslegung der wirtschaftlichen Interessen zu schließen. Nach der Rechtsprechung des BGH sind der Mitgliederbestand und damit das Beitragsaufkommen des Idealvereins als Vermögensinteressen anzusehen.[389] Das Beitragsaufkommen kann demnach ohne Weiteres als ein wirtschaftliches Interesse des Idealvereins betrachtet werden. Damit ist die Argumentation, eine Schutzlücke könne auftauchen, wenn das Recht der juristischen Person auf ihren Ruf als Vermögensrecht einzuordnen sei, nicht mehr vertretbar. Demnach ist das Schutzgut des Rechts der juristischen Person auf ihren Ruf ebenfalls Vermögensinteresse.

3.2.3 Rechtswidrigkeit

3.2.3.1 Rechtswidrigkeit im deutschen Recht

Obwohl es sich nicht um einen „offenen Tatbestand" bei Kreditgefährdung i.S.d. § 824 BGB handelt, bedarf die Feststellung der Rechtswidrigkeit beim Behaupten oder Verbreiten unwahrer Tatsachenbehauptungen wegen der Einführung des zweiten Abschnitts der h.M. nach ebenfalls einer umfassenden Interessenabwägung zwischen dem Äußernden und dem Betroffenen.[390]

Dem Wortlaut des § 824 Abs. 2 BGB nach ist die Schadensersatzpflicht des Äußernden ausgeschlossen, wenn ihm die Unwahrheit der kreditgefährdenden Mitteilung unbekannt ist und er oder der Empfänger der Mitteilung an ihr ein berechtigtes Interesse hat. Damit ist klargestellt, dass Abwehransprüche, und zwar der Unterlassungsanspruch und der Widerrufsanspruch, dem Betroffenen zustehen können, weil sie kein Verschulden voraussetzen und sich bereits mit der Rechtswidrigkeit begnügen.[391] Dies bedeutet, dass selbst wenn

388 Vgl. *王艳宁*: 法人名誉权法律保护的几个问题, 《河北法学》 1993年第2期, 第21页。

389 BGH NJW 1970, 378, 381 – „Sportkommission".

390 BeckOGK/*Spindler*, BGB, § 824 Rn. 28; Müko/*Wagner*, BGB, § 824 Rn. 42; *Damm/Rehbock*, Rn. 647; *Prinz/Peters*, Medienrecht, Rn. 167.

391 Müko/*Wagner*, BGB, § 824 Rn. 56 ff.; Erman/*Wilhelmi*, BGB, § 824 Rn. 8; Wenzel/*Burkhardt/Peifer*, Kap. 5 Rn. 269; *Prinz/Peters*, Medienrecht, Rn. 167 ff. *Beater*, Medienrecht, Rn. 432; *Ricker*, S. 116 f.

der Mitteilende seiner Sorgfaltspflicht[392] nachgekommen ist und auch berechtige Interessen wahrgenommen hat, der Betroffene im Fall der Unwahrheit einer Tatsachenbehauptung verlangen kann, diese unrichtige Aussage zu unterlassen oder zu beseitigen bzw. zu widerrufen, sofern die vorgeschriebenen Voraussetzungen erfüllt werden.

Voraussetzung der Berufung auf die Wahrnehmung berechtigter Interessen ist, dass der Mitteilende die Wahrheit seiner Behauptung nach dem ihm obliegenden Sorgfaltsmaßstab geprüft hat.[393] Falls er seiner Sorgfaltspflicht nicht nachgekommen hat, ist die Berufung auf die Wahrnehmung berechtigter Interessen unmöglich.[394]

Für die Frage, ob das vom Mitteilenden wahrgenommene Interesse berechtigt ist, kommt es weiter auf eine umfassende Abwägung zwischen diesem und dem verletzten Interesse des Betroffenen an.[395] Die Äußerung ist dann ebenfalls rechtswidrig, wenn das Letzte überwiegt.[396] Das verletzte Interesse des betroffenen Unternehmens ist zweifellos ein wirtschaftliches Interesse an seiner Geschäftsehre. Zu unterscheiden ist hier, welches Interesse aufseiten des Mitteilenden in den Vordergrund gestellt wird, ein eigenes oder fremdes Interesse.

a) Eigenes Interesse (Interesse des Mitteilenden)

Als eigenes berechtigtes Interesse ist hauptsächlich das wirtschaftliche Interesse des Mitteilenden zu benennen. Nicht selten steht ein solches Interesse des Äußernden dem des Betroffenen in Bezug auf seine Geschäftsehre gegenüber, insbesondere wenn er sich zu betrieblichen Zwecken über den Betroffenen äußert. Beispielweise versandte die zentrale Kreditabteilung einer Bank infolge der Machenschaften im Geschäftszweig von Ketten und Kettenrädern an die Leitung der jeweiligen Geschäftsstellen im In- und Ausland ein Rundschreiben, um eine mögliche Geschäftsschädigung zu vermeiden. In dem Rundschreiben wurden mutmaßlich ein Unternehmen als die noch in dem Geschäftszweig, der dem

392 Zur Sorgfaltspflicht des Mitteilenden siehe Kap. 3 3.2.4.1.

393 BVerfG NJW-RR 2000, 1209, 1210; BVerfG NJW 1999, 1322, 1324 – „Fall Helnwein"; BGH NJW 1996, 1131, 1133 – „Lohnkiller"; Wenzel/*Burkhardt*, Kap. 6 Rn. 73.

394 BGH NJW 1993, 930, 931; Staudinger/*Hager*, BGB, § 824 Rn. 10; Erman/*Wilhelmi*, BGB, § 824 Rn. 9; Paschke/Berlit/Meyer/*Vendt*, 33. Abschn. Rn. 66; *Born*, AfP 2005, 110, 113.

395 Wenzel/*Burkhardt*, Kap. 6 Rn. 61; *Beater*, Medienrecht, Rn. 435; *Ricker*, S. 58.

396 BGH GRUR 2015, 289 Rn. 16 – „Hochleistungsmagneten" (zum Recht am eingerichteten und ausgeübten Gewerbebetrieb); BGH GRUR 2015, 92 Rn. 19 – „Innenminister unter Druck"; BGH GRUR 2014, 693 Rn. 22 – „Sächsische Korruptionsaffäre".

Unternehmen zur Last gelegt wurde, aktive Firma und dessen Geschäftsführer als die hauptsächlichen Beschuldigten bezeichnet.[397] In diesem Fall steht das geschäftliche Ansehen des Betroffenen den finanziellen Verlusten des Äußernden gegenüber.

Bei der Berufung auf eigenes Interesse ist zunächst zu beurteilen, ob die Aufstellung der beanstandeten Äußerung in Anbetracht des Verhältnisses der beteiligten Interessen zueinander ein angemessenes Mittel war.[398] An dieser Stelle ist eigentlich zu prüfen, ob es für den Schutz der Interessen des Äußernden unentbehrlich ist, kreditschädigende Äußerungen über den Betroffenen mitzuteilen. Nach dem vom BGH im erwähnten Fall vertretenen Standpunkt darf der Äußernde den Betroffenen umso mehr belasten, je höher der von ihm erlittene mögliche Verlust ist.[399] Der Äußernde darf demnach eine kreditschädigende Äußerung oder gar eine Äußerung mit existenzvernichtenden Auswirkungen über den Betroffenen oder seine Geschäftspraxis mitteilen, um sich vor Schäden zu schützen. Im vorstehenden Fall müssen die Kreditinstitute nach der Ansicht des BGH die Möglichkeit haben, solche Äußerungen oder Warnungen bereits auszusprechen, bevor ihr Verdacht gegen das betroffene Unternehmen zur Gewissheit geworden ist, weil sich die daraus resultierten Verluste häufig als endgültig erweisen.

Darüber hinaus sind die Breitenwirkung und der inhaltliche Zuschnitt der Äußerung weitere wichtige Abwägungskriterien.[400] Nach Ansicht des BGH ist das wirtschaftliche Interesse des Äußernden nur insoweit berechtigt, als er solche mit so schweren Nachteilen für den Betroffenen verbundene Warnungen erst dann aussprechen darf, wenn sie sich auf einen Mindestbestand von Beweisen für die Begründetheit ihres Verdachts stützen können.[401] Zweitens muss sich der Äußernde nach der Auffassung des BGH darum bemühen, „solche Warnungen mit aller Vorsicht herauszugeben, um zu verhindern, dass sie über den notwendigen Geschäftsbereich hinaus, den sie kontrolliert und in dem sie deshalb, sobald sich ihr Verdacht als unbegründet erweist, alsbald das von ihr veranlasste falsche Bild über den Betroffenen richtigstellen muss und kann, an die breitere Öffentlichkeit dringen".[402] Ansonsten ist die Berufung der Wahrnehmung berechtigter Interessen aufseiten des Äußernden abzulehnen.

---

397 BGH NJW 1993, 525, 525 f. – „Ketten-Mafia".

398 *Beater*, Medienrecht, Rn. 436.

399 BGH NJW 1993, 525, 527 – „Ketten-Mafia".

400 *Beater*, Medienrecht, Rn. 436.

401 BGH NJW 1993, 525, 527 – „Ketten-Mafia".

402 BGH NJW 1993, 525, 527 – „Ketten-Mafia".

b) Fremdes Interesse (Interesse der Empfänger)

Zum fremden Interesse gehören vor allem das allgemeine Informationsinteresse der Öffentlichkeit und ggf. auch das Unterhaltungs- oder Sensationsinteresse.

aa) Allgemeines Informationsinteresse der Öffentlichkeit

Auf jeden Fall kann sich der Mitteilende im Bereich des Äußerungsrechts darauf berufen, dass sich ein Interesse aufseiten der Mitteilungsempfänger, informiert zu werden, aus seiner Behauptung ergibt.[403] Richtiger Auffassung nach hat jeder gem. Art. 5 Abs. 1 GG das Recht, durch die freie Äußerung seiner Meinung zur öffentlichen Meinungsbildung beizutragen.[404]

Ein öffentliches Informationsinteresse ist aber nach der Rechtsprechung erst anzunehmen, wenn die Äußerung über einzelpersönliche Bezüge hinausgeht und eine Thematik von großer Tragweite für das Gemeinschaftsleben anspricht.[405] Die unternehmensbezogenen Äußerungen haben regelmäßig eine derartige Eigenschaft. Bei der Auseinandersetzung mit Missständen in einem ganzen Zweig der gewerblichen Wirtschaft ist jedenfalls anzunehmen, dass es sich um eine die Öffentlichkeit wesentlich berührende Frage handelt. Dies muss umso mehr gelten, wenn die kritisierten Geschäftspraktiken zu einer Gefährdung für geschäftsunerfahrene Personen führen können und wenn eine öffentliche Information und Diskussion geeignet ist, Abhilfe zu schaffen.[406] Denn die Verbraucher sind auch selbstverständlich die Empfänger derartiger Äußerungen. Der BGH weist hierbei darauf hin, dass die Verbraucheraufklärung nicht nur individuellen Interessen dient, sondern auch aus volkswirtschaftlichen Gründen unerlässlich ist.[407] Dies verstärkt danach wiederum das Gewicht des öffentlichen Informationsinteresses bei der Abwägung.

In solchen Fällen erstreckt sich daher die Vermutung für die Zulässigkeit freier Rede auf die beanstandeten unternehmensbezogenen Äußerungen.[408] Damit ist grundsätzlich anzunehmen, dass in solchen Fällen das öffentliche Informationsinteresse die wirtschaftliche Wertschätzung des Betroffenen überwiegt. Demnach ist die Rechtswidrigkeit der Äußerung abzulehnen und scheidet auch der Schadensersatzanspruch des Betroffenen aus.

---

403 Wenzel/*Burkhardt*, Kap. 6 Rn. 56.

404 BVerfG NJW 1961, 819, 821.

405 BGH NJW 1966, 1617, 1619 – „Höllenfeuer“; *Ricker*, S. 118.

406 BVerfG GRUR 1982, 498, 499 – „Kredithaie“.

407 BGHZ 65, 325, 332 = GRUR 1976, 268 – „Warentest II“.

408 BGHZ 65, 325, 331 f. = GRUR 1976, 268 – „Warentest II“.

bb) Unterhaltungs- oder Sensationsinteresse

Ausnahmsweise kann an manchen unternehmensbezogenen Äußerungen hauptsächlich nicht ein öffentliches Informationsinteresse bestehen, sondern lediglich ein sog. Unterhaltungs- oder Sensationsinteresse. Dies war der Fall, als z.B. eine Berichterstattung die Gefahr eines vorübergehenden Führerscheinentzugs bei Verwendung einer alkoholhaltigen Zahnpasta als eine ebenso ernst zu nehmende Gefahr wie bei Genuss von Bier, Wein usw. suggeriert.[409]

Das Unterhaltungs- oder Sensationsinteresse ist auch eine Art von Informationsinteresse. Im Vergleich zum öffentlichen Informationsinteresse steht es aber auf einer niedrigeren Stufe. Deshalb ist seine Berechtigung zu verneinen, wenn die fragliche Darstellung für den Betroffenen ernsthaft beeinträchtigt ist.[410] Dies ist bei sensationellen unternehmensbezogenen Äußerungen der Fall. Wenn ein bloßes Unterhaltungs- oder Sensationsinteresses durch die Beeinträchtigung der Geschäftsehre eines Unternehmens, die zu einer ernsthaften Einbuße führen kann, befriedigt wird, ist dies ein ziemlich teures Vergnügen. Deshalb ist die Berufung der Wahrnehmung berechtigter Interessen im Fall der unternehmensbezogenen Äußerungen abzulehnen, wenn sie keinen Beitrag zur öffentlichen Meinungsbildung leisten kann und lediglich das bloße Unterhaltungs- oder Sensationsinteresse im Vordergrund steht.

3.2.3.2 Rechtswidrigkeit im chinesischen Recht

Im chinesischen Recht folgt die Rechtswidrigkeit der Veröffentlichung oder Weitergabe unwahrer Tatsachenbehauptungen schon aus der Verwirklichung der objektiven Tatbestandsmerkmale. Daher gibt es keine Regelung zur Feststellung der Rechtswidrigkeit oder zu den Rechtsfertigungsgründen in AGZ und anderen zivilrechtlichen Gesetzen.[411] Im Schrifttum wird aber immer gefordert, Rechtsfertigungsgründe ins chinesische Recht einzuführen, um die Meinungs- und Pressefreiheit des Äußernden sicherzustellen.[412] Der

---

409 Vgl. BGH GRUR 1978, 187 – „Alkoholtest".

410 Wenzel/*Burkhardt*, Kap. 6 Rn. 64.

411 *王灏*: 我国诽谤侵权责任抗辩事由的完善,《社会科学战线》2018年第4期, 第204页; *姜战军*: 中、英名誉权侵权特殊抗辩事由评价、比较与中国法的完善,《比较法研究》2015年第3期, 第101页。

412 Vgl. *王利明*/*杨立新*: 《人格权与新闻媒体侵权》, 第332页以下; *江必新*/*何东宁*: 《最高人民法院指导性案例裁判规则理解与适用(侵权赔偿卷二)》, 第121页; *张民安*: 《无形人格侵权责任研究》, 第286页; *王灏*: 我国诽谤侵权责任抗辩事由的完善,《社会科学战线》2018年第4期, 第197页以下; *杜鹏*: 媒体报道中的新闻侵权与法律规制研究,《法学杂志》2016年第2期, 第61页以下; *姜战军*: 中、英名誉权侵权特殊抗辩事由评价、比较

erste Zivilsenat des OVG ist in seinen Erläuterungen zur Interpretation des OVG von 2014 der Meinung, dass drei Rechtsfertigungsgründe, und zwar das öffentliche Interesse, eine Person des öffentlichen Lebens und eine seriös bekannte Informationsquelle, im Falle des Äußerungsdelikts im Online-Bereich greifen können.[413]

Der Meinung des ersten Zivilsenats des OVG nach sollen aber die ersten beiden Rechtsfertigungsgründe im Falle der Rufverletzung durch Beleidigung, nämlich durch rufverletzende Werturteile, Anwendung finden.[414] Demnach gilt im Falle der Rufverletzung durch unwahre Tatsachenbehauptungen lediglich die sog. seriös bekannte Informationsquelle als Rechtsfertigungsgrund. Das Problem ist hierbei jedoch, dass es bei der sog. seriös bekannten Informationsquelle tatsächlich um die Sorgfaltspflicht des Äußernden, nicht aber um die Rechtswidrigkeit der von ihm veröffentlichten oder weitergegebenen unwahren Tatsachenbehauptung geht.[415] Die sog. seriös bekannte Informationsquelle kann eigentlich nicht als Rechtfertigungsgrund, sondern als Einwand eingreifen. Sie soll daher richtigerweise auf der Stufe des Verschuldens geprüft werden. Nach der obigen Ausführung kann man davon sprechen, dass es in der Tat keinen Rechtsfertigungsgrund im Fall des Äußerungsdelikts durch eine unwahre Tatsachenbehauptung im chinesischen Recht gibt.

3.2.3.3 Ergebnis

Die vorstehende Darstellung hat gezeigt, dass es bezüglich der Rechtswidrigkeit fast keine Gemeinsamkeit in der deutschen und chinesischen Rechtspraxis gibt. Im deutschen Recht wird durch § 824 Abs. 2 BGB das Informationsinteresse als Rechtfertigungsgrund im Falle der Verletzung des geschäftlichen Rufs durch eine unwahre Tatsachenbehauptung eingeführt. Demgegenüber besteht in der Tat keine Möglichkeit im chinesischen Recht, dass der Äußernde seine

---

与中国法的完善,《比较法研究》2015年第3期, 第93页以下; *俞里江*: 司法实践中媒体侵权抗辩事由分析,《法学杂志》2011年第8期, 第104页; *杨立新*: 论中国新闻侵权抗辩及体系与具体规则,《河南省政法管理干部学院学报》2008年第5期, 第1页以下; *郭卫华/常鹏翱*: 论新闻侵权的抗辩事由,《法学》2002年第5期, 第53页以下。

413 *奚晓明*: 《最高人民法院利用网络侵害人身权益司法解释理解与适用》, 第152页。

414 *奚晓明*: 《最高人民法院利用网络侵害人身权益司法解释理解与适用》, 第152页。

415 *奚晓明*: 《最高人民法院利用网络侵害人身权益司法解释理解与适用》, 第152–153页。

Veröffentlichung oder Weiterverbreitung einer unwahren Tatsachenbehauptung rechtfertigen kann. Demnach gibt es in diesem Fall auch keinen Haftungsausschluss des Schädigers im chinesischen Recht. Dies kann daran liegen, dass der chinesische Gesetzgeber der Meinung ist, dass beim Behaupten und Verbreiten einer unwahre Tatsachenbehauptung keine schützenswerten Interessen des Äußernden bestehen.

Unter Verweis auf das deutsche Recht kann dieses Ergebnis teilweise aber auch darauf zurückzuführen sein, dass der erste Zivilsenat des OVG die Anwendung des Rechtfertigungsgrunds „öffentliches Informationsinteresse" auf Beleidigung – Rufverletzung durch Werturteile – beschränkt. Diese Einschränkung soll aufgehoben werden. Gleichzeitig ist berücksichtigenswert, dass der Äußernde sich im Falle der absichtlichen Veröffentlichung oder Verbreitung unwahrer Tatsachenbehauptungen nicht auf das öffentliche Informationsinteresse berufen kann. Andernfalls wird dieser Rechtfertigungsgrund missbraucht.

3.2.4 Verschulden des Schädigers

3.2.4.1 Verschulden des Schädigers im deutschen Recht

Nach dem Wortlaut des § 824 Abs. 1 BGB tritt die Ersatzverpflichtung auch ein, wenn der Mitteilende die Unwahrheit der Tatsachenbehauptung zwar nicht kennt, aber kennen muss. Das bedeutet, dass nach § 824 BGB nicht nur derjenige, der die Unwahrheit positiv kennt, sondern auch der, der die Unwahrheit der Behauptung fahrlässig nicht kannte, haftet.[416] Dafür spielt die Unterscheidung der Tathandlungen zwischen Behaupten und Verbreiten auch eine wichtige Rolle.

a) Verschulden des Behauptenden

Wenn der Äußernde eine Tatsachenaussage trotz der Kenntnis ihrer Unwahrheit behauptet, liegt in dieser Konstellation ein Vorsatz vor und ist das Verschuldenserfordernis des § 824 Abs. 1 BGB unproblematisch erfüllt. Ein Vorsatz ist auch anzunehmen, wenn er etwas zu wissen äußert, obwohl er weiß, dass seine Äußerung auf unsicherem Boden steht.[417]

---

416 Wenzel/*Burkhardt/Peifer*, Kap. 5 Rn. 260; *Prinz/Peters*, Medienrecht, Rn. 166.

417 Wenzel/*Burkhardt/Peifer*, Kap. 5 Rn. 271; *Beater*, Medienrecht, Rn. 437; Erman/*Wilhelmi*, BGB, § 824 Rn. 9; *Ricker*, S. 125.

Dass vorsätzlich eine unwahre Tatsachenbehauptung behauptet wird, ist jedoch im Alltagsleben sehr selten. Häufiger sind die fahrlässigen Verstöße.[418] In Bezug darauf, ob der Täter aus Fahrlässigkeit eine unwahre Tatsache behauptet hat, kommt es im Wesentlichen darauf an, ob er seiner Sorgfaltspflicht zur Wahrheitsprüfung der Äußerung nachkommt. Gemäß § 276 Abs. 1 S. 2 BGB hängt der allgemeine Sorgfaltsmaßstab im Zivilrecht nicht von der im Verkehr üblichen, sondern von der im Verkehr erforderlichen Sorgfalt ab. Danach gibt es keinen einheitlichen Sorgfaltsmaßstab, sondern lediglich einen gleitenden Sorgfaltsmaßstab.[419]

In Bezug auf die nach den Umständen des konkreten Falls erforderliche Sorgfalt kommt es insbesondere auf die typischen Besonderheiten an, unter denen ein Berufsstand zu arbeiten pflegt.[420] Demnach ist der Sorgfaltsmaßstab an einen Journalisten strenger als der an eine Privatperson, bspw. einen Blogger,[421] anzulegen.[422] Die Gründe dafür liegen auf der einen Seite darin, dass die Medien infolge ihres hohen Ansehens weitreichenden Einfluss haben,[423] und auf der anderen Seite darin, dass die Medien eine öffentliche Aufgabe, und zwar die Öffentlichkeit zu unterrichten und die öffentliche Meinungsbildung dadurch zu fördern, wahrnehmen.[424] Außerdem hat der Journalist im Vergleich zur Privatperson bessere Recherchemöglichkeiten.[425] Ein Journalist sollte demnach alle Nachrichten vor ihrer Veröffentlichung mit der nach den Umständen gebotenen Sorgfalt auf Wahrheit, Inhalt und Herkunft prüfen. Man muss alle erreichbaren Quelle ausschöpfen, um sich über den Wahrheitsgehalt in den Grenzen des Möglichen Gewissheit zu verschaffen.[426] Beispielsweise sollen der Betroffene und sonstige Auskunftspersonen unmittelbar

---

418 *Prinz/Peters*, Medienrecht, Rn. 275 f.; *Peters*, NJW 1997, 1334, 1335.

419 BGH NJW 1979, 1041; Wenzel/*Burkhardt*, Kap. 6 Rn. 120; *Beater*, Medienrecht, Rn. 1220; *Ricker*, S. 120; *Schippan*, ZUM 1996, 398, 401.

420 *Schippan*, ZUM 1996, 398, 401.

421 Vgl. Wenzel/*Burkhardt/Peifer*, Kap. 10 Rn. 231.

422 BVerfG NJW 1992, 1439, 1442; BVerfG NJW 2003, 1855, 1856; BGH NJW 2004, 589, 589 – „Haarfarbe des Bundeskanzlers"; Wenzel/*Burkhardt*, Kap. 6 Rn. 131; *Beater*, Medienrecht, Rn. 1198; *Ricker*, S. 119 ff.; *Schippan*, ZUM 1996, 398, 401.

423 BVerfG NJW 1999, 1322, 1324 – „Fall Helnwein"; BGH NJW 1966, 2010, 2011 – „Teppichkehrmaschine"; Wenzel/*Burkhardt*, Kap. 6 Rn. 118; *Beater*, Medienrecht, Rn. 1221; *Stein*, S. 34.

424 Wenzel/*Burkhardt*, Kap. 6 Rn. 124 ff.; *Beater*, Medienrecht, Rn. 1199; *Groß*, AfP 2005, 142, 143.

425 *Beater*, Medienrecht, Rn. 1198.

426 Wenzel/*Burkhardt*, Kap. 6 Rn. 130; *Ricker*, S. 121; *Schippan*, ZUM 1996, 398, 403.

angehört oder Auskünfte von Behörden und Gerichten eingeholt werden.[427] Bei Nichterreichbarkeit sind mehrere Versuche unverzichtbar.[428] Andernfalls wird seine Sorgfaltspflicht als nicht erfüllt angesehen und dann die Fahrlässigkeit bejaht.

Trotz ihrer grundsätzlichen Strenge darf die journalistische Sorgfaltspflicht nicht überspannt werden.[429] Der Grund dafür ist, dass von den Medien nicht die absolute Wahrheit einer Aussage gefordert ist, sondern das redliche Bemühen um sie.[430] Darüber hinaus könnte die Überspannung der Wahrheitspflicht die Medien lähmen,[431] wodurch die öffentlichen Informationsinteressen gefährdet werden können. Ob eine Überspannung vorliegt, liegt wesentlich an der Zumutbarkeit der Wahrheitspflicht.[432] Diese kann aber nur im Einzelfall festgestellt werden. Dabei können die Wahrheitszweifel der Information, die Eilbedürftigkeit der Meldung, die Intensität der Beeinträchtigung und ggf. die verbundenen Kosten eine Rolle spielen. Der erforderliche Grad der journalistischen Sorgfaltspflicht bei kreditgefährdender Berichterstattung ist danach umso höher, je weniger dringend die Meldung ist, je schwerer und nachhaltiger die Beeinträchtigung der Meldung ist und je unsicherer die Grundlage ist, auf der die Meldung beruht.[433] Die Unzumutbarkeit wird immer anerkannt, wenn die Wahrheit von Nachrichten und Behauptungen nach den Maßstäben gerichtlicher Wahrheitsfindung festgestellt wird.[434]

Wie oben erwähnt, wird das Zu-eigen-Machen mit dem Behaupten gleichgesetzt. Die oben dargestellte Sorgfaltspflicht beim Behaupten findet dabei ebenfalls Anwendung. Darüber hinaus soll ein derartiger strenger Sorgfaltsmaßstab auch für andere Fachleute gelten, z.B. die Banker, die Praktiker in der Branche der Bonitätsbeurteilung, die hochrangigen Führungskräften eines Unternehmens sowie die technischen und medizinischen Wissenschaftler, sofern die von ihr abgegebenen kreditgefährdenden Informationen als Tatsachenbehauptungen qualifiziert werden können.[435] Diese Folgerung liegt auf der Hand. Einerseits

---

427 *Peters*, NJW 1997, 1134, 1135.

428 Wenzel/*Burkhardt*, Kap. 6 Rn. 123; *Peters*, NJW 1997, 1134, 1138.

429 Wenzel/*Burkhardt*, Kap. 6 Rn. 119.

430 *Prinz/Peters*, Medienrecht, Rn. 275 f.; *Ricker*, S. 120; *Peters*, NJW 1997, 1334, 1335.

431 Wenzel/*Burkhardt*, Kap. 6 Rn. 119; *Beater*, Medienrecht, Rn. 1221.

432 BVerfG NJW-RR 2000, 1209, 1211; Wenzel/*Burkhardt*, Kap. 6 Rn. 132.

433 Vgl. BVerfG NJW 2006, 595, 596; BGH NJW-RR 2010, 470 Rn. 62; Müko/*Wagner*, BGB, § 824 Rn. 47; Wenzel/*Burkhardt*, Kap. 6 Rn. 122 ff.; *Beater*, Medienrecht, Rn. 1222 ff.; *Schippan*, ZUM 1996, 398, 402.

434 OLG Nürnberg ZUM 1998, 849, 850 – „Pressemäßige Sorgfalt".

435 Vgl. BGH NJW 1993, 525 – „Ketten-Mafia"; Müko/*Wagner*, BGB, § 824 Rn. 49.

haben die von solchen Fachleuten veröffentlichten Informationen infolge ihrer Professionalität einen weitreichenden Einfluss.[436] Andererseits darf man aber nicht über die Tatsache hinwegsehen, dass gegenwärtig die Medien mit Informationen von Fachleuten überschwemmt werden. Solche Informationen spielen eine immer wichtigere Rolle bei der öffentlichen Meinungsbildung im Alltagsleben. Fachleute sollen sollten deshalb Verantwortung übernehmen.

b) Verschulden des Verbreiters

Im Regelfall haftet der Verbreiter einer unwahren Tatsachenbehauptung nach § 824 Abs. 1 BGB in vollem Umfang wie der Behauptende.[437] Er kann die Haftung nur ausschließen, indem er die Wahrheit der von ihm verbreiteten Äußerung ausreichend überprüft. So eine umfassende Recherche und Überprüfung kann nach Ansicht der Rechtsprechung den Kommunikationsprozess in unzulässiger Weise einschränken.[438] Deshalb hat die deutsche Rechtsprechung den Verbreiter von den Lasten einer umfassenden Recherche und Überprüfung befreit[439] und hat je nach der Art und Weise bzw. der Form der Verbreitung ein gestuftes System von Prüfpflichten entwickelt. Das Verschulden eines Verbreiters lässt sich dann annehmen, wenn er der jeweils gebotenen Prüfpflicht nicht nachkommt.

Bei intellektueller Verbreitung, insbesondere bei Zitaten, wird dem Verbreiter wegen seiner Eingriffsmöglichkeit bei der Wahl der Äußerungen Dritter eine umfassende, uneingeschränkte und proaktive Prüfpflicht auferlegt, sofern er sich nicht vom fremden Inhalt ausdrücklich und eindeutig distanziert.[440] Bei technischer Verbreitung, wie Leserbriefe, Anzeigen, Presseschauen sowie klassische Interviews[441], hat er wegen der hinreichenden Distanzierung lediglich eine eingeschränkte proaktive Prüfpflicht.[442] Den Verbreiter trifft in diesen Fällen nur eine

---

436 Details zum Einfluss der Bonitätsbeurteilung siehe *Schroeter*, S. 2 ff.

437 *Beater*, Medienrecht, Rn. 1956.

438 Vgl. BGH NJW 2010, 760 Rn. 13.

439 *Beater*, Medienrecht, Rn. 1972.

440 *Mensching/Waschatz*, AfP 2009, 441, 442.

441 A.A. (mangels Verbreitung überhaupt keine Prüfungspflicht) *Mensching/Waschatz*, AfP 2009, 441, 444 ff.; Soehring/Hoene/*Soehring*, Presserecht, § 16 Rn. 21. Noch mal a.A. (volle Prüfungspflicht) OLG Hamburg AfP 2006, 564, 565; *Prinz/Peters*, Medienrecht, Rn. 38. Nochmals a.A. (den Einzelfall betonend und die Einordnung im Streitfall offenlassend) BGH NJW 2010, 760 Rn. 13.

442 OLG München AfP 2007, 229, 230; *Beater*, Medienrecht, Rn. 1976; BeckOK InfoMedienR/*Söder*, BGB, § 823 Rn. 16; *Rehbock*, AfP 2007, 230 f.

Prüfpflicht, wenn die verbreitete Behauptung erkennbar eine unwahre Tatsache enthält.[443] Solange diese Voraussetzung nicht erfüllt ist, besteht auch keine Verletzung der Prüfpflicht des Verbreiters. Im Rahmen von Live-Diskussionen, bei denen der Verbreiter als „Markt der verschiedenen Ansichten und Richtungen" fungiert, besteht also grundsätzlich keine Prüfpflicht.[444]

Die oben dargestellte gelockerte Prüfpflicht könnte wieder streng werden, wenn der Verbreiter eine Meldung von einer nicht ohne Weiteres als zulässig anerkannten Quelle übernimmt.[445] Eine Übernahme ohne eigene Prüfung ist i.d.R. nur zulässig, wenn er Informationen von einer als seriös bekannten Nachrichtenagentur[446] oder einer zuverlässigen Informationsquelle übernimmt und die Meldung keinen Zweifel an der Zuverlässigkeit erkennen lässt.[447] Der Verbreiter muss die Richtigkeit der Meldung ausreichend und u.U. wie eigene Behauptung prüfen. Wenn der Verbreiter eine Privatperson, z.B. ein Blogger, ist, kann er aber wieder das sog. Laien-Privileg[448] genießen.[449] Aufgrund dessen dürfen die Privatleute sich darauf berufen, dass die beanstandete unwahre Tatsachenaussage in der Presse oder in anderen öffentlich zugänglichen Quellen unwidersprochen erschienen ist.[450] Demnach ist eine zusätzliche Prüfung im Regelfall für individuelle Verbreiter nicht nötig.

3.2.4.2 Verschulden des Schädigers im chinesischen Recht

Beim Äußerungsdelikt gilt nach Art. 7 Abs. 1 der Interpretation von 1993 im chinesischen Recht das Verschuldensprinzip. Danach ist der Äußernde schuldhaft,

---

443 BGH GRUR 1986, 683, 684 f.; *Mensching/Waschatz*, AfP 2009, 441, 442.

444 BGHZ 66, 182, 188 = NJW 1976, 1198 – „Panorama"; *Mensching/Waschatz*, AfP 2009, 441, 443.

445 Wenzel/*Burkhardt*, Kap. 6 Rn. 135 f.; *Brost*, ZUM 2017, 816, 816; *Peters*, NJW 1997, 1334, 1337.

446 Zu den seriös bekannten Nachrichtenagenturen gehören insbesondere die fünf großen Nachrichtenagenturen in Deutschland: dpa (Deutsche Presse-Agentur), AFP (Agence France-Presse), AP (The Associated Press), Reuters und ddp/ADN (Deutscher Depeschen-Dienst/Allgemeiner Deutscher Nachrichtendienst). Vgl. Wenzel/*Burkhardt*, Kap. 6 Rn. 135; *Brost*, ZUM 2017, 816, 816; *Peters*, NJW 1997, 1334, 1337.

447 Wenzel/*Burkhardt*, Kap. 6 Rn. 135 f.; *Beater*, Medienrecht, Rn. 1211; *Peters*, NJW 1997, 1334, 1336 f.

448 BVerfG NJW 1992, 1439, 1442.

449 Vgl. Wenzel/Burkhardt/*Peifer*, Kap. 10 Rn. 231.

450 BVerfG NJW 1992, 1439, 1442.

wenn er vorsätzlich oder fahrlässig die beanstandete unwahre Tatsachenaussage behauptet oder verbreitet.[451]

Der Begriff „Verschulden" enthält nach der Auffassung des OVG sowohl subjektive als auch objektive Faktoren.[452] Bei der Prüfung des Verschuldens spielen jedoch die subjektiven Faktoren eine wichtigere Rolle, weil das Verhalten des Verletzenden seinem subjektiven Willen unterliegt.[453] Deshalb vertritt das OVG in Bezug auf den Vorsatz im Rahmen des Äußerungsdelikts den Standpunkt, dass der Äußernde die Geschäftsehre des Betroffenen vorsätzlich verletzt, wenn er die Schadenfolgen (die Verletzung des Geschäftsrufs), die aus seinen schädigenden Behauptungen folgen, eindeutig erkennt.[454] Im Regelfall kann dies aber nur in solchen Fällen geschehen, in denen dem Behauptenden die Unwahrheit der Aussage bewusst ist. Demnach besteht eigentlich Einigkeit bei der Feststellung des Vorsatzes des Behauptenden in beiden Ländern.

Hinsichtlich der Fahrlässigkeit geht es darum, dass der Äußernde solche Schadenfolgen erkennen könnte, er dies jedoch tatsächlich nicht erkannt hat.[455] Dieser Auffassung nach kommt es bei der Feststellung der Fahrlässigkeit auf die Vorhersehbarkeit des Äußernden vom Auftreten der Schadenfolgen an.[456] Die Vorhersehbarkeit der Schadenfolgen hängt im Wesentlichen von den Eigenschaften des Äußernden, wie seinem Beruf, seiner Fähigkeit, seinen Fachkenntnissen, und von anderen konkreten Umständen im Einzelfall, z.B. dem Zeitdruck, ab.[457] Bei der Prüfung der Vorhersehbarkeit soll auf die subjektiven

451 *奚晓明*: 《最高人民法院利用网络侵害人身权益司法解释理解与适用》, 第163页; *江必新/何东宁*: 《最高人民法院指导性案例裁判规则理解与适用(侵权赔偿卷二)》, 第120页; *杨立新*: 《人格权法》, 第520页; *张红*: 《人格权各论》, 第427页; *张民安*: 《无形人格侵权责任研究》, 第228页; *雷丽莉*: 新闻名誉侵权构成要件分析, 载徐迅主编: 《新闻(媒体)侵权研究新论》, 第149页。

452 *奚晓明*: 《最高人民法院利用网络侵害人身权益司法解释理解与适用》, 第163页; 《侵权责任法条文理解与适用》, 第50页。

453 《侵权责任法条文理解与适用》, 第50页; *叶名怡*: 过错与抗辩：以名誉权侵权为重点, 《时代法学》2007年第1期, 第72页。

454 *奚晓明*: 《最高人民法院利用网络侵害人身权益司法解释理解与适用》, 第163页; 《侵权责任法条文理解与适用》, 第50页。

455 *奚晓明*: 《最高人民法院利用网络侵害人身权益司法解释理解与适用》, 第163页; 《侵权责任法条文理解与适用》, 第50页; *王利明/杨立新*: 《人格权与新闻侵权》, 第326页。

456 《侵权责任法条文理解与适用》, 第50页。

457 《侵权责任法条文理解与适用》, 第50页。Vgl. 北京市第一中级人民法院(2015)一中民终字第03149号民事判决书; 北京市第三中级人民法院(2017) 京03民终3571号民事判决书。

und objektiven Maßstäbe einer vernünftigen Person in der gleichen Situation, in der der Äußernde war, abzustellen sein.[458] Diesem Kriterium nach besteht im chinesischen Recht ebenfalls eine im Verkehr erforderliche Sorgfaltspflicht. Demnach hat z.B. das Obere Volksgericht der Liaoning-Provinz als erstinstanzliches Gericht ein Verschulden des beklagten Journalisten im Hydrierungsanlagen-Urteil angenommen, weil er eine Tatsachenaussage, die später als unwahr bewiesen wurde, veröffentlichte, ohne beim Betroffenen vorher nachzufragen.[459]

In Fällen, in denen die Wahrheit der beanstandeten Tatsachaussage umstritten ist, kann das öffentliche Informationsinteresse bei der Prüfung des Verschuldens des Schädigers eine Rolle spielen. In solchen Fällen greift es als Schuldausschließungsgrund ein. Voraussetzung für dessen Eingreifen ist, dass es sich bei der beanstandeten Tatsachenaussage um eine die Öffentlichkeit berührende Frage handelt. Eben genau so hat das OVG in seiner E-Zigarette-Entscheidung entschieden.[460] In diesem Urteil geht es um die Frage, ob die vom Betroffenen hergestellte E-Zigarette schädlicher für die Gesundheit als die herkömmliche Zigarette ist. Wegen eines Mangels an Prüfmethoden konnte die Wahrheit dieser Aussage damals nicht bewiesen werden. Unter diesen Umständen berief sich das OVG auf das öffentliche Informationsinteresse, um die Haftung des Äußernden auszuschließen. Der Ansicht des OVG nach ging es in diesem Fall um eine Frage, die das Gesundheitsinteresse der Öffentlichkeit betraf. In dieser Frage bestand darüber hinaus kein Interessenkonflikt zwischen dem Äußernden und dem Betroffenen. Deshalb vertrat das Gericht in diesem Fall den Standpunkt, dass aus dem Zweifel des Äußernden an der Eigenschaft der E-Zigarette nicht davon ausgegangen werden könne, dass er die Absicht hatte, den Ruf des Betroffenen zu beeinträchtigen.

3.2.4.3 Ergebnis

Die vorstehende Darstellung hat gezeigt, dass beim Äußerungsdelikt im deutschen und chinesischen Recht das Verschuldensprinzip gilt. Demnach handelt der Äußernde schuldhaft, wenn er eine unwahre Tatsachaussage vorsätzlich oder fahrlässig behauptet oder verbreitet und dadurch die Geschäftsehre des Betroffenen beeinträchtigt wird. Einigkeit besteht auch bei der Feststellung des Vorsatzes und der Fahrlässigkeit des Schädigers in beiden Ländern. Vorsatz des Schädigers liegt

---

458 *叶名怡*: 过错与抗辩：以名誉权侵权为重点,《时代法学》2007年第1期, 第73页。

459 最高人民法院(2012)民一终字第73号民事判决书。

460 最高人民法院(2011)民四终字第16号民事判决书。

nur vor, wenn er die Unwahrheit der beanstandeten Tatsachenbehauptung vor oder beim Behaupten erkannt hat. Bei fahrlässig unwahren Tatsachenbehauptungen kommt es sowohl im deutschen als auch im chinesischen Recht tatsächlich darauf an, ob der Äußernde den erforderlichen Prüfpflichten nachgekommen ist.

Im Vergleich mit dem deutschen Recht wird allerdings die Differenzierung des Sorgfaltsmaßstabes zwischen dem Behauptenden und dem Verbreiter im chinesischen Recht nicht deutlich aufgestellt. Der Grund dafür könnte sein, dass der Zweck der Unterscheidung zwischen Behaupten (Veröffentlichung) und Verbreiten (Weitergabe) im chinesischen Recht – wie bereits erwähnt – darin liegt, dem Verbreiter die Haftung der Rufverletzung aufzuerlegen. Außerdem wendet sich das chinesische Gericht in der Rechtspraxis bei der Prüfung des Verschuldens des Äußernden in bestimmten Konstellationen auch an andere Faktoren, z.B. das öffentliche Informationsinteresse.

3.3 Ergebnis des Kapitels

Die obigen Ausführungen zeigen deutlich, dass das deutsche Recht dem Äußernden mehr Schutz im Falle der Verletzung der Geschäftsehre durch unwahre Tatsachenbehauptungen gewährt, während das chinesische Gericht dazu neigt, das betroffene Unternehmen in solchen Fällen zu schützen.

Zunächst ist dieses Ergebnis auf die Wahrheitsprüfung der Tatsachaussage im deutschen und chinesischen Recht zurückzuführen.[461] Außer dem unwahren Zitat wird die unwahren Tatsachenbehauptungen im chinesischen Recht danach unterschieden, ob und inwieweit der maßgebliche Inhalt der beanstandeten Tatsachaussage mit der Wirklichkeit übereinstimmt.[462] Dies kann dazu führen, dass viele ungenaue Tatsachenaussagen im chinesischen Recht als unwahr beurteilt werden können. Unrichtig verwendete Fachbegriffe sind z.B. im chinesischen Recht als unwahr zu qualifizieren. Diese Situation verschärft sich wegen des Mangels an Theorien oder Lehren bei der Sinnermittlung von komplizierten Äußerungen und des großen Ermessenspielraums des Richters in der Rechtspraxis.

Außerdem prägt sich dieses Ergebnis auch so aus, dass nach dem chinesischen Recht der Verbreiter die Haftung für eine Rufverletzung wie der Äußernde übernehmen muss. Dadurch wird das betroffene Unternehmen im chinesischen Recht auch stärker geschützt, da der Verbreiter im deutschen Recht normalerweise von der Schadensersatzhaftung befreit wird.

---

461 Zur Wahrheitsprüfung der Tatsachaussage siehe Kap. 2 2.1.1.1, 2.1.2.1.
462 Zur Einteilung unwahrer Tatsachenbehauptungen siehe auch Kap. 2 2.1.1.1, 2.1.2.1.

Dieses Ergebnis lässt sich weiter so begründen, dass der Schädiger sich im Falle der Rufverletzung durch unwahre Tatsachenbehauptungen nicht rechtfertigen kann, weil es tatsächlich in solchen Fällen im chinesischen Recht keinen Rechtfertigungsgrund gibt. Der erste Zivilsenat des OVG hat das Eingreifen des öffentlichen Interesses als Rechtfertigungsgrund im Falle der Rufverletzung durch unwahre Tatsachenbehauptungen ausgeschlossen.

Kapitel 4: Haftungsbegründung des Schädigers bei Rufschädigung durch Werturteile

Im Internet kann der Geschäftsruf eines Unternehmens auch durch geschäftsschädigende Werturteile, vor allem Geschäftskritiken, negative Bewertungen, ungünstige Marktforschungsstudien, Rankings oder Testberichte sowie Boykottaufrufe auf sozialen Netzwerken, Foren, Blogs und ähnlichen Seiten, verletzt werden. In diesem Kapitel wird der äußerungsrechtliche Unternehmensschutz gegen die geschäftsschädigenden Werturteile im deutschen und chinesischen Recht dargelegt und verglichen. Bevor die Haftungsvoraussetzungen des Schädigers in den Vergleichsländern erörtert werden, sind zunächst die Rechtsgrundlagen beider Länder darzustellen.

4.1 Rechtsgrundlagen

4.1.1 Deutschland

4.1.1.1 § 823 Abs. 2 BGB i.V.m. § 185 StGB, § 826 BGB

Nach dem Wortlaut des Gesetzes scheidet die Anwendung des § 824 BGB im Falle der Rufschädigung des Unternehmens durch negative Werturteile von Anfang an aus. In Betracht kommen in erster Linie § 823 Abs. 2 BGB i.V.m. § 185 StGB und § 826 BGB als Anspruchsgrundlagen im deutschen Deliktsrecht. Die Anwendung des Beleidigungsschutzes i.S.d. § 823 Abs. 2 BGB i.V.m. § 185 StGB auf den unternehmerischen Ehrschutz wird von der h.M. anerkannt.[463] Auf der subjektiven Ebene dieser Norm ist aber zumindest ein bedingter Schädigungsvorsatz des Äußernden erforderlich.[464] Eine ähnliche Anforderung an den subjektiven Tatbestand wird auch bei der Anwendung von § 826 BGB gefordert.[465]

---

463 Vgl. BVerfG NJW 2006, 3769 – „Babycaust" (Kapitalgesellschaften); BGH NJW 1980, 2807, 2808 – „Medizinsyndikat" (Personengesellschaften); BGH NJW 2017, 98 Rn. 27 (rechtsfähige und nicht rechtsfähige Vereine); *Damm/Rehbock*, Rn. 401; Wenzel/*Burkhardt/Peifer*, Kap. 5 Rn. 182.

464 Müko/*Regge/Pegel*, StGB, § 185 Rn. 36.

465 Müko/*Wagner*, BGB, § 826 Rn. 25 ff.; *Wilkat*, Bewertungsportale im Internet, S. 60.

Ferner ist beim § 826 BGB auch die Sittenwidrigkeit der vorsätzlichen Schadenszufügung unerlässlich.[466]

Der allgemeinen Ansicht im Zivilrecht nach muss sich der Vorsatz des Schädigers auf die Tatbestandsmäßigkeit seines Handelns beziehen.[467] Demnach ist es beim Äußerungsdelikt erforderlich, dass der Äußernde Kenntnis vom Eintritt eines Schadens, von der Kausalität und der Rechtswidrigkeit (bei § 826 BGB: Kenntnis der Sittenwidrigkeit) seiner Äußerungen hat. Diese hohen subjektiven Anforderungen werden jedoch in der Rechtspraxis nur ausnahmsweise erfüllt.[468] Daher sind diese Regelungen im Fall des Unternehmensschutzes gegen geschäftsschädigende Werturteile normalerweise nur von nachrangiger Bedeutung.

4.1.1.2 § 823 Abs. 1 BGB

a) Das Recht am eingerichteten und ausgeübten Gewerbebetrieb

Häufig kommt die Anwendung des Rechts am eingerichteten und ausgeübten Gewerbebetrieb[469] (im Folgenden: das Recht am Gewerbebetrieb) i.S.d. § 823 Abs. 1 BGB in Betracht, wenn negative Werturteile über das Internet auf ein Unternehmen ausgerichtet werden.

Trotz des verbreiteten Zweifels[470] bis hin zu offener Ablehnung[471] in der Literatur wird das Recht am Gewerbebetrieb noch von der höchstgerichtlichen Rechtsprechung als ein sonstiges Recht i.S.d.§ 823 Abs. 1 BGB anerkannt.[472]

---

466 Vgl. Müko/*Wagner*, BGB, § 826 Rn. 8 ff.

467 Müko/*Wagner*, BGB, § 826 Rn. 25.

468 Vgl. *Beater*, Medienrecht, Rn. 445; Wenzel/*Burkhardt/Peifer*, Kap. 5 Rn. 279; *Wilkat*, Bewertungsportale im Internet, S. 59 f.; *Schaub*, FS Köhler 2014, 593, 601.

469 Im Schrifttum wird auch der Begriff „das Recht am Unternehmen" als Synonym zum Recht am Gewerbebetrieb verwendet. Z.B. *Beater*, Medienrecht, Rn. 439; *Prinz/Peters*, Medienrecht, Rn. 187; Wenzel/*Burkhardt/Peifer*, Kap. 5 Rn. 128 ff.; *Wasserburg*, Der Schutz der Persönlichkeit im Recht der Medien, S. 86; auch BGH NJW 2012; 2579 Rn. 19 – „Ingo Steuer".

470 Vgl. RGRK/*Steffen*, BGB, § 823 Rn. 36; Staudinger/*Hager*, BGB, § 823 Rn. D3; Müko/*Wager*, BGB, § 823 Rn. 318 ff.; BeckOGK/*Spindler*, BGB, § 823 Rn. 203; Soergel/*Beater*, BGB, § 823 Anh. V Rn. 13 ff.; *Schmidt*, JuS 1993, 985, 988 ff.

471 Vgl. *Canaris*, VersR 2005, 577, 582 f.; *Sack*, Das Recht am Gewerbebetrieb, S. 139 ff.; *Ohly*, GRUR 2007, 926, 928.

472 Vgl. BGHZ 45, 296, 306; BGHZ 69, 128, 139; BGHZ 90, 113, 123; BGH NJW 1996, 387; Staudinger/*Hager*, BGB, § 823 Rn. D3; Palandt/*Sprau*, BGB, § 823 Rn. 133; *Beater*, Medienrecht, Rn. 439; *Looschelders*, Schuldrecht BT, § 62 Rn. 1; *Schmidt*, JuS 1993, 985, 987; *Fabricius*, AcP 160 (1961), 237, 304 f.

Allgemein anerkannt ist auch, dass das Recht am Gewerbebetrieb als Auffangtatbestand dem Schutz von unternehmerischen Rechten oder Interessen dient.[473] Daher kommt seine Anwendung nur in Betracht, wenn andere speziellere Tatbestände – man denke vor allem an die lauterkeitsrechtlichen Vorschriften (§§ 4 Nr. 1; 3; 6 Abs. 2 Nr. 5 UWG), wenn ein Wettbewerbsverhältnis zwischen dem Äußernden und Betroffenen besteht, und sodann an die oben erwähnten deliktsrechtlichen Vorschriften (§ 823 Abs. 2 BGB i.V.m. § 185 StGB, § 826 BGB) bei unternehmerischer Rufschädigung durch ungünstige Werturteile – nicht greifen können.[474] Hierbei spricht man von der Subsidiarität des Rechts am Gewerbebetrieb.[475]

Das Recht am Gewerbebetrieb schützt demnach ein Unternehmen vor allem vor den aus einem fahrlässig veröffentlichten ungünstigen Werturteil resultierenden reinen Vermögensschäden.[476] Das Problem ist aber, dass nicht alle durch das Unternehmen erlittenen Vermögensschäden ersetzt werden können. Die Erwerbsmöglichkeiten des Gewerbebetreibers können bspw. nicht vom Gesetz gesichert werden.[477] Denn sonst wären die Inhaber von Gewerbebetrieben gegenüber nicht gewerblich Tätigen privilegiert.[478] Um die Ausuferung der Haftung des Schädigers für fahrlässige Vermögensschäden zu vermeiden, setzt die Anwendung dieses Rechts der h.M. nach ferner die Betriebsbezogenheit des

---

473 BGHZ 80, 25, 27; BGH NJW 2006, 830, 840; *Wasserburg*, Der Schutz der Persönlichkeit im Recht der Medien, S. 86; *Zeuner*, 25 Jahre Karlsruher Forum 1983, 196, 197; *Beater*, Medienrecht, Rn. 439; Staudinger/*Hager*, BGB, § 823 Rn. D2; Wenzel/*Burkhardt/Peifer*, Kap. 5 Rn. 128.

474 Vgl. BGH NJW-RR 2014, 1508 Rn. 12 – „Aufruf zur Kontokündigung"; Müko/*Wagner*, BGB, § 823 Rn. 339; *Beater*, Medienrecht, Rn. 443 ff.; Wenzel/*Burkhardt/Peifer*, Kap. 5 Rn. 128; Staudinger/*Hager*, BGB, § 823 Rn. D21 ff.; *Wilkat*, Bewertungsportale im Internet, S. 59; *Schmidt*, Äußerungsrechtlicher Schutz gegenüber Bewertungsportalen im Internet S. 41 f.; *Gerards*, Äußerungsrechtlicher Unternehmensschutz vor Herabsetzung und unwahrer Kritik im Wettbewerbs- und Deliktsrecht, S. 33; *Sack*, Das Recht am Gewerbebetrieb, S. 166 ff.; *ders.*, VersR 2006, 1001, 1001; *Staake/von Bressensdorf*, JuS 2016, 297, 298; *Koppe/Zagouras*, GRUR 2005, 1011, 1012.

475 Vgl. BGHZ 55, 153, 158 f.; BGHZ 69, 128, 138 f.; *Beater*, Medienrecht, Rn. 443; *Sack*, VersR 2006, 1001, 1001.

476 Vgl. Müko/*Wagner*, BGB, § 823 Rn. 318; BeckOGK/*Spindler*, BGB, § 823 Rn. 203; Wenzel/*Burkhardt/Peifer*, Kap. 5 Rn. 139.

477 BVerfG NJW, 1969, 31, 33; BGH NJW 1976, 753, 754.

478 Vgl. *Canaris*, VersR 2005, 577, 582 f.; *Kübler*, AcP 172 (1972), 177, 190.

Eingriffs und eine positive Feststellung seiner Rechtswidrigkeit aufgrund einer umfassenden Güter- und Interessenabwägung voraus.[479]

b) Das Unternehmenspersönlichkeitsrecht

Zunehmend wird das sog. Unternehmenspersönlichkeitsrecht auf die Rechtsstreitigkeit um die Zulässigkeit von diskreditierenden Äußerungen über Unternehmen angewendet.[480] Dieses Recht ist die Folge der Anwendung des allgemeinen Persönlichkeitsrechts natürlicher Personen i.S.d. § 823 Abs. 1 BGB auf den Schutz der Sozial- und Öffentlichkeitssphäre des Unternehmens.[481] Der Rechtsprechung des BGH nach können sich Unternehmen auf den Schutz des Unternehmenspersönlichkeitsrechts berufen, wenn und soweit sie „nach ihrem Wesen als Zweckschöpfung des Rechts und ihren Funktionen dieses Rechtsschutzes bedürfen", insbesondere „wenn sie in ihrem sozialen Geltungsbereich als Arbeitgeber oder Wirtschaftsunternehmen betroffen werden".[482]

Im deutschen Recht wird das Unternehmenspersönlichkeitsrecht ebenfalls als sonstiges Recht im Sinne von § 823 Abs. 1 neben dem Recht am Gewerbebetrieb angenommen.[483] Demnach stellt dieses Rechtsinstrument auch einen sog. offenen Tatbestand dar.[484] Und somit ist aufgrund einer umfassenden Abwägung zwischen den kollidierenden Interessen wiederum festzustellen, ob das

---

479 Vgl. BVerfG NJW-RR 2004, 1710, 1711 f.; BGH NJW-RR 2014; 1508 Rn. 15; BGH NJW 2013, 2760 Rn. 18; BGH NJW 2012; 2579 Rn. 27 – „Ingo Steuer"; Staudinger/*Hager*, BGB, § 823 Rn. D4; BeckOGK/*Spindler*, BGB, § 823 Rn. 203; Müko/*Wagner*, BGB, § 823 Rn. 324; Soergel/*Beater*, BGB, § 823 Anh. V Rn. 39; Erman/*Wilhelmi*, BGB, § 823 Rn. 49; Wenzel/*Burkhardt/Peifer*, Kap. 5 Rn. 148; *Sakowski*, WRP 2017, 138, 141 Rn. 12; *Sack*, VersR 2006, 1001, 1003.

480 BGH NJW 1975, 1882, 1883; BGH NJW 1980, 2807, 2808 – „Medizin-Syndikat I"; BGH NJW 1984, 1956, 1956 – „Mordoro"; BGH NJW 1986, 2951, 2951 – „BMW"; BGH NJW 1994, 1281, 1282; BGH NJW 2008, 2110, 2111 – „Gen-Milch"; BGH NJW 2009, 1872, 1873 – „Fraport"; BGH NJW 2015, 773 Rn. 12; *Koreng*, GRUR 2010, 1065, 1065.

481 Vgl. BGH GRUR 1986, 759, 761 – „BMW"; *Staake/von Bressensdorf*, JuS 2016, 297, 298; *Koreng*, GRUR 2010, 1065, 1068; *Holzner*, MMR-Aktuell 2010, 298851; *Degenhart*, PharmR 2010, 261, 263; *Klippel*, JZ 1988, 625, 633 f.

482 BGH GRUR 1994, 394, 395 – „Bilanzanalyse"; BGH GRUR 1986, 759, 761 – „BMW".

483 Fezer/Büscher/Obergfell/*Prinz*, Bd. 1, Zweiter Teil S 7 Rn. 89; *Wilkat*, Bewertungsportale im Internet, S. 123; *Holzner*, MMR-Aktuell 2010, 298851; *Gostomzyk*, NJW 2008, 2082, 2084; *Born*, AfP 2005, 111, 111 f.

484 BGH NJW 2009, 1872, 1874 – „Fraport"; BGH NJW 2008, 2110, 2111 – „Gen-Milch"; BGH NJW 2006, 830, 841 – „Kirch/Deutsche Bank"; *Holzner*, MMR-Aktuell 2010, 298851; *Gostomzyk*, NJW 2008, 2082, 2084.

Unternehmenspersönlichkeitsrecht eines Betroffenen durch das beanstandete Werturteil verletzt wird.

In der Literatur wird die Anwendung des Unternehmenspersönlichkeitsrechts kritisiert.[485] Vor allem wird bezweifelt, ob das von der Menschenwürde unterstützte allgemeine Persönlichkeitsrecht natürlicher Personen auf Wirtschaftsunternehmen übertragbar ist.[486] Tatsächlich kann ein Unternehmen nicht durch negative Äußerungen beleidigt werden, weil es weder Ehre noch Würde hat.[487] Von den negativen Äußerungen sind nur dessen Marktchancen betroffen.[488]

Darüber hinaus wird in der Rechtsprechung keine klare Abgrenzung zwischen dem Unternehmenspersönlichkeitsrecht und dem Recht am Gewerbebetrieb ausgearbeitet.[489] Auch das Rangverhältnis dieser beiden Generalklauseln ist noch unklar. Dies führt dazu, dass die Zivilgerichte nicht immer auf das Unternehmenspersönlichkeitsrecht zurückgreifen. In manchen Fällen gehen sie einfach nur auf das Recht am Gewerbebetrieb ein.[490] Der BGH prüfte z.B. primär die Verletzung des Unternehmenspersönlichkeitsrechts in zwei Fällen ohne jegliche Begründung,[491] während er in anderen ähnlichen Fällen lediglich das Recht am Gewerbebetrieb behandelte.[492] Zudem sind die Tatbestandsmerkmale des Unternehmenspersönlichkeitsrechts ebenfalls undeutlich formuliert. Der vorherrschenden Meinung nach setzt die Anwendung dieser Rechtsfigur auch die unmittelbare Betriebsbezogenheit des Eingriffs und eine umfassende Abwägung der kollidierenden Interessen voraus.[493]

---

485 Vgl. *Sack*, Das Recht am Gewerbebetrieb, S. 142 ff.; Wenzel/*Burkhardt/Peifer*, Kap. 5 Rn. 125; *Klippel*, JZ 1988, 625, 630.

486 Erman/*Klass*, BGB, Ahn. § 12 Rn. 59; *Koreng*, GRUR 2010, 1065, 1069; *Born*, AfP 2005, 110, 111.

487 *Renner/Baumann*, AfP 2015, 285, 287; *Koreng*, GRUR 2010, 1065, 1069; *Gostomzyk*, NJW 2008, 2082, 2084;

488 *Koreng*, GRUR 2010, 1065, 1069.

489 Fezer/Büscher/Obergfell/*Prinz*, Bd. 1, Zweiter Teil S 7 Rn. 105; *Wilkat*, Bewertungsportale im Internet, S. 125.

490 *Sakowski*, WRP 2017, 138, 141 Rn. 12.

491 Vgl. BGH GRUR 1986, 759, 761 ff. – „BMW"; BGH GRUR 1994, 394, 394 – „Jahresabschluss".

492 Vgl. BGH NJW 1987, 2746.

493 OLG Frankfurt NJW 1982, 648, 648; *Wilkat*, Bewertungsportale im Internet, S. 128; *Gostomzyk*, NJW 2008, 2082, 2084; *Holzner*, MMR-Aktuell 2010, 298851; *Born*, AfP 2005, 110, 116; sinngemäß auch BGH NJW 2008, 2110, 2111 – „Gen-Milch".

Das Wichtigste ist, dass identische Ergebnisse nach Anwendung des Rechts am Gewerbebetrieb und des Unternehmenspersönlichkeitsrechts erzielt werden könnten, weil die Abwägung tatsächlich in gleicher Weise vorgenommen wird.[494] Aufgrund dessen kann eine spezielle Untersuchung der Anwendung des Unternehmenspersönlichkeitsrechts im Fall der unternehmerischen Rufschädigung durch ungünstige Werturteile in dieser Arbeit beiseitegelassen werden.

4.1.2 China

Wie beim unternehmerischen Schutz vor unwahren Tatsachenbehauptungen wird der Schutz von Unternehmen vor geschäftsschädigenden Werturteilen ebenfalls durch die Anwendung des Rechts der juristischen Person auf ihren Ruf i.S.d. § 101 AGZ im chinesischen Recht gewährleistet. Wie bereits dargestellt, können sich lediglich juristische Personen i.S.d. chinesischen Rechts auf dieses Recht berufen.[495] Somit wird die Anwendung dieses Rechts beim Schutz des Geschäftsrufs von Personengesellschaften und Geschäftsleuten von Anfang an ausgeschlossen.

Wie die obige Darstellung zeigt, hat der deutsche Gesetzgeber je nach den subjektiven Zuständen des Äußernden, d.h., ob er vorsätzlich oder nur fahrlässig handelt, dem von ungünstigen Werturteilen betroffenen Unternehmen Rechtsschutz gewährt. Jedoch besteht im deutschen Recht das Problem, dass sich die Regelungen im Rahmen des Unternehmensschutzes gegen ungünstige Werturteile überlagern. Diese Überlagerung ist insbesondere im Fall des Schutzes von Unternehmen gegen fahrlässige ungünstige Werturteile ausgeprägt. Das deutsche Gericht hat neben dem Recht am Gewerbebetrieb noch das Unternehmenspersönlichkeitsrecht als „Sonstige Rechte“ i.S.d. § 823 Abs. 1 BGB geschaffen, selbst wenn laut einer Meinung das Recht am Gewerbebetrieb als solches sogar überflüssig ist.[496]

Im Vergleich zum deutschen Recht ist die Regelung im chinesischen Recht kurz und bündig. Sofern ein Unternehmen von geschäftsschädigenden Äußerungen – egal vorsätzliche oder fahrlässige – betroffen ist, kann es sich auf den

494 Wenzel/*Burkhardt/Peifer*, Kap. 5 Rn. 139; *Gerards*, Äußerungsrechtlicher Unternehmensschutz vor Herabsetzung und unwahrer Kritik im Wettbewerbs- und Deliktsrecht, S. 36; *Wilkat*, Bewertungsportale im Internet, S. 125; *Sakowski*, WRP 2017, 138, 141 Rn. 12.

495 Dazu siehe Kap. 3 3.2.2.2 b).

496 Vgl. *Sack*, Das Recht am Gewerbebetrieb, S. 139 ff.

Schutz des Rechts der juristischen Person auf ihren Ruf i.S.d. § 101 AGZ berufen. Damit liegt zumindest ein Vorteil auf der Hand: Im chinesischen Recht wird Rechtsklarheit geschaffen.

4.2 Haftungsbegründung des Schädigers

In diesem Abschnitt sind die Haftungsvoraussetzungen des Schädigers in den verglichenen Rechtsnormen in den Fällen, in denen der Geschäftsruf des betroffenen Unternehmens durch schädigende Werturteile beeinträchtigt wird, zu erörtern.

Die Anwendung des Rechts am Gewerbebetrieb setzt im Falle des Äußerungsdelikts durch geschäftsschädigende Werturteile zunächst das Vorliegen eines Werturteils[497], das Behaupten oder Verbreiten eines Werturteils[498] und die haftungsbegründende Kausalität voraus. Diese objektiven Tatbestandsmerkmale sind im Einzelfall leicht zu erfüllen. Das Verschulden des Schädigers wird ebenfalls unproblematisch bejaht, weil dafür eine leichte Fahrlässigkeit schon ausreicht. Daher ist die Beurteilung der Rechtswidrigkeit des Eingriffs in Deutschland von zentraler Bedeutung. Ähnliches besteht auch in China. Die Anwendung des Rechts der juristischen Person auf ihren Ruf setzt – wie bereits erwähnt – die Rechtsverletzung, unlautere Handlung, die Kausalität und das Verschulden des Schädigers voraus. Nach der h.M. im chinesischen Recht – das Recht der juristischen Person auf ihren Ruf werde als verletzt angenommen, sofern der Schädiger geschäftsschädigende Behauptungen veröffentliche[499] – wird das erste Tatbestandsmerkmal vom chinesischen Gericht nahezu stets bejaht.[500] Die Kausalität

497 Zur Abgrenzung zwischen Tatsachenbehauptung und Werturteil siehe Kap. 2 2.1.

498 Zum Behaupten und Verbreiten siehe Kap. 3 3.2.1.

499 *王利明*: 《人格权法(第二版)》, 第289页; *王利明*: 《人格权法研究》, 第518页; *杨立新*: 《人格权法》, 第517页; *张红*: 《人格权各论》, 第298页以下; *江必新/何东宁*: 《最高人民法院指导性案例裁判规则理解与适用(侵权赔偿卷二)》, 第70页; *张新宝*: 《名誉权的法律保护》, 第138页; *蔡立东*: 法人名誉权侵权法保护的实证研究,《社会科学辑刊》2012年第4期, 第71页。

500 广东省高级人民法院(2009)粤高法审监民提字第266号民事判决书; 杭州市中级人民法院(2017)浙01民终6414号民事判决书; 北京市第一中级人民法院(2017)京01民终9639号民事判决书; *奚晓明*: 《最高人民法院利用网络侵害人身权益司法解释理解与适用》, 第162页; *雷丽莉*: 新闻名誉侵权构成要件分析, 载徐迅主编: 《新闻(媒体)侵权研究新论》, 第146页: *蔡立东*: 法人名誉权侵权法保护的实证研究,《社会科学辑刊》2012年第4期, 第71页; *张红*: 法人名誉权保护中的利益平衡,《法学家》2015年

zwischen der Rechtsverletzung und der beanstandeten Behauptung wird in der chinesischen Rechtspraxis im Regelfall vermutet.[501] In Hinsicht auf die Feststellung des Verschuldens des Schädigers ist es im chinesischen Recht nicht selten, das Verschulden des Schädigers anhand der Zulässigkeit der beanstandeten Äußerung in solchen Fällen zu beurteilen.[502] Danach ist der Äußernde fast immer schuldhaft, sofern seine Behauptung als unzulässig angenommen wird. Demnach spielt die Prüfung der Zulässigkeit eines Werturteils bei der Begründung der Haftung des Schädigers im chinesischen Recht eine ausschlaggebende Rolle.[503] Aus diesen Gründen konzentriert sich die Untersuchung der Haftungsbegründung des Schädigers auf die Beurteilung der Zulässigkeit des Werturteils in beiden Ländern.

Allgemein gesprochen lassen sich die geschäftsschädigenden Werturteile im Internet in vier Fallgruppen unterteilen, nämlich allgemeine Geschäftskritiken, negative Bewertungen auf verschiedenen Internetplattformen, Boykottaufrufe auf sozialen Netzwerken sowie ungünstige Rankings oder Testberichte. Daher ist im Folgenden die Beurteilung der Zulässigkeit des Werturteils in diesen vier Fallgruppen darzustellen.

4.2.1 Zulässigkeit der allgemeinen Geschäftskritiken

4.2.1.1 Zulässigkeit der allgemeinen Geschäftskritiken nach deutschem Recht

Vor der Prüfung der Zulässigkeit der allgemeinen Geschäftskritik ist nach der h.M. ihre Betriebsbezogenheit zu prüfen, um den Schutzbereich des Rechts am Gewerbebetrieb zu begrenzen und einen gesetzlich nicht vorgesehenen,

---

第1期, 第88–89页; *张红*: 事实陈述、意见表达与公益性言论保护,《法律科学》2010年第3期, 第107页。

501 Vgl. *奚晓明*: 《最高人民法院利用网络侵害人身权益司法解释理解与适用》, 第162页; *张红*: 《人格权各论》, 2第433页; *蔡立东*: 法人名誉权侵权法保护的实证研究,《社会科学辑刊》2012年第4期, 第73页; *李艳斐*: 微博名誉侵权的认定,《人民司法》2013年第4期, 第73页; *张红*: 事实陈述、意见表达与公益性言论保护,《法律科学》2010年第3期, 第107页。

502 最高人民法院(2017)最高法民申2170号民事裁定书; 最高人民法院(2011)民四终字第16号民事判决书; 浙江省高级人民法院(2017)浙民终150号民事判决书; 北京市第一中级人民法院(2017)京01民终9639号民事判决书; *靳羽*: 名誉侵权"过错"要件的比较研究,《比较法研究》2015年第6期, 第11页。

503 Vgl. *张红*: 事实陈述、意见表达与公益性言论保护,《法律科学》2010年第3期, 第107页。

allgemeinen deliktsrechtlichen Schutz von reinen Vermögensschäden zu vermeiden.[504]

a) Das Erfordernis der Betriebsbezogenheit des Eingriffs

aa) Der Begriff von Gewerbebetrieb

Der h.M. nach müssen sich die Eingriffe, also hier die Geschäftskritiken, auf einen eingerichteten und ausgeübten, nämlich einen bereits vorhandenen und noch betriebenen Gewerbebetrieb beziehen.[505] Nach traditioneller Auffassung soll ein Gewerbe eine selbstständige, entgeltliche, planmäßige, auf eine unbestimmte Vielzahl von Geschäften gerichtet und nach außen in Erscheinung tretende Tätigkeit, die weder künstlerischer noch freier Beruf ist, sein.[506]

Die ständige Rechtsprechung hat aber den Schutzbereich des Rechts am Gewerbebetrieb von einem eingerichteten und ausgeübten Gewerbebetrieb auf andere Betätigungen, z.B. freiberufliche Tätigkeiten, erstreckt. Heutiger h.M. nach steht das Recht am Gewerbebetrieb nicht nur den Kapitalgesellschaften, Personengesellschaften und Genossenschaften im engen Sinne, sondern auch Landwirtschaften,[507] Freiberuflern[508], wirtschaftlichen und ideellen Organisationen, Vereine oder Verbänden[509] zu.[510] In der Rechtsprechung sind lediglich die geplanten Unternehmen oder Veranstaltungen ausdrücklich nicht vom Begriff des Gewerbebetriebs erfasst, sofern noch kein konkreter Bezug zu einem

504 Vgl. BGH GRUR 1959, 282, 284 – „Stromunterbrechung" m. Anm. *Schippel*; BGH NJW 2006, 830 Rn. 123 – „KirchMedia"; BeckOK BGB/*Förster*, BGB, § 823 Rn. 177; Staudinger/*Hager*, BGB, § 823 Rn. D11 ff.; *Sack*, Das Recht am Gewerbebetrieb, S. 142 ff.

505 BGH NJW 1969, 1207, 1208; Wenzel/*Burkhardt/Peifer*, Kap. 5 Rn. 140.

506 Vgl. *Canaris*, Handelsrecht, § 2 Rn. 16; *Schmidt*, Handelsrecht, § 9 Rn. 17 ff. *Staake/von Bressensdorf*, JuS 2016, 297, 299.

507 Vgl. BGH NJW 1961, 725.

508 Vgl. BGH NJW 2012, 2579 Rn. 19 – „Ingo Steuer".

509 Offengelassen aber in BGH GRUR 1968, 205 (Gewerbeverband) und in BGH NJW 1970, 243 (Verbraucherverband). Bejaht in OLG Köln ZUM 2006, 929, 931 (Warentestorganisation).

510 BeckOGK/*Spindler*, BGB, § 823 Rn. 204 ff.; Wenzel/*Burkhardt/Peifer*, Kap. 5 Rn. 141; *Staake/von Bressensdorf*, JuS 2016, 297, 299.

Gewerbebetrieb besteht.[511] Denn unternehmerischer Erfolg soll nicht vom Recht am Gewerbebetrieb garantiert werden.[512]

bb) Die Betriebsbezogenheit des Eingriffs

Ferner muss der Eingriff betriebsbezogen sein. Früher wurde in der Rechtsprechung gefordert, dass der Eingriff den Gewerbebetrieb oder das Unternehmen unmittelbar beeinträchtigte.[513] Statt der Unmittelbarkeit des Eingriffs wird heute in den meisten Fällen der Begriff „Betriebsbezogenheit" angewendet.[514] Danach müssen sich die Geschäftskritiken vielmehr gegen den Betrieb des Gewerbes als solchen richten und nicht vom Gewerbebetrieb ohne Weiteres auslösbare Rechte oder Rechtsgüter betreffen.[515] Im letzten Fall wird der Gewerbebetrieb nicht selbst unmittelbar betroffen, sondern dieser nur reflexartig, mittelbar betroffen.

Einer alternativen Formulierung zufolge muss sich ein Eingriff „nach seiner objektiven Stoßrichtung gegen den betrieblichen Organismus oder die unternehmerische Entscheidungsfreiheit richten, erforderlich ist ferner eine Schadensgefahr, die über eine bloße Belästigung oder sozialübliche Behinderung hinausgeht und geeignet ist, den Betrieb in empfindlicher Weise zu beeinträchtigen".[516] Danach soll der Eingriff so schwer sein, dass die Grundlagen des Gewerbebetriebs bedroht werden oder der Funktionszusammenhang der Betriebsmittel auf längere Zeit aufgehoben wird oder seine Tätigkeit als solche infrage gestellt wird.[517] Somit konnte in den meisten Fällen die kritische, ansehensmindernde Behauptung nicht als betriebsbezogener Eingriff betrachtet werden.[518]

Der BGH hat aber in seinen Entscheidungen die Anforderungen an das Erfordernis der Betriebsbezogenheit gelockert. Er vertritt demzufolge den Standpunkt, dass die Betriebsbezogenheit eines Eingriffs ebenfalls bejaht werden kann, wenn nur einzelne Geschäftsaktivitäten des betroffenen Unternehmens beeinträchtigt

---

511 Vgl. BGH NJW 1999, 279, 281; BGH NJW 1996, 2422, 2423; BGH NJW 1987, 1256, 1258.

512 Staudinger/*Hager*, BGB, § 823 Rn. D18, *Staake/von Bressensdorf*, JuS 2016, 297, 299.

513 Vgl. BGH NJW 1961, 2254, 2255; BGH NJW 1970, 378, 381.

514 Vgl. BGH NJW 2015, 1174, Rn. 20; BGH NJW 2013, 2760, Rn. 16; BGH NJW 2013, 2760, Rn. 16; BGH GRUR 2013, 1259 Rn. 15; BGH NJW 2011, 3443, Rn. 75; BGH NJW 2009, 2958 Rn. 12.

515 Vgl. BGHZ 29, 65, 74 = BGH NJW 1959, 479, 481 – „Stromkabel"; BGH NJW 2012, 2579 Rn. 21 – „Ingo Steuer".

516 BGH NJW 1998, 2141, 2143; BAG NJW 2009, 1990 Rn. 24.

517 BGH NJW 1983, 812, 813; RGRK/*Steffen*, BGB, § 823 Rn. 43; *Sack*, Das Recht am Gewerbebetrieb, S. 142 ff.

518 Wenzel/*Burkhardt/Peifer*, Kap. 5 Rn. 142.

werden.[519] Danach ist es nicht mehr notwendig, dass sich der Eingriff gegen die Gesamtheit des Betriebs eines Unternehmens richtet.

In Fällen, in denen das Recht am Gewerbebetrieb durch eine Geschäftskritik beeinträchtigt wird, ist ihre Betriebsbezogenheit wahrscheinlich stets gutzuheißen, soweit ein konkretes Unternehmen oder sein Produkt oder seine Dienstleistung angesprochen wird.[520] Die Betriebsbezogenheit entfällt nur, wenn die beanstandeten Werturteile sich pauschal bzw. ungenau auf einen undeutlichen Kreis von Unternehmen oder auf eine Branche beziehen.[521] In solchen Fällen erscheint es nach den oben dargestellten Kriterien von Betriebsbezogenheit aber zweifelhaft, ob die beanstandeten Werturteile den Gewerbebetrieb bzw. die wirtschaftlichen Tätigkeiten des Betroffenen infrage stellen oder seine einzelnen Geschäftsaktivitäten beeinträchtigen.[522] Danach ist die Betriebsbezogenheit tatsächlich mit der unmittelbaren Betroffenheit im Falle der Kreditgefährdung i.S.d. § 824 BGB gleichzusetzen.[523] Diesem geminderten Kriterium nach fehlt es bei allgemeinen Geschäftskritiken im Regelfall nicht an der notwendigen Betriebsbezogenheit.

b) Zulässigkeit der allgemeinen Geschäftskritik

Im deutschen Recht ist die Zulässigkeit einer allgemeinen Geschäftskritik erst nach einer umfassenden Güter- und Interessenabwägung zu beurteilen. Dies kann aber nur von Fall zu Fall aufgrund der jeweils betroffenen Spannungslage durchgeführt werden.[524] Im Falle der allgemeinen Geschäftskritik stehen die Meinungs- oder Pressefreiheit des Kritikers sowie das öffentliche Informationsinteresse den wirtschaftlichen Interessen des betroffenen Unternehmens

---

519 BGH NJW 2012, 2579 Rn. 21 – „Ingo Steuer"; BGH NJW 1983, 2195, 2196 – „Photokina"; BGH NJW 1959, 479, 480 – „Stromkabel"; BGH NJW 1952, 660, 661 – „Constanze I".

520 Wenzel/*Burkhardt/Peifer*, Kap. 5 Rn. 143; *Beater*, Medienrecht, Rn. 453; *Gerards*, Äußerungsrechtlicher Unternehmensschutz vor Herabsetzung und unwahrer Kritik im Wettbewerbs- und Deliktsrecht, S. 34. Vgl. auch BGH NJW 2008, 2110 Rn. 9 – „Gen-Milch"; BGHZ 91, 117, 121 = GRUR 1984, 684 – „Mordoro".

521 Vgl. OLG Köln NJW 1985, 1643, 1644; Wenzel/*Burkhardt/Peifer*, Kap. 5 Rn. 146; *Gerards*, Äußerungsrechtlicher Unternehmensschutz vor Herabsetzung und unwahrer Kritik im Wettbewerbs- und Deliktsrecht, S. 34.

522 Vgl. Wenzel/*Burkhardt/Peifer*, Kap. 5 Rn. 143.

523 Wenzel/*Burkhardt/Peifer*, Kap. 5 Rn. 143; in diesem Sinne auch Staudinger/*Hager*, BGB, § 823 Rn. D11.

524 Vgl. BVerfG NJW-RR 2004, 1710, 1711; BGH NJW 2009, 1872; BGH NJW 1981, 1089, 1090.

entgegen. Der Eingriff auf das Recht am Gewerbetriebe durch die allgemeine Geschäftskritik ist nur dann rechtswidrig, wenn das Schutzinteresse des Betroffenen die schutzwürdigen Belange der anderen Seite überwiegt.[525]

aa) Vorrang der Meinungs- und Pressefreiheit sowie der öffentlichen Informationsinteressen

Aufseiten des Kritikers ist in erster Linie die durch Art. 5 Abs. 1 GG geschützte Meinungs- und Pressefreiheit in die Abwägung einzustellen.[526] Das Recht auf Meinungs- und Pressefreiheit hat einen hohen Stellenwert im deutschen Verfassungsrecht.[527] Dieses Grundrecht gewährleistet freie individuelle und öffentliche Meinungsbildung, und dies in einem umfassenden, nicht auf bloße Berichterstattung oder die Vermittlung politischer Meinung beschränkten, sondern jede Vermittlung von Information und Meinung umfassenden Sinne.[528] Danach muss der Betroffene die Kritiken hinnehmen, da diese vom Schutzbereich der Meinungs- und Pressefreiheit umfasst werden. Die Form der Äußerungen unterliegt ebenfalls dem Schutz der Meinungs- und Pressefreiheit i.S.d. Art. 5 Abs. 1 GG.[529] Danach sind auch überpointierte und scharfe Geschäftskritiken zulässig.[530]

Zudem können die hinter den unternehmensbezogenen Geschäftskritiken stehenden öffentlichen Informationsinteressen das Gewicht der Meinungs- und Pressefreiheit bei der Abwägung erhöhen.[531] Bei der Auseinandersetzung mit Missständen in einem ganzen Zweig der gewerblichen Wirtschaft handelt es sich normalerweise um eine die Öffentlichkeit interessierende und den Verbraucher wesentlich berührende Frage, insbesondere wenn die Diskussion geeignet ist, geschäftsunerfahrene Personen vor einer Gefährdung zu bewahren.[532] Informationen, die die Markttransparenz verbessern und den Marktteilnehmern eine an den eigenen Interessen orientierte Entscheidung über die Bedingungen der

525 BGH NJW 2018, 2877 Rn. 19; BGH NJW-RR 2017, 1516 Rn. 22; BGH NJW 2016, 789 Rn. 20; BGH NJW 2015, 773 Rn. 16; BGH NJW 2014, 2029 Rn. 22; BGH NJW 2012, 2579 Rn. 27 – „Ingo Steuer“; *Beater*, Medienrecht, Rn. 456.

526 *Sakowski*, WRP 2017, 138, 141 Rn. 12.

527 *Sakowski*, WRP 2017, 138, 141 Rn. 12; *Strasser*, NuR 2008, 439, 444.

528 Vgl. BVerfGE 57, 295, 319 – „FARG“.

529 Vgl. BVerfG NJW 1982, 2655, 2656.

530 Wenzel/*Burkhardt/Peifer*, Kap. 5 Rn. 149; *Strasser*, NuR 2008, 439, 444.

531 BVerfG GRUR 2008, 81, 82 – „Pharmakartell“; BGH WRP 2009, 631, 634 – „Fraport-Manila-Skandal“; *Beater*, Medienrecht, Rn. 965 ff.; *Sakowski*, WRP 2017, 138, 142 Rn. 14.

532 Wenzel/*Burkhardt/Peifer*, Kap. 5 Rn. 148.

Marktteilhabe ermöglichen, müssen auch dann hingenommen werden, selbst wenn sie sich auf die Wettbewerbsposition eines Unternehmens nachteilig auswirken.[533] Danach sind sie z.B. zulässig, wenn die Werbung für ein Produkt als irreführend und als Schwindel bezeichnet wird[534] oder wenn Milch als Gen-Milch bezeichnet wird.[535] Davon wird die sog. Vermutung zugunsten der freien Rede im deutschen Recht abgeleitet.[536]

bb) Zurücktreten der Meinungs- und Pressefreiheit sowie der öffentlichen Informationsinteressen

Die Meinungs- und Pressefreiheit sowie die öffentlichen Informationsinteressen können aber nicht immer vorgehen. Denn sonst wäre die Einführung der Interessenabwägung sinnlos. In den folgenden Fällen ist sie begrenzt. Die Meinungs- und Pressefreiheit sowie die öffentlichen Informationsinteressen müssen gegenüber den Interessen des Betroffenen an seinem guten Ruf in diesen Fällen zurücktreten: Schmähkritik, Unwahrheit der tatsächlichen Äußerungselemente bei gemischten Äußerungen, Verwertung rechtswidrig erlangter Informationen sowie Prangerwirkung.

1. Schmähkritik

Die freie Rede ist zuerst begrenzt wenn die beanstandete Geschäftskritik eine Schmähkritik darstellt.[537] Mit Rücksicht auf ihren die Meinungs- und Pressefreiheit verdrängenden Effekt soll der Begriff der Schmähkritik laut Meinung des BVerfG eng ausgelegt werden.[538] Demnach liegt eine Schmähkritik nur vor, wenn in einer Äußerung nicht mehr die Auseinandersetzung in der Sache, sondern die Herabsetzung des Betroffenen im Vordergrund steht.[539] D.h., bei Schmähkritik

---

533 BVerfG NJW-RR 2004, 1710, 1711.

534 BGH NJW 2015, 773 Rn. 18.

535 BGH NJW 2008, 2110 Rn. 31 – „Gen-Milch".

536 BVerfG NJW 1995, 3303, 3304 – „Soldaten sind Mörder"; BGH NJW 2008, 2110 Rn. 31 – „Gen-Milch"; BGH NJW 2006, 830 Rn. 100 – „Kirch/Deutsche Bank AG und Breuer"; Staudinger/*Hager*, BGB, § 823 Rn. D28.

537 BGH NJW 2015, 773 Rn. 17 ff. – „Hochleistungsmagnet"; BGH NJW 2009, 3580 Rn. 16; BGH NJW 2009, 1872, Rn. 17 ff.; BGH NJW 2008, 2110 Rn. 29 – „Gen-Milch"; Staudinger/*Hager*, BGB, § 823 Rn. D28; Wenzel/*Burkhardt*/*Peifer*, Kap. 5 Rn. 150; Spickhoff/*Müller-Terpitz*, GG, Art. 5 Rn. 13; *Stein*, S. 74.

538 BVerfG NJW 2016, 2870 Rn. 14 m. Anm. *Gostomzyk*; BVerfG NJW 2003, 3760, 3760; BVerfG NJW 1995, 3303, 3304 – „Soldaten sind Mörder".

539 BVerfG NJW 2016, 2870 Rn. 14 m. Anm. *Gostomzyk*; BVerfG NJW 2003, 3760, 3760; BVerfG NJW 1995, 3303, 3304 – „Soldaten sind Mörder"; BGH NJW 2009, 1872

wird eine Kritik anhand unzureichender Tatsachengrundlagen oder sogar ohne jeglichen Anhaltspunkt gegeben.[540] Die überzogene, ungerechte oder gar ausfällige Formulierung einer Kritik führt jedoch nicht ohne Weiteres dazu, sie als Schmähkritik einzuordnen.[541] Die Bezeichnung einer Rechtsanwaltskanzlei als „Winkeladvokatur" wird deshalb vom BVerfG nicht als Schmähkritik angenommen, da diese Bezeichnung im konkreten Fall anlässlich einer sachthemenbezogenen Auseinandersetzung getätigt worden ist.[542]

Obige Darstellung hat jedoch gezeigt, dass es im Fall von geschäftsschädigenden Werturteilen oder gar Kritiken gegen Unternehmen eher selten allein darum geht, die Unternehmen herabzusetzen.[543] Nur im Extremfall kann eine auf Unternehmen gezielte Kritik eine bloße Herabsetzung des Unternehmens darstellen.[544] Daher spielt die Schmähkritik im Rahmen des Unternehmensschutzes gegen allgemeine geschäftsschädigende Werturteile im Internet nur eine untergeordnete Rolle.[545]

2. Unwahrheit der tatsächlichen Äußerungselemente bei gemischten Äußerungen

Nicht selten enthält ein auf Unternehmen ausgerichtetes, rufschädigendes Werturteil nicht nur wertende, sondern auch tatsächliche Elemente. In diesem Fall geht es, wie bereits dargestellt, bei allgemeinen geschäftsschädigenden Werturteilen um gemischte Äußerungen, die aber im deutschen Recht behandelt als Werturteil werden sollen.[546]

Dennoch kann die Richtigkeit der tatsächlichen Elemente einer gemischten Äußerung der Ansicht des BVerfG nach im Rahmen der Güter- und Interessenabwägung ins Gewicht fallen. Seiner Ansicht nach soll das Grundrecht

---

Rn. 18; BGH NJW 2009, 3508 Rn. 17 – „Verdacht unsauberer Geschäfte"; BGH NJW 2008, 2110 Rn. 15 – „Gen-Milch".

540 OLG München NJW 1994, 1964, 1965 – „Pygmäen-Lokal"; *Günther*, NJW 2013, 3275, 3276.

541 BVerfG NJW 1995, 3303, 3304 – „Soldaten sind Mörder"; BVerfG NJW 1991, 95, 96; BGH GRUR 2018, 642 Rn. 37.

542 BVerfG NJW 2013, 3021 Rn. 17.

543 Vgl. Wenzel/*Burkhardt*, Kap. 4 Rn. 49a.

544 Vgl. OLG Frankfurt a. M. WRP 2015, 1119, 1120 – „Schmuddelkind"; OLG München WRP 1996, 925, 927 – „Scheiß des Monats".

545 OLG Dresden hat sogar die Übertragbarkeit der in der Rechtsprechung entwickelten Grundsätze zur Schmähkritik auf juristische Personen abgelehnt. OLG Dresden NJW-RR 2018, 1196 Rn. 16.

546 Zur gemischten Äußerung siehe Kap. 2 2.1.1.3.

der Meinungs- und Pressefreiheit des Äußernden hinter dem dadurch verletzten Recht am Gewerbebetrieb i.S.d. § 823 Abs. 1 BGB zurücktreten, wenn die Meinungsäußerung erwiesenermaßen falsche oder bewusst unwahre Tatsachenbehauptungen enthält.[547] Wird die Öffentlichkeit z.B. gewarnt, dass ein Unternehmen „Scharlatanerieprodukte" vertreibe und „Betrug" an seinen Kunden begehe, kommt es für die Zulässigkeit solcher Äußerungen wesentlich darauf an, ob die Produkte tatsächlich wirkungslos sind oder nicht.[548] Dazu zählt auch der Fall, dass vorgeblich neutrale Dritte vorgeschoben werden.[549] In solchen Situationen ist zumindest die Art und Weise der Darstellung von Meinungen in aller Regel unzulässig, da die Verschleierung des wahren Kritikers zur Manipulierung der öffentlichen Meinungsbildung führen kann.[550]

Wenn die Wahrheit der tatsächlichen Elemente dem Äußernden zum Zeitpunkt seiner Behauptung oder Verbreitung noch unbekannt war, kommt es bei der Beurteilung der Zulässigkeit der Äußerung darauf an, ob er sich redlich um die Aufklärung des Sachverhalts bemüht, insbesondere alle ihm nach den Umständen zugänglichen Informationsquellen genutzt hat.[551] An dieser Stelle wird tatsächlich geprüft, ob der Kritiker seine Prüfpflicht erfüllt hat.[552]

3. Verwertung rechtswidrig erlangter Informationen

In der Praxis gibt es auch solche Fälle, in denen der Äußernde Informationen, die von ihm selbst oder von Dritten rechtswidrig – bspw. durch absichtliche Täuschung oder eine heimlich gemachte Ton- oder Bildaufnahme – erlangt werden, verwertet und aufgrund dessen Kritik an dem betroffenen Unternehmen übt.[553] In solchen Fällen wird das durch Art. 12 Abs. 1 i.V.m. Art. 19 Abs. 3 GG gewährleistete Recht des Betroffenen am eingerichteten und ausgeübten Gewerbebetrieb berührt.[554]

In Fällen dieser Art ist nach Auffassung der deutschen Rechtsprechung eine Interessenabwägung erforderlich, um die Rechtswidrigkeit des Eingriffs zu

547 BVerfG NJW 2012, Rn. 34; BVerfG NJW 2008, 358, 359; BVerfG NJW 1992, 1439, 1441; BVerfG NJW 1993, 1845, 1846.

548 Vgl. BGH NJW 2015, 773 Rn. 22 – „Hochleistungsmagnet".

549 *Sakowski*, WRP 2017, 138, 142 Rn. 14.

550 OLG Koblenz ZUM-RD 2014, 207, 210.

551 Müko/*Wagner*, BGB, § 823 Rn. 345.

552 Dazu siehe Kap. 3 3.2.4.

553 Vgl. BVerfG NJW 1984, 1741 – „Wallraff"; BGH NJW 1981, 1089; BGH NJW 2018, 2877 – „Bio-Hühnerstall" m. Anm. *Gostomzyk*; OLG Stuttgart AfP 2014, 450.

554 Vgl. BGH NJW 2018, 2877 Rn. 16 ff – „Bio-Hühnerstall" m. Anm. *Gostomzyk*; OLG Stuttgart AfP 2014, 450, 451 ff.

beurteilen.[555] Die Rechtswidrigkeit der Veröffentlichung und Verbreitung auf unzulässigem Wege beschaffter Informationen wird erst verneint, wenn und soweit das vom Äußernden verfolgte Informationsinteresse der Öffentlichkeit und sein Recht auf Meinungs- und Pressefreiheit das Interesse des Betroffenen am Schutz seines sozialen Geltungsanspruchs als Wirtschaftsunternehmen und seine unternehmensbezogene Interessen überwiegen.[556] Dabei kommt es einerseits auf den Zweck der Veröffentlichung der rechtswidrig erlangten Informationen und andererseits auf das zur Informationserlangung angewandte Mittel an.[557] Dem Grundrecht der Meinungs- und Pressefreiheit sowie dem öffentlichen Informationsinteresse kommt ein umso größeres Gewicht zu, je mehr es um einen Beitrag zum geistigen Meinungskampf in einer die Öffentlichkeit wesentlich berührenden Frage geht. Dem kommt dagegen umso geringeres Gewicht zu, je mehr sich die Äußerung unmittelbar gegen ein privates Rechtsgut richtet und im privaten Verkehr in Verfolgung eigennütziger Ziele abgegeben wird.[558] Danach wird die Rechtswidrigkeit des Eingriffs in das Recht am Gewerbebetrieb durch Verwertung unzulässig beschaffter Information grundsätzlich verneint, wenn und soweit Fehlentwicklungen oder Missstände, die sich für die Allgemeinheit, zumindest aber für einen erheblichen Teil derselben als so einschneidend darstellen, dass deren öffentliche Behandlung als wichtig angesehen wird, dadurch aufgedeckt werden.[559]

Dieser Grundsatz gilt vor allem für die Veröffentlichung und Verbreitung betriebsinterner Vorgänge, die für das Treffen der Kaufentscheidung der Verbraucher von großer Bedeutung sind. Denn dadurch wird eine Markttransparenz geschaffen, die nicht nur im Interesse der Verbraucher, sondern auch im volkswirtschaftlichen Gesamtinteresse liegt.[560] Daher haben das Grundrecht der

555 Vgl. BVerfG NJW 1984, 1741, 1742 f. – „Wallraff"; BGH NJW 2018, 2877 Rn. 19 – „Bio-Hühnerstall" m. Anm. *Gostomzyk*; BGH NJW 2015, 773 Rn. 16.

556 BGH NJW 2018, 2877 Rn. 19 – „Bio-Hühnerstall" m. Anm. *Gostomzyk*; BGH NJW-RR 2017, 1516 Rn. 22; BGH NJW 2016, 789 Rn. 20; BGH NJW 2015, 773 Rn. 16.

557 BVerfG NJW 1984; 1741, 1743 – „Wallraff"; BGH NJW 2018, 2877 Rn. 22 – „Bio-Hühnerstall" m. Anm. *Gostomzyk*; *Renner/Baumann*, AfP 2015, 285, 287.

558 BVerfG NJW 1984, 1741, 1743 – „Wallraff"; BGH NJW 2018, 2877 Rn. 22 – „Bio-Hühnerstall" m. Anm. *Gostomzyk*; BGH NJW 2015, 782 Rn. 20; *Beater*, Medienrecht, Rn. 974.

559 Vgl. BVerfG NJW 1984, 1741, 1743 – „Wallraff"; BGH NJW 2018, 2877 Rn. 28 ff. – „Bio-Hühnerstall" m. Anm. *Gostomzyk*; OLG Stuttgart AfP 2015, 450, 452 ff.; Ricker/Weberling/*Ricker*, Kap. 42 Rn. 21; *Hegemann*, AfP 2019, 12, 15 ff.

560 BGHZ 65, 325, 332; BGH NJW 2015, 773 Rn. 23; *Beater*, Medienrecht, Rn. 987.

Meinungs- und Pressefreiheit des Äußernden aus Art. 5 GG sowie das von ihm verfolgte öffentliche Informationsinteresse in diesem Fall grundsätzlich Vorrang.

Demgegenüber findet dieser Grundsatz keine Anwendung, wenn die auf unzulässige Art und Weise erlangten Informationen zu den Betriebs- und Geschäftsgeheimnissen des betroffenen Unternehmens gehören.[561] Dazu zählen bspw. die Absatzzahlen, Werbestrategien, Protokolle von Konferenzen, Produkt- oder Marketingkonzepte, Pläne für künftige Unternehmensentwicklungen.[562] Offensichtlich haben solche Informationen für die Verbraucheraufklärung sowie Markttransparenz im Regelfall nur geringe Bedeutung und spielen damit beim Treffen der Kaufentscheidung der Verbraucher eine sehr kleine Rolle. Abgesehen davon sind Arbeiternehmer oder Lehrlinge im Regelfall verpflichtet, die ihnen anvertrauten oder zugänglich gewordenen Geschäfts- und Betriebsgeheimnisse während und nach der Dauer des Beschäftigungsverhältnisses zu verschweigen.[563] Deshalb muss die Meinungs- und Pressefreiheit des Äußernden in solchen Fällen hinter dem Recht am Gewerbebetrieb zurücktreten.

4. Prangerwirkung

Bei allgemeiner Geschäftskritik liegt es nahe, dass der Äußernde durch konkrete Beispiele seine Meinungen verdeutlicht. In diesem Fall kann es aber möglicherweise geschehen, dass der Kritiker nur ein Unternehmen oder ein Produkt nennt und an ihm exemplarisch Kritik übt.[564] Das Herausgreifen eines bestimmten Unternehmens oder eines bestimmten Produkts kann eine Anprangerung darstellen, insbesondere wenn der Kritiker großen Einfluss hat.

Die Rechtswidrigkeit solcher Äußerungen unter dem Gesichtspunkt der Prangerwirkung scheidet aber in der Regel aus,[565] soweit sie auf das herausgegriffene Unternehmen oder Produkt noch zutreffen.[566] Die Herausstellung des Firmennamens und die Namensnennung eins Produktes sind stets zulässig, weil der Unternehmer sich darauf einrichten muss, dass jedermann sich mit ihm und seinem Angebot auseinandersetzt, wenn er mit seinem Leistungsangebot auf den Markt drängt.[567]

---

561 Vgl. BGH NJW 1981, 1089, 1090 ff. – „Der Aufmacher I"; BGH NJW 2018, 2877 Rn. 27 – „Bio-Hühnerstall" m. Anm. *Gostomzyk*.

562 Paschke/Berlit/Meyer/*Vendt*, 36. Abschn. Rn. 18.

563 Paschke/Berlit/Meyer/*Vendt*, 36. Abschn. Rn. 18.

564 Staudinger/*Hager*, BGB § 823 Rn. D30.

565 *Ricker*, S. 44 ff.; *Gomille*, ZUM 2009, 815, 820.

566 *Soehring*, Presserecht, § 22 Rn. 22.10.

567 *Ricker*, S. 44 ff.; *Gomille*, ZUM 2009, 815, 820.

Die Unzulässigkeit des Herausgreifens eines bestimmten Unternehmens liegt aber vor, wenn es sich um die Erwähnung lange zurückliegender Negativvorgänge handelt, insbesondere wenn dadurch der Anschein erweckt wird, als hätten diese Vorgänge noch immer aktuelle Bedeutung, obschon das betroffene Unternehmen inzwischen damit aufgehört hat.[568] Diese Konstellation ist aber in der Praxis sehr selten und deshalb lediglich von sehr geringer Bedeutung. Darüber hinaus kann der Fall dieser Art in den Schutzbereich des § 824 BGB fallen. Demnach ist der Kritiker schuldhaft, weil er wegen Nichterfüllung seiner Prüfpflicht unwahre Tatsachenbehauptungen veröffentlicht oder verbreitet.

4.2.1.2 Zulässigkeit der allgemeinen Geschäftskritik nach chinesischem Recht

Gemäß Art. 8 S. 1 der Interpretation von 1993 und Art. 9 Abs. 2 S. 1 der Interpretation von 1998 ist eine Kritik nur zulässig, wenn die Grundlagen der Kritik richtig sind und die Kritik als solche noch angemessen und sachgemäß ist.

a) Die Richtigkeit der Grundlagen der Geschäftskritik

Nach Art. 8 S. 3 der Interpretation von 1993 lautet die erste Voraussetzung der Zulässigkeit einer Kritik, dass ihre Grundlagen richtig sein müssen. Diese Regel wurde vom OVG in Art. 9 Abs. 2 S. 2 der Interpretation von 1998 erneut bestätigt. Dies bedeutet auf der einen Seite, das OVG sei der Meinung, dass die Schaffung einer richtigen Grundlage für eine verantwortliche Kritik unerlässlich ist.[569] Eine Geschäftskritik ist grundsätzlich unzulässig, wenn sie jeder Grundlage entbehrt.[570]Dieser Auffassung nach ist eine Geschäftskritik im chinesischen Recht untrennbar mit den Grundlagen hierfür verbunden.

Auf der anderen Seite müssen die Grundlagen als richtig nachgewiesen werden.[571] Damit vertritt das OVG den Standpunkt, dass die Unrichtigkeit der Grundlagen unvermeidbar zu ungerechten Kritiken oder Bewertungen führen

568 Wenzel/*Burkhardt/Peifer*, Kap. 5 Rn. 159.

569 *梁书文*: 《最高人民法院关于审理名誉权案件若干问题的解释》的理解与适用, 中国人大网, http://www.npc.gov.cn/huiyi/lfzt/qqzrfca/2008-12/21/content_1462860.htm, 最后访问日期: 2019年4月23日。

570 Vgl. 珠海市中级人民法院(2017)粤04民终463号民事判决书; 上海市卢湾区人民法院(2007)卢民一（民）初字第1971号民事判决书; *梁书文*: 《最高人民法院关于审理名誉权案件若干问题的解释》的理解与适用, 中国人大网, http://www.npc.gov.cn/huiyi/lfzt/qqzrfca/2008-12/21/content_1462860.htm, 最后访问日期: 2019年4月23日。

571 Zu unwahren Tatsachenbehauptungen im chinesischen Recht siehe Kap. 2 2.1.2.1.

kann.[572] Wenn die Wahrheit der in diesen Grundlagen erwähnten Angelegenheit noch nicht klar ist oder nicht bewiesen werden kann, sollte der Kritiker bei seiner Veröffentlichung die Leser über deren Unklarheit informieren. Er darf nicht lediglich aufgrund des Verdachts oder Zweifels eine negative Bewertung vornehmen, weil die Leser dadurch der Ansicht des chinesischen Gerichts nach irregeführt werden. Das OVG hat deswegen in einem Urteil die Bezeichnung „Raupenpilzschwindel" als unzulässig beurteilt.[573] In diesem Fall geht es um die Streitfrage, ob der chinesische Raupenpilz die vorgeblich medizinischen Wirkungen hat. Das betroffene Unternehmen hat ein Nahrungsergänzungsmittel, das den Raupenpilz enthält, hergestellt und verkauft. In der Werbung zu diesem Nahrungsergänzungsmittel werden die medizinischen Wirkungen des Raupenpilzes in den Vordergrund gestellt. Der Meinung des Beklagten nach hat der Raupenpilz keine medizinische Wirkung und er hat aufgrund dessen die Herstellung und den Verkauf des Nahrungsergänzungsmittels als „Raupenpilzschwindel" bezeichnet. Bei der Begründung seiner Kritik hat der Beklagte auch Berichterstattungen, in denen der Verdacht in Bezug auf die Wirkungen des Raupenpilzes geäußert wird, zitiert. Das OVG hat darauf hingewiesen, dass in den zitierten Berichterstattungen lediglich der Verdacht auf die Wirkung des Raupenpilzes, nicht aber eine klare Ablehnung, geäußert wird. Die Bezeichnung „Raupenpilzschwindel" ist unzulässig, da aus den zitierten Berichterstattungen nicht die Schlussfolgerung, der Raupenpilz habe keine medizinische Wirkung, gezogen werden kann.

Die Anforderung an die Richtigkeit der Grundlagen bedeutet auch, dass die Geschäftskritik sich ganz gezielt auf die ihr zugrunde liegenden Grundlagen richten soll, nicht aber auf andere Tatsachen, selbst wenn solche ebenfalls wahr sind. Danach sieht ein chinesisches Gericht eine Geschäftskritik als unzulässig an, wenn der Äußernde ein Unternehmen für die Herstellung mangelhafter Produkte kritisiert, aber schließlich festgestellt wird, dass lediglich der Produktionsablauf des betroffenen Unternehmens mangelhaft ist, die Produkte aber trotz mangelhaften Produktionsablaufs immer noch den gesetzlichen Qualitätsanforderungen entsprechen.[574] Der Auffassung des Richters nach wäre die Kritik des

---

572 *梁书文*:《最高人民法院关于审理名誉权案件若干问题的解释》的理解与适用, 中国人大网, http://www.npc.gov.cn/huiyi/lfzt/qqzrfca/2008-12/21/content_1462860.htm, 最后访问日期: 2019年4月23日。Vgl. auch *江必新/何东宁*:《最高人民法院指导性案例裁判规则理解与适用(侵权赔偿卷二)》, 第85页; *张红*:《人格权各论》, 第463页; *张忻如/黄海峰*: 评论产品文章侵犯企业名誉权问题初探,《人民司法》1997年第2期, 第8页。

573 最高人民法院(2017)最高法民申2170号民事裁定书。

574 山东省高级人民法院(2015)鲁民一终字第3号民事判决书。

Äußernden in diesem Fall zulässig, wenn sie sich auf den mangelhaften Produktionsablauf richtete.

Einigkeit besteht im Hinblick auf die Beurteilung der Zulässigkeit der Geschäftskritik in beiden Ländern darüber, dass die Richtigkeit der Grundlagen, die der Kritik zugrunde liegen, eine Rolle spielt. Die Unrichtigkeit der Grundlagen kann zur Unzulässigkeit der Kritik führen. Dem Gedanken ist zuzustimmen.

Ein ganz unterschiedliches Gewicht aber haben die Grundlagen bei der Beurteilung der Zulässigkeit von Geschäftskritiken in der Rechtspraxis der beiden Länder. Im deutschen Recht ist die Geschäftskritik im Regelfall als reine Meinungsäußerung zu behandeln. Die Grundlagen und ihre Wahrheit spielen nur eine Rolle, wenn sie mit den bewertenden Elementen untrennbar verbunden sind oder ihnen eine selbstständige Bedeutung zukommt. Anderenfalls führt die Unwahrheit der Grundlagen nicht automatisch zur Unzulässigkeit der beanstandeten Kritik. Im Vergleich dazu sind die Grundlagen stets als ein fester und untrennbarer Bestandteil der Geschäftskritik im chinesischen Recht anzusehen. Der Ansicht des chinesischen Gerichts nach hat eine Geschäftskritik stets Grundlagen. Die Richtigkeit der Grundlagen kann der Auffassung des chinesischen Gerichts zufolge ermittelt werden. D.h., die Grundlagen einer Kritik sind dieser Auffassung nach eigentlich Tatsachenbehauptungen. Diese Auffassung ist aber offensichtlich problematisch. Denn damit hat das chinesische Gericht übersehen, dass die Grundlagen mancher Meinungsäußerungen ebenfalls Meinungsäußerungen sind.[575] Das Raupenpilzschwindel-Urteil des OVG ist bspw. ein solcher Fall. Eigentlich ist der Verdacht auf die Wirkungen des chinesischen Raupenpilzes eine Meinungsäußerung. Richtigerweise sollte das Gericht nicht auf die „Richtigkeit" dieses Verdachts eingehen, sondern sich stattdessen besser dem zweiten Beurteilungskriterium – die Angemessenheit der Geschäftskritik – zuwenden.

b) *Angemessenheit der Geschäftskritik*

Falls die beanstandete Geschäftskritik keine tatsächlichen Elemente enthält oder ihre Grundlagen richtig sind, ist sie nach Art. 8 S. 3 der Interpretation von 1993 und Art. 9 Abs. 2 S. 2 der Interpretation von 1998 nur dann zulässig, wenn sie zusätzlich noch keine abwertenden Aussagen enthält. Damit meint

---

575 *王松苗*: “有事实依据”不等于“有客观事实”, 载徐迅主编: 《新闻(媒体)侵权研究新论》, 第255页; *雷丽莉/展江*: 法院如何认定媒体报道“基本真实”? ——农夫山泉、哇哈哈系列名誉权案件评析之二, 《新闻界》2017年第8期, 第17页。

das OVG zunächst, dass es unzulässig ist, wenn der Kritiker das betroffene Unternehmen in unwürdiger Weise beschimpft.[576] Wenn z.B. der Kritiker das betroffene Unternehmen für die Verletzung seines Urheberrechts verklagt und es vor der gerichtlichen Entscheidung als „Schwindler" und „illegalen Hersteller" bezeichnet, gehen solche Ausdrücke nach Ansicht des Gerichts bereits über hinnehmbare Kritiken hinaus und der Ruf des Betroffenen kann dadurch verletzt werden.[577]

Es ist nicht selten, dass das chinesische Gericht bei der Beurteilung der Zulässigkeit einer Geschäftskritik deren Angemessenheit prüft.[578] Damit wird geprüft, ob die Geschäftskritik noch sachgemäß und gerecht ist. An dieser Stelle ist in erster Linie zu prüfen, ob die Geschäftskritik überspitzt oder scharf formuliert wird, da in den Augen des chinesischen Richters überspitzte und scharfe Formulierungen normalerweise schon ungerecht und unangemessen sind.[579] Daher ist es z.B. unzulässig, wenn der Kritiker bei der Beschreibung und Bewertung der Modalität des Geschäftsbetriebs des betroffenen Unternehmens Worte wie „Unverschämtheit", „Erpressung", „Betrug", „Drogenhandel" verwendet.[580] Die Formulierungen sind ebenfalls überspitzt und scharf, wenn in einem anderen Fall der Kritiker die vom betroffenen Unternehmen angebotene kostenlose Software als „Krebszellen im Internet" und „Tumor", die Funktionsweise solcher Software als „Entwendung von Informationen ihrer Benutzer" und als „Spionageüberwachung" bezeichnet.[581]

---

576 Vgl. 北京市第二中级人民法院（2018）京02民终2716号民事判决书; 北京市第二中级人民法院（2017）京02民终1011号民事判决书; 上海市第一中级人民法院（2014）沪一中民四（商）终字第2186号民事判决书。

577 北京市第二中级人民法院（2017）京02民终4914号民事判决书。Ähnlich: 江苏省高级人民法院（2005）苏民三终字第0106号民事判决书; vgl. auch 李杰: 论新闻报道侵害名誉权中的"内容失实"与"评论不当",《法律适用》2006年第1–2期, 第109页。

578 *李国民*: 我国法院审判评论侵权案件总体情况的统计分析, 载徐迅主编:《新闻（媒体）侵权研究新论》, 第115–116页; *李杰*: 论新闻报道侵害名誉权中的"内容失实"与"评论不当",《法律适用》2006年第1-2期, 第109页。

579 Vgl. 北京市第一中级人民法院（2018）京01民终20号民事判决书; 北京市第二中级人民法院（2018）京02民终2716号民事判决书; 北京市第二中级人民法院（2017）京02民终1011号民事判决书; 上海市第一中级人民法院（2014）沪一中民四（商）终字第2186号民事判决书; *李杰*: 论新闻报道侵害名誉权中的"内容失实"与"评论不当",《法律适用》2006年第1–2期, 第109页; *张忻如/黄海峰*: 评论产品文章侵犯企业名誉权问题初探,《人民司法》1997年第2期, 第8页。

580 北京市第一中级人民法院（2018）京01民终20号民事判决书。

581 上海市第一中级人民法院（2014）沪一中民四（商）终字第2186号民事判决书。

Die Angemessenheit einer Geschäftskritik bezieht sich auch auf den inhaltlichen Zuschnitt der Äußerung. Die Zulässigkeit einer Geschäftskritik könnte z.B. verneint werden, wenn sie mit einer Schlagzeile versehen wird.[582] Wenn der Kritiker selbst über einen großen Einfluss in der virtuellen Welt verfügt, er etwa eine große Anzahl an Followern in den sozialen Medien hat, sollte er bei der Behauptung oder Verbreitung einer ungünstigen Geschäftskritik sorgfältig und zurückhaltend sein.[583] Anderenfalls wird die Angemessenheit der Geschäftskritik abgelehnt, weil die sich daraus ergebenden Schäden für den Betroffenen nicht mehr verhältnismäßig sind.

Die Einführung des Kriteriums der Angemessenheit der Geschäftskritik ist sozusagen die Verkörperung der Interessenabwägung im chinesischen Recht. Unterschiedlich ist aber der Schwellenwert der Angemessenheit einer Geschäftskritik, im chinesischen Recht ist er weitaus höher als der der Zulässigkeit einer Geschäftskritik im deutschen Recht. Im deutschen Recht ist eine Geschäftskritik – wie oben dargestellt – erst unzulässig, wenn sie eine Schmähkritik darstellt oder Prangerwirkung mit sich bringt. In der gerichtlichen Praxis liegt aber Schmähkritik oder Prangerwirkung sehr selten vor. Im Vergleich dazu ist es jedoch ziemlich häufig, dass eine Geschäftskritik vom chinesischen Gericht als unangemessen beurteilt wird. Ein typisches Beispiel dafür ist, dass die Bezeichnungen „Betrug“, „Schwindel“ o.Ä. nach Ansicht des BGH grundsätzlich noch hinnehmbar sind, während sie in den Augen des chinesischen Richters schon überspitzt, scharf oder ungerecht und deshalb unangemessen sind.

Ein Grund dafür könnte sein, dass bei der Beurteilung der Angemessenheit einer Geschäftskritik der chinesische Richter allein vom Schutz des Interesses des betroffenen Unternehmens ausgeht. Das Informationsinteresse der Öffentlichkeit an dem darauf bezogenen Thema ist nach Ansicht des chinesischen Richters als untergeordnet anzusehen. Möglicherweise hat er es einfach außer Acht gelassen. In der chinesischen gerichtlichen Praxis ist das öffentliche Informationsinteresse normalerweise erst als Rechtfertigungsgrund zu berücksichtigen, wenn das Gericht die Zulässigkeit der streitigen

582 Vgl. 珠海市中级人民法院（2017）粤04民终463号民事判决书。Vgl. auch *张忻如/黄海峰*: 评论产品文章侵犯企业名誉权问题初探,《人民司法》1997年第2期, 第8页。

583 Vgl. 北京市第一中级人民法院（2011）一中民终字第09328号民事判决书; 北京金山软件有限公司诉360公司董事长周鸿祎案, http://www.king-capital.com/phone/details240_7515.html, 最后访问时间: 2018年2月6日。

Geschäftskritik annehmen will.[584] Wenn das Gericht die Zulässigkeit einer Geschäftskritik verneinen möchte, ignoriert es einfach das öffentliche Informationsinteresse oder lehnt die Einbeziehung des öffentlichen Informationsinteresses ohne jegliche Begründung ab.[585]

Darüber hinaus haben chinesische und deutsche Gerichte unterschiedliche Einstellungen gegenüber den Handlungsweisen des Kritikers, die die Erregung der Aufmerksamkeit der Leser erzielen. Während solche Handlungsweisen im chinesischen Recht sehr häufig zur Verneinung der Sachgerechtigkeit einer Geschäftskritik führen können, werden sie vom deutschen Verfassungsrecht grundsätzlich als Werkzeug für die Garantie der Meinungsfreiheit geschützt.

Das Kriterium der Angemessenheit der Geschäftskritik im chinesischen Recht ist ein sehr subjektives Kriterium. Bisher ist dieses noch nicht klar und einheitlich eingesetzt.[586] Daher fällt die Beurteilung der Angemessenheit völlig in den Spielraum des Richters. Jeder Richter hat ein anderes Verständnis von Angemessenheit. Daraus ergibt sich eine Rechtsunsicherheit.[587]

Dem zweiten Beurteilungskriterium nach ist eine allgemeine Geschäftskritik im chinesischen Recht erst zulässig, wenn der Kritiker ein Problem analysiert und bewertet wie ein objektiver, vernünftiger und neutraler Dritter. Die Kritik soll sich ganz gezielt auf das zugrunde liegende Problem beschränken und darf sich nicht ohne Anhaltspunkte auf das hinter dem Problem stehende Unternehmen richten. Bei der Formulierung seiner Kritik soll der Kritiker am besten keine emotionalen Worte oder Aussagen verwenden. Es ist auch ratsam, die Geschäftskritik nicht mit einer auffallenden oder sensationellen Schlagzeile zu versehen. Damit sind die Beschränkungen für die allgemeine Geschäftskritik im chinesischen Recht offensichtlich. Bei der Feststellung der Angemessenheit einer Geschäftskritik geht das chinesische Gericht tatsächlich aber von moralischen Maßstäben aus. Ein Verstoß gegen irgendeine der oben genannten Beschränkungen könnte wahrscheinlich bereits zur Unzulässigkeit einer Geschäftskritik führen.

---

584 Vgl. 最高人民法院(2011)民四终字第16号民事判决书。

585 Vgl. 最高人民法院(2017)最高法民申2170号民事裁定书; 广东省高级人民法院(2009)粤高法审监民提字第266号民事判决书。

586 *张红*: 《人格权各论》, 第457页; *张红*: 法人名誉权保护中的利益平衡, 《法学家》2015年第1期, 第88页。

587 *李国民*: 我国法院审判评论侵权案件总体情况的统计分析, 载徐迅主编: 《新闻(媒体)侵权研究新论》, 第116页以下。

4.2.2 Zulässigkeit der negativen Bewertungen auf Bewertungsportalen

Negative Bewertungen auf Bewertungsportalen oder Kauf- und Buchungsportalen mit Bewertungsfunktion, wie Amazon oder Tripadvisor, ähneln den allgemeinen Geschäftskritiken im Internet in vielen Aspekten. Der Normalfall ist, dass der Bewertende seine negative Bewertung von Produkten oder Dienstleistungen des bewerteten Unternehmens auf Bewertungsportalen wie andere Kritiker auch veröffentlicht. Deshalb sollen die oben dargestellten Regeln, die bei der Begründung der Haftung des Kritikers im Fall allgemeiner Geschäftskritiken gelten, auch bei der Begründung der Haftung des Bewertenden im Falle negativer Bewertungen auf Bewertungsportalen Anwendung finden.

4.2.2.1 Zulässigkeit der Bewertungen nach deutschem Recht

In Deutschland tendiert die Rechtsprechung dazu, den Bewertern einen großen Spielraum einzuräumen und damit den Raum der zulässigen Bewertungen immer weiter auszudehnen.[588] Demnach ist eine negative Bewertung stets zulässig, sofern sie keine Schmähkritik oder unwahre Tatsachenbehauptung darstellt.[589] Der Rechtsprechung nach liegt aber eine Schmähkritik nur selten vor, wenn z.B. die Bezeichnung eines Hotels als „Hühnerstall“[590] und die Bezeichnung eines Produktes zur Energieeinsparung mit Attributen wie „Schwindel“ und „Betrug“[591] noch als zulässig angesehen werden.

Allerdings gibt es offensichtlich einen Unterschied zwischen den allgemeinen Geschäftskritiken im Internet und den negativen Bewertungen auf Bewertungsportalen: Der Bewertende kann seine Bewertung erst nach einer erfolgten Vertragsabwicklung abgeben. Das bedeutet, dass er tatsächlich Erfahrungen mit den Produkten oder Dienstleistungen des bewerteten Unternehmens gemacht hat. Aufgrund dessen wird in der Rechtsprechung eine andere Grenze für die Meinungsfreiheit des Bewerters gezogen, und zwar die, dass die beanstandete (negative) Bewertung ein Mindestmaß an Wahrhaftigkeit haben muss.[592] Danach wird

---

588 Vgl. BVerfG NJW 2016, 3362; BGH NJW 2016, 2106 – „Ärztebewertungsportal III“; OLG Hamburg MMR 2012, 605; *Petruzzelli*, MMR 2017, 800, 800; *Breun-Goerke*, WRP 2017, 383, 383 f.

589 BGH NJW 2008, 2110, 2115; *Vonhoff*, MMR 2012, 571, 571; *Hoeren*, CR 2005, 498, 500.

590 Vgl. OLG Stuttgart MMR 2014, 203.

591 Vgl. BGH NJW 2015, 773 – „Hochleistungsmagneten“.

592 BGH NJW 2016, 2106 Rn. 43 – „Ärztebewertungsportal III“; *Hoeren*, CR 2005, 498, 500 ff.

in der Ärztebewertungsportal-III-Entscheidung des BGH gefordert, dass der Bewertende den angeblichen Behandlungskontakt möglichst genau beschreiben und ggf. im Moderationsverfahren die den Behandlungskontakt belegenden Unterlagen, wie Rechnungen, Terminkarten, Bonushefte, Rezepte o.Ä. vorlegen muss, obwohl seine negativen Bewertungen keinen Hinweis auf unwahre Tatsachenbehauptungen beinhalten.[593]

Diese Einschränkung in Bezug auf die Meinungsfreiheit des Bewertenden ist durchaus unproblematisch übertragbar auf andere Bewertungsportale.[594] Bei der Beurteilung der Zulässigkeit einer negativen Bewertung auf Bewertungsportalen, etwa Amazon oder Tripadvisor, sollte der Bewertende demnach dazu verpflichtet werden, nicht nur die Inanspruchnahme der Dienstleistungen möglichst genau zu beschreiben, sondern diese auch ggf. im Moderationsverfahren durch Vorlage von Rechnungen, Auftragsbestätigungen, Vorträgen, Lieferscheinen o.Ä. nachzuweisen.[595] Denn sonst muss der Bewertete die beanstandeten negativen Bewertungen nicht hinnehmen.

4.2.2.2 Zulässigkeit der Bewertungen nach chinesischem Recht

Im chinesischen Recht finden die oben dargestellten zwei Kriterien, die für die Beurteilung der Zulässigkeit allgemeiner Geschäftskritiken gelten, bei der Beurteilung negativer Bewertungen auf Internetplattenformen ebenso Anwendung. Demnach ist eine negative Bewertung zulässig, wenn sie keine unwahre Tatsachenbehauptung enthält und sachgerecht und auch angemessen ist.

Angesichts derselben Tatsache, dass der Bewertende im Regelfall ein Verbraucher ist, hat das OVG die strengen Anforderungen an die letzte Voraussetzung, und zwar die Angemessenheit der Geschäftskritik, gelockert. Gemäß Art. 9 Abs. 1 S. 1 der Interpretation von 1998 ist es zulässig, wenn die Verbraucher die Produkte oder Dienstleistungen des Herstellers oder Anbieters kritisieren oder bewerten. Damit meint das OVG, dass eine ungünstige Bewertung nur unzulässig ist, wenn der Bewertende mit dieser Bewertung den Geschäftsruf des Bewerteten vorsätzlich beeinträchtigen will. Das OVG hat ferner darauf hingewiesen, dass eine vorsätzliche Beeinträchtigung nicht in Fällen dieser

---

593 BGH NJW 2016, 2110 Rn. 43 – „Ärztebewertungsportal III“. In diesem Fall hat der BGH die Verpflichtung zur Prüfung der Sachlichkeit der beanstandeten Bewertung auf den Portalbetreiber abgewälzt. Danach kann der Portalbetreiber bei der Durchführung des sog. Moderationsverfahrens vom Bewerteten fordern, den angeblichen Geschäftskontakt nachzuweisen.

594 *Höch*, BB 2016, 1475, 1479; *Herrmann/Schwarz*, WRP 2016, 736, 738 Rn. 20.

595 *Höch*, BB 2016, 1475, 1479.

Art angenommen werden soll, in denen der Bewertende die beanstandete Bewertung überspitzt oder scharf formuliert.[596] Durch diese Ausführung ist die Intention des OVG offensichtlich. Demnach sind überspitzte oder scharf formulierte Negativbewertungen grundsätzlich immer zulässig. Ein gutes Beispiel dafür ist, dass die Bezeichnung „Schwindel“ oder „Schwindler“ im Falle ungünstiger Bewertungen auf Internetplattformen normalerweise nicht mehr unzulässig ist.[597] Eine negative Bewertung auf einer Internetplattenform ist im chinesischen Recht erst unangemessen, wenn sie in den Augen des Richters über eine sachliche negative Bewertung hinausgeht und einen Angriff auf die Person des Bewerteten darstellt.[598] Zu betonen ist jedoch auch, dass das OVG immer noch an der ersten Voraussetzung, d.h. der Wahrheit der zugrunde liegenden Tatsache, festhält.[599]

Die Gründe für die Lockerung der Anforderung an die Angemessenheit liegen nach der Auffassung des OVG darin, dass erstens der Verbraucher im Regelfall nicht in der Lage ist, die Richtigkeit der einer negativen Bewertung zugrunde liegenden Tatsachen wie die Geschäftskritiker zu überprüfen, und dass zweitens die aus einer negativen Kundenbewertung resultierenden Schäden i.d.R. geringer als die durch eine ungünstige allgemeine Geschäftskritik verursachten sind.[600]

Mit der Einführung der Anforderung an die Wahrhaftigkeit einer Bewertung im deutschen Recht und der Lockerung der Anforderung an die Angemessenheit im chinesischen Recht stimmt die Einstellung des OVG zum

596 *梁书文*:《最高人民法院关于审理名誉权案件若干问题的解释》的理解与适用, 中国人大网, http://www.npc.gov.cn/huiyi/lfzt/qqzrfca/2008-12/21/content_1462860.htm, 最后访问日期: 2019年4月26日。

597 Vgl. 北京市第三中级人民法院(2016)京03民终849号民事判决书; 北京市第二中级人民法院(2013)二中民终字第16298号民事判决书。Die Bezeichnung “Profitmacher” ist aber grundsätzlich noch unzulässig. Dazu 成都市中级人民法院(2016)川01民终7522号民事判决书; ähnlich: 佛山市中级人民法院(2016)粤06民终1921号民事判决书;

598 Vgl. 北京市第三中级人民法院(2016)京03民终849号民事判决书; 北京市第三中级人民法院(2014)三中民终字第04050号民事判决书; 北京市第二中级人民法院(2013)二中民终字第16298号民事判决书; 广州市中级人民法院(2007)穗中法民一终字第3328号民事判决书; 南京市中级人民法院(2006)宁民一终字1736号民事判决书。

599 Vgl. 广东省高级人民法院(2009)粤高法审监民提字第266号民事判决书; 北京市第三中级人民法院(2018)京03民终3604号民事判决书; 成都市中级人民法院(2016)川01民终7522号民事判决书。

600 *梁书文*:《最高人民法院关于审理名誉权案件若干问题的解释》的理解与适用, 中国人大网, http://www.npc.gov.cn/huiyi/lfzt/qqzrfca/2008-12/21/content_1462860.htm, 最后访问日期: 2019年4月26日。

Unternehmensschutz gegen ungünstige Bewertungen auf Internetplattenformen weitgehend mit der des BGH überein. Dieser Auffassung nach soll der Betroffene grundsätzlich negative Bewertungen auf Internetplattformen hinnehmen, sofern sie keine unwahre Tatsachenbehauptungen enthalten und keine Schmähkritiken darstellen.

4.2.3 Zulässigkeit eines Boykottaufrufs im Internet

Das Internet hat dem Boykottaufruf oder anderen Aufrufen mit ähnlicher Wirkung neue Möglichkeiten geschaffen. Denn auch ohne das Austeilen von Flugblättern und ohne das Organisieren eines Straßenprotests kann ein Boykottaufruf bereits bloß durch eine Mitteilung auf einer Internetseite[601] oder in den sozialen Medien[602] eintreten. Im Folgenden wird die Haftungsbegründung des Boykottveranstalters sowohl im deutschen und als auch im chinesischen Recht dargestellt.

4.2.3.1 Zulässigkeit eines Boykottaufrufs nach deutschem Recht

Für einen Boykottfall gelten im deutschen Recht vorrangig die wettbewerbsrechtlichen Spezialregelungen, wie §§ 19 Abs. 1, 21 Abs. 1 GWB oder §§ 4 Nr. 4, 3 Abs. 1 UWG, soweit die dort vorgeschriebenen Voraussetzungen jeweils vorliegen.[603] Anderenfalls wird er überwiegend als ein Eingriff in das Recht am Gewerbebetrieb i.S.d. § 823 Abs. 1 BGB angesehen.[604] Daher hängt die Haftungsbegründung des Boykottaufrufers ebenso hauptsächlich davon ab, ob der beanstandete Boykottaufruf rechtswidrig ist. Da der Boykottaufruf als Meinungsäußerung auch in den Schutzbereich der Meinungsfreiheit i.S.d. Art. 5 Abs. 1 S. 1 GG fällt, kann seine Zulässigkeit ebenso erst nach einer umfassenden Interessenabwägung bestimmt werden, sofern keine Schmähkritik oder Prangerwirkung vorliegt.[605] Bei der Interessenabwägung sind insbesondere die Richtigkeit der enthaltenen

---

601 Vgl. BGH NJW 2016, 1584 – „Nerzquäler".

602 Vgl. OLG Dresden MMR 2015, 552 – „Boykottaufruf via Twitter".

603 Vgl. Müko/*Wagner*, BGB, § 823 Rn. 352; Staudinger/*Hager*, BGB, § 823 Rn. D38; *Beater*, Medienrecht, Rn. 1743.

604 Staudinger/*Hager*, BGB, § 823 Rn. D39.

605 BVerfG NJW 1969, 1161, 1161 – „Fall Blinkfüer"; BVerfG NJW 1983, 1181, 1981; BVerfG NJW-RR 2008, 200, 201 – „Plakatieren für Scientology-Bewegung"; BGH NJW-RR 2014, 1508 Rn. 17 – „Aufruf zur Kontokündigung"; BGH NJW 2016, 1584 Rn. 21 – „Nerzquäler" m. Anm. *Hager*; Staudinger/*Hager*, BGB, § 823 Rn. D40.

Tatsachen, die Motive des Aufrufers, das eingesetzte Mittel und ferner die Verhältnismäßigkeit des Boykottaufrufs zu berücksichtigen.

a) Richtigkeit der enthaltenen Tatsachen

Das Boykottziel wird erst erfüllt, wenn die Adressaten den Aufruf befolgen. Daher ist der Boykottaufruf nur deswegen zulässig, weil die Adressaten die Entscheidung, also die Befolgung des Aufrufs, aus innerer Freiheit heraus und aus eigener Überzeugung treffen.[606] Um dies zu gewährleisten, dürfen zuallererst die Adressaten nicht getäuscht werden.[607] Sie werden aber dann getäuscht, wenn die Boykottaufforderung unwahre Tatsachenbehauptungen enthält.

An dieser Stelle ist zunächst zu prüfen, ob die Grundlage des Boykottaufrufs eine unwahre Tatsachenbehauptung ist. Ein Boykottaufruf ist unzulässig, wenn er sich auf unwahren Tatsachen basiert. Unwahre Tatsachen führen dann nicht zur Rechtswidrigkeit des Boykottaufrufs, wenn sie nicht die Grundlage des Boykotts sind.[608] Das ist der Fall, wenn der Veranstalter zur Verwirklichung des Vorsorgeprinzips zum Boykott des Betroffenen aufruft, um die Versenkung einer Plattform in der Nordsee zu verhindern, er aber später unzutreffend behauptet, dass sich neben 130 Tonnen Ölschlamm noch weitere 5500 Tonnen Öl als Schadstoff in einer Plattform befänden. Grundlage der Kampagne ist in diesem Fall die Verwirklichung des Vorsorgeprinzips. Deshalb ist die oben genannte unwahre Tatsache für den Boykott ursächlich und führt nicht zur Rechtswidrigkeit der Aufforderung.[609]

In diesem Fall soll richtigerweise weiter geprüft werden, ob der Aufrufer die Unrichtigkeit der begleitenden Tatsachenbehauptung erkennen muss, nämlich ob er bei der Ermittlung der objektiven Wahrheit der behaupteten Tatsachen seine Sorgfaltspflicht erfüllt hat. Der Boykottaufruf könnte ebenfalls unzulässig sein, wenn er die Unrichtigkeit seiner Behauptung bereits erkenne oder er erhebliche Zweifel an deren Richtigkeit habe.[610]

---

606 BVerfGE 25, 256, 264 f. = NJW 1969, 1611 – „Fall Blinkfüer"; BVerfG NJW-RR 2008, 200, 201 – „Plakatieren für Scientology-Bewegung"; BGH NJW-RR 2014, 1508 Rn. 24 – „Aufruf zur Kontokündigung"; BGH NJW 2016, 1584 Rn. 23 – „Nerzquäler" m. Anm. *Hager*.

607 *Möllers*, NJW 1996, 1374, 1376.

608 Vgl. BGH NJW 1984, 1607, 1610; *Möllers*, NJW 1996, 1374, 1376.

609 *Möllers*, NJW 1996, 1374, 1376.

610 *Möllers*, NJW 1996, 1374, 1676; *Stein*, S. 96.

b) Motive des Boykottaufrufers

Für die Abwägung sind demnach die Motive und – damit verknüpft – das Ziel und der Zweck des Boykottaufrufers wesentlich.[611] In diesem Punkt wird eigentlich ermittelt, welches Ziel der Boykottaufrufer mit der Aufforderung erreichen will. Genauer: Verfolgt er mit einem Boykottaufruf eigene oder fremde wirtschaftliche Interessen oder politische, wirtschaftliche, soziale oder kulturelle Interessen der Allgemeinheit? Nach der Rechtsprechung wird ein Boykottaufruf von der Meinungsfreiheit i.S.d. Art. 5 Abs. 1 S. 1 GG nur geschützt, wenn dieser mit der Sorge um politische, wirtschaftliche, soziale oder kulturelle Belange der Allgemeinheit begründet wird.[612]

Dies bedeutet jedoch nicht, dass ein Boykottaufruf stets unzulässig ist, sofern der Veranstalter damit eigene oder fremde wirtschaftliche Interessen verfolgt.[613] Hierfür gilt der Grundsatz: Je stärker der Aufrufer wirtschaftliche Interessen verfolgt, desto mehr muss er hinter den betroffenen Interessen zurücktreten.[614] Daher gilt: Wenn mit dem Aufruf ein die Öffentlichkeit wesentlich berührendes Anliegen thematisiert wird und wirtschaftliche Folgen nur als Nebeneffekt des Boykottaufrufs eintreten, selbst wenn diese mit beabsichtigt sind, ist die Boykottaufforderung grundsätzlich auch noch zulässig.[615] Ein Boykottaufruf ist aber dann ohne Weiteres unzulässig, wenn das von ihm betroffene Thema keinen Beitrag für den geistigen Meinungskampf leistet und er vorwiegend als Mittel zum Zweck der Förderung privater Wettbewerbsinteressen eingesetzt wird.[616]

---

611 BGH NJW 2016. 1584 Rn. 23 – „Nerzquäler“ m. Anm. *Hager*.

612 BVerfGE 25, 256, 264 = NJW 1969, 1611 – „Fall Blinkfüer“; BVerfG NJW-RR 2008, 200, 201 – „Plakatieren für Scientology-Bewegung“; BGH NJW-RR 2014, 1508 Rn. 24 – „Aufruf zur Kontokündigung“; BGH NJW 2016, 1584 Rn. 23 – „Nerzquäler“ m. Anm. *Hager*.

613 BGH NJW 2016, 1584 Rn. 24 – „Nerzquäler“ m. Anm. *Hager*.

614 BVerfGE 25, 256, 265 = NJW 1969, 1611 – „Fall Blinkfüer“; *Ast/Klocke*, VuR 2016, 410, 410 f.

615 BVerfG NJW-RR 2008, 200, 201 f. – „Plakatieren für Scientology-Bewegung“; BGH NJW 2016, 1584 Rn. 24 – „Nerzquäler“ m. Anm. *Hager*.

616 BVerfGE 25, 256, 264 = NJW 1969, 1611 – „Fall Blinkfüer“; BVerfG NJW 1992, 1153, 1154; BGH NJW-RR 2014, 1508 Rn. 25 – „Aufruf zur Kontokündigung“; BGH NJW 2016, 1584 Rn. 24 – „Nerzquäler“ m. Anm. *Hager*; Dreier/*Schulze-Fielitz*, GG, Art. 5 I, II Rn. 163; Wenzel/*Burkhardt/Peifer*, Kap. 10 Rn. 139; *Möllers*, NJW 1996, 1374, 1375; *Hufen*, JuS 2016, 1149, 1150.

c) *Eingesetzte Mittel*

Die Darstellung oben zeigt, dass in den meisten Fällen die Unzulässigkeit eines Boykottaufrufs nicht unproblematisch lediglich anhand des Motivs, Ziels und Zwecks des Aufrufers bestimmt werden kann. Daher ist noch ein Beurteilungskriterium zu berücksichtigen, und zwar die Zulässigkeit der eingesetzten Mittel. Hier wird nur die Zulässigkeit der Mittel des Boykotts, die gegen den Adressaten angewendet werden, geprüft.[617]

Der Boykottaufruf ist nur deswegen zulässig, weil die Adressaten – wie bereits erwähnt – die Entscheidung, d.h. die Befolgung des Aufrufs, aus innerer Freiheit und aus eigener Überzeugung treffen. An dieser Stelle wird deshalb geprüft, ob neben der Aufforderung zusätzlich noch verfassungsrechtlich nicht zu billigende Machtmittel eingesetzt werden. Dazu gehören die Mittel, die den Bereich freier, geistiger Auseinandersetzung verlassen und den Adressaten die Möglichkeit nehmen, anhand einer freien Willensentschließung darüber zu befinden, ob sie dem Aufruf folgen wollen. Daher sind die Einsetzung der Androhung oder Ankündigung schwerer Nachteile und die Ausnutzung sozialer oder wirtschaftlicher Abhängigkeit unzulässig, da dadurch die Entscheidungsfreiheit der Adressaten beraubt und die gewünschte Meinung erzwungen wird.[618] Unzulässig ist ebenfalls die Gewährung geschäftlicher oder sozialer Vorteile.[619] Zulässig ist nur, wenn ein Boykott durch die Autorität einer sozial mächtigen Person oder Gruppe Nachdruck verliehen wird.[620]

Zu beachten ist aber, dass die Ausübung von wirtschaftlichem oder sozialem Druck nicht schon von vornherein unzulässig ist.[621] Entscheidend ist vielmehr, ob dieser Druck innerhalb oder außerhalb des geistigen Meinungskampfes eingesetzt wird und ob die Macht der Argumente oder die Macht des Drucks die Entscheidung des Aufgerufenen wesentlich bestimmt.[622] Eigentlich führt nur Letzteres zur Unzulässigkeit des Boykottaufrufs. Daher ist der Boykottaufruf einer Jugendorganisation einer Partei gegen die Inhaberin der Nutzungsrechte

---

617 *Möllers*, NJW 1996, 1374, 1376. A.A. *Larenz/Canaris*, Schuldrecht II/2, § 81 III 3.

618 BVerfGE 25, 256, 265 f. = NJW 1969, 1161 – „Blinkfüer"; BVerfGE 62, 230, 246, 248 = NJW 1983, 1181; BGH NJW 2016, 1584 Rn. 28 – „Nerzquäler" m. Anm. *Hager*; Dreier/*Schulze-Fielitz*, GG, Art. 5 I, II Rn. 73; Götting/Schertz/Seitz/*Wegner*, § 32 Rn. 159; *Lerche*, FS Müller, 1970, 197, 209.

619 *Beater*, Medienrecht, Rn. 1746.

620 Staudinger/*Hager*, BGB § 823 Rn. D43.

621 Vgl. BGH NJW 2016, 1584 Rn. 29 – „Nerzquäler" m. Anm. *Hager*.

622 BGH NJW 2016, 1584 Rn. 29 – „Nerzquäler" m. Anm. *Hager*; *Lerche*, FS Müller, 1970, 197, 209; *Ast/Klocke*, VuR 2016, 410, 411.

zum Vertrieb der Werke eines amerikanischen Schriftstellers zulässig, selbst wenn sie einen potenziellen Geschäftspartner des Boykottierten dazu aufgerufen hat, ihr keine Werbefläche zu vermieten.[623]

d) Verhältnismäßigkeit des Boykottaufrufs

Für die Zulässigkeit eines Boykotts ist auch seine Verhältnismäßigkeit maßgeblich. D.h., ein Boykott ist der Rechtsprechung nach nur zulässig, wenn die Verfolgung der Ziele des Aufrufs das Maß der nach den Umständen notwendigen und angemessenen Beeinträchtigung des Betroffenen nicht überschreitet.[624] Unter diesem Punkt werden die Wahl des zu Recht Boykottierten, die Mittel des Aufrufers gegenüber dem Boykottierten und die Verhältnismäßigkeit im engeren Sinne geprüft.[625]

Zunächst ist es fraglich, ob ein Boykottaufruf noch zulässig ist, wenn er sich auf jemanden richtet, der das Boykottziel überhaupt nicht erreichen kann. So ist im Nerzquäler-Fall der Verein, der die Interessen von Pelztierzüchtern vertritt, nicht in der Lage, die Haltung von Nerzen zu verhindern.[626] Der herrschenden Ansicht nach ist ein Boykott aber auch zulässig, wenn der Boykottierte aus der Sicht des objektiven Empfängerhorizonts der Adressaten das Boykottziel zumindest mittelbar verwirklichen kann. Das kann derjenige sein, der rechtlich oder faktisch Einfluss auf das Boykottziel und damit den eigentlichen Gegner nehmen kann.[627] Demnach ist der Verein im Nerzquäler-Fall auch der zu Recht Boykottierte. Zu beachten ist hier, dass der Boykottierte rechtlich oder faktisch die Entscheidung des richtigen Gegners beeinflussen kann. Umgekehrt ist es dann unrichtig, wenn er nur irgendwie in Beziehung zum Boykottziel gesetzt werden kann. Das ist bspw. der Fall, wenn französischen Lebensmittelhersteller boykottiert werden, um den französischen Staatspräsidenten zu veranlassen, auf unterirdische Atomversuche zu verzichten.[628]

---

623 Vgl. BVerfG NJW-RR 2008, 200, 202 – „Plakatieren für Scientology-Bewegung“.

624 BVerfGE 7, 198, 215 = NJW 1958, 257 – „Lüth“; BVerfG NJW 1992, 1153, 1154; BGH NJW-RR 2014, 1508 Rn. 25; BGH NJW 2016, 1584 Rn. 32 – „Nerzquäler“ m. Anm. *Hager*.

625 *Möllers*, NJW 1996, 1374, 1376.

626 Vgl. BGH NJW 2016, 1584 – „Nerzquäler“ m. Anm. *Hager*. In diesem Fall nimmt der klagende Verein, der die Interessen von Pelztierzüchtern vertritt, den beklagten Verein, der sich für Belange des Tierschutzes einsetzt, auf Unterlassung einer im Internet veröffentlichten Meldung betreffend einen Aufruf zur Kontokündigung in Anspruch.

627 BGH NJW 2016, 1584 Rn. 33 – „Nerzquäler“ m. Anm. *Hager*; Müko/*Wagner*, BGB, § 823 Rn. 351; Staudinger/*Hager*, BGB, § 823 Rn. D37; *Möllers*, NJW 1996, 1374, 1377.

628 *Möllers*, NJW 1996, 1374, 1377.

Selbst wenn der Boykott sich auf einen zu Recht Boykottierten richtet, wird ferner wegen des besonderen Zerstörungspotenzials von Boykotten[629] in der Rechtsprechung geprüft, ob die Verfolgung der Ziele des Aufrufers die nach den Umständen notwendige und angemessene Beeinträchtigung des Betroffenen überschreitet.[630] D.h., der Boykottaufruf als Mittel soll zur Erreichung des Ziels des Aufrufers verhältnismäßig sein. Wenn der Aufrufer sich lediglich an das Verantwortungsgefühl der Adressaten anwendet und sich derart auf die geistige Einflussnahme und Überzeugung beschränkt, ist der Boykott stets als verhältnismäßig anzusehen.[631] Anerkannt ist auch, wenn er Machtmittel einsetzt, wie die Ausdehnung des Boykotts auf einen Geschäftspartner des Boykottierten, um der Aufforderung Nachdruck zu verleihen, soweit eine derartige Ausdehnung auf weitere Geschäftspartner nicht ersichtlich ist.[632] Unzulässig ist aber der Aufruf zu einem organisierten und rechtswidrigen oder vertragswidrigen Verhalten, z.B. Vertragsbruch.[633]

4.2.3.2 Zulässigkeit des Boykottaufrufs nach chinesischem Recht

In der chinesischen Rechtspraxis gibt es bisher nur Boykotte, die entweder von Wirtschaftsverbänden oder von den Verbrauchern selbst organisiert werden. Für die von Wirtschaftsverbänden organisierten Boykotte findet § 13 Abs. 1 Nr. 5 oder § 17 Abs. 1 Nr. 3, 4 des chinesischen Antimonopolgesetzes jeweils vorrangig Anwendung, wenn ein Wettbewerbsverhältnis zwischen dem Boykottveranstalter und Boykottierten besteht oder der Boykottveranstalter seine marktbeherrschende Stellung missbraucht.[634] In einem von den Verbrauchern

629 *Beater*, Medienrecht, Rn. 1746.

630 Vgl. BVerfG NJW-RR, 2008, 200, 201 – „Plakatieren für Scientology-Bewegung"; BGH NJW 2016, 1584 Rn. 35 – „Nerzquäler" m. Anm. *Hager*; kritisch zur Anwendung des Grundsatzes der Verhältnismäßigkeit: Staudinger/*Hager*, BGB, § 823 Rn. D40; *Hager*, JA 2016, 546, 548.

631 BVerfGE 25, 256, 257; *Ast/Klocke*, VuR 2016, 410, 411.

632 Vgl. BGH NJW-RR 2014, 1508 Rn. 28 – „Aufruf zur Kontokündigung"; BGH NJW 2016, 1584 Rn. 36 – „Nerzquäler" m. Anm. *Hager*.

633 Vgl. BVerfG NJW 1989, 381, 382 – „Mietboykott".

634 Vgl. *焦海涛*: 行业协会的反垄断法主体地位,《法学》2016年第7期, 第152页以下; *侯利阳*: 垄断行为类型化中的跨界行为,《中外法学》2016年第4期, 第1043页; *李剑*: 论联合抵制交易的违法性判断标准,《当代法学》2009年第3期,第104页; *王长秋*: 中国市场中联合抵制的反垄断法规制,《河南师范大学学报(哲学社会科学版)》2005年第6期, 第115页。

selbst organisierten Boykott sieht das chinesische Gericht einen Eingriff in das Recht der juristischen Person auf ihren Ruf.[635]

Im Fall dieser Art behandelt das chinesische Gericht den Boykottaufruf nicht als eine besondere geschäftsschädigende Äußerung, sondern als Art und Weise, wodurch die Verbraucher ihre Unzufriedenheit mit den Produkten oder Dienstleistungen des Betroffenen zeigen wollen. Aufgrund dessen gehört der Boykottaufruf eigentlich zu den negativen Bewertungen der Verbraucher im chinesischen Recht. Diesem Gedanken des chinesischen Gerichts nach wäre ein Boykottaufruf wahrscheinlich als allgemeine Geschäftskritik im chinesischen Recht zu betrachten, wenn er von einem Verbraucherverband bzw. einem Umweltschutz- oder Tierschutzverband an den Verbraucher gerichtet wäre.

Im chinesischen Recht kommen die oben dargestellten Regeln, die für die Beurteilung der Zulässigkeit negativer Bewertungen der Verbraucher gelten, in Boykottfällen zur entsprechenden Anwendung. Danach prüft das chinesische Gericht zunächst immer, ob die dem Aufruf zugrunde liegenden Tatsachen wahr sind. Sodann wird die Angemessenheit des Aufrufs geprüft. Währenddessen wird z.B. geprüft, ob der Boykottaufruf überspitzte oder scharfe Formulierungen enthält, ob der Aufruf eine Beleidigung ist und ob die daraus resultierenden Beeinträchtigungen das nach den Umständen notwendige Maß überschreiten.[636] Ein Verstoß könnte dem oben dargestellten Forschungsergebnis nach zur Unzulässigkeit des Boykottaufrufs führen.

Bei der Beurteilung der Angemessenheit des Boykottaufrufs als Art, wodurch die Verbraucher ihre Unzufriedenheit zeigen wollen, vertritt das chinesische Gericht den Standpunkt, dass der Betroffene zwar den auf wahren Tatsachen beruhenden Boykottaufruf hinnehmen soll. Der Boykottaufruf als solcher und andere Handlungen der Verbraucher, wie Austeilung von Flugblättern oder Organisation eines Protests auf der Straße, sind allerdings in den Augen des Gerichts nicht einwandfrei. Die Verbraucher sollen der Auffassung des Gerichts nach zunächst versuchen, die Streitigkeit entweder durch eine Verhandlung mit den Verkäufern oder durch ein Gerichtsverfahren zu lösen.[637] Die Ausführungen

635 Vgl. 东莞市中级人民法院(2016)粤19民终1832号民事判决书; 东莞市中级人民法院(2016)粤19民终1929号民事判决书。

636 Vgl. 东莞市中级人民法院(2016)粤19民终1832号民事判决书; 东莞市中级人民法院(2016)粤19民终1929号民事判决书; *裘石*: 企业法人名誉权保护专题研讨会综述, 《法学》2005年第3期, 第122页以下。

637 Vgl. 东莞市中级人民法院(2016)粤19民终1832号民事判决书; 东莞市中级人民法院(2016)粤19民终1929号民事判决书。

des Gerichts können aber auch dahingehend verstanden werden, dass bei der Lösung einer Streitigkeit mit dem Betroffenen die Boykottmaßnahme das letzte Mittel sein soll. Die Verbraucher sind demnach verpflichtet, zuerst schonende Mittel einzusetzen.

Trotz der Beurteilung der Zulässigkeit des Boykottaufrufs im Rahmen der negativen Bewertungen der Verbraucher im chinesischen Recht bestehen noch einige Gemeinsamkeiten mit der deutschen Rechtspraxis. Zunächst spielen die Tatsachenbehauptungen, auf die ein Boykott basiert, bei der Beurteilung der Zulässigkeit des beanstandeten Aufrufs immer eine wichtige Rolle, insbesondere wenn die beiden in einem ursächlichen Zusammenhang stehen. Zu beachten ist aber, dass angesichts der Auffassung des chinesischen Gerichts über die Beziehung zwischen Tatsachenbehauptung und Werturteil[638] die Unwahrheit der einen Aufruf begleitenden Tatsachenbehauptungen grundsätzlich auch zur Unzulässigkeit des Aufrufs im chinesischen Recht führen kann. Zweitens ist ein Boykottaufruf im deutschen und auch chinesischen Recht unzulässig, wenn er mit Schmähkritik verbunden ist. Drittens gilt der sog. Verhältnismäßigkeitsmaßstab bei der Beurteilung der Zulässigkeit eines Boykottaufrufs in der deutschen und chinesischen gerichtlichen Praxis.

Ein Unterschied besteht aber darin, dass das chinesische Gericht die Prüfung der Zulässigkeit der verfolgten Ziele des Boykottaufrufers sowie der von ihm eingesetzten Mittel unterlässt. Der Grund dafür dürfte sein, dass in der chinesischen Rechtspraxis wahrscheinlich angenommen wird, dass die vom Aufrufer verfolgten Ziele grundsätzlich zulässig sind und er bei der Erreichung solcher Ziele nicht in der Lage ist, unzulässige Mittel einzusetzen. Denn der Boykottaufrufer ist, wie bereits erwähnt, in der chinesischen Rechtspraxis im Regelfall ebenfalls ein Verbraucher. Es besteht normalerweise keine wirtschaftliche oder soziale Abhängigkeit zwischen zwei Verbrauchern.

4.2.4 Zulässigkeit ungünstiger Testberichte auf Online-Vergleichsportalen

4.2.4.1 Zulässigkeit eines Testberichts nach deutschem Recht

Ein Produkt-/Dienstleistungsvergleich ist kein neues Phänomen. Die Digitalisierung und die Vernetzung haben aber ebenfalls neue Möglichkeiten dafür geschaffen.[639] Bei Vergleichsportalen geht es jedenfalls in erster Linie nicht um

638 Dazu siehe Kap. 4 4.2.2.

639 Dazu siehe *Alexander*, WRP 2018, 765, 765.

die Bewertung eines Angebotes, sondern um die Markttransparenz und die Verbraucheraufklärung, aufgrund dessen Kunden Entscheidungen darüber treffen können, bei welchem Anbieter sie eine Dienstleistung in Anspruch nehmen wollen oder eine Ware kaufen wollen.[640] Unter diesem Gesichtspunkt sollten die Online-Vergleichsportale mit der Stiftung Warentest gleichzusetzen sein, da sie, wie bereits erwähnt, ebenfalls vor allem der Markttransparenz und damit dem Verbraucherschutz dienen.[641] Daher hängt die Zulässigkeit der ungünstigen Testberichte auf Online-Vergleichsportalen im Wesentlich ebenfalls davon ab, ob die dem Bericht zugrunde liegende Untersuchung neutral, objektiv und sachlich durchgeführt wird.[642]

Zu betonen ist aber, dass lediglich die Zulässigkeit ungünstiger Testberichte der „neutralen" Vergleichsportale in diesem Teil der Arbeit untersucht wird. Denn die Tätigkeiten der „nicht neutralen" Online-Vergleichsportale, die keinen rein privaten, altruistischen oder redaktionellen Zweck – z.B. Erhalten einer Provision für jede Vertragsvermittlung[643] – verfolgen, unterfallen bereits dem Anwendungsbereich des UWG.[644]

a) Neutralität

Produkt- und Dienstleistungsvergleiche sollen unparteiisch durchgeführt werden, damit eine unbeeinflusste objektive Beurteilung gewährleistet ist.[645] Nach dem Neutralitätskriterium soll der Testveranstalter zu allen Anbietern des getesteten Angebotes in einem von Gleichbehandlung und Unabhängigkeit geprägten Äquidistanzverhältnis stehen und ohne Rücksicht auf die Interessen der Anbieter des getesteten Angebots oder sonstiger fremder Anliegen richtig und

640 *Breun-Goerke*, WRP 2017, 383, 386.

641 KG VuR 2006, 484, 484; in diesem Sinne auch Wenzel/*Burkhardt/Peifer*, Kap. 10 Rn. 79; *Ahrens*, FS Ullmann, 565, 568; zum Preisvergleichsportal: *Franz*, WRP 2018, 20, 27 f.; zum Unternehmensrating: *Däubler*, BB 2003, 429, 432; *Arntz*, BKR 2012, 89, 94; zum Vergleich von Arzneimitteln: *Degenhart*, PharmR 2010, 261, 270. A.A. *Alexander*, WRP 2018, 765, 767 f.

642 Wenzel/*Burkhardt/Peifer*, Kap. 10 Rn. 68; *Franz*, WRP 2018, 20, 28; *ders.*, WRP 2015, 1425, 1426.

643 Vgl. BGH GRUR 2017, 1265 – „Preisportal" m. Anm. *Eckel*.

644 *Alexander*, WRP 2018, 765, 767; *Franz*, WRP 2018, 20, 28; *Vollmer*, EnWZ 2015, 457, 460.

645 *Paschke/Grell*, K&R 2000, 125, 128; *Hefemehl*, GRUR 1962, 611, 612, 614; *Bofinger*, NJW 1965, 1833, 1834.

sachgerecht vorgehen.[646] Das Fehlen der Neutralität ist danach im Regelfall zu bejahen, wenn ein Anbieter des getesteten Produkts personell oder wirtschaftlich mit dem Testveranstalter verflochten ist.[647]

Die strengen Anforderungen an die Neutralität der Produkt- und Dienstleistungsvergleiche sind aber nach der grundsätzlichen Anerkennung der Zulässigkeit vergleichender Werbung erheblich reduziert. Danach kann ein Testbericht, in dem das Produkt des Testveranstalters einbezogen worden ist, ebenfalls zulässig sein.[648] D.h., von der Unzulässigkeit eines Testberichts lässt sich nicht mehr ohne Weiteres auf das Fehlen der Neutralität bei der Durchführung des Tests schließen.[649] Vielmehr wird bei der Beurteilung der Beachtung des Neutralitätskriteriums geprüft, ob auf alle Umstände, die der Neutralität entgegenstehen, deutlich hingewiesen wird.[650] Demnach wird die Zulässigkeit der Testberichte wegen des Fehlens der Neutralität dann infrage gestellt, wenn der Testveranstalter solche Umstände gar nicht offengelegt hat oder der Hinweis auf solche Umstände nicht deutlich genug ist.

b) Sachkunde

Die Zulässigkeit eines Testberichts setzt weiter voraus, dass der ihm zugrunde liegende Produkt-/Dienstleistungsvergleich sachkundig durchgeführt wird. Auf keinen Fall bedeutet das Sachkundeerfordernis, dass die Person des Testveranstalters eine bestimmte Qualifikation für einen bestimmten Test besitzt oder für die Durchführung des Tests eine bestimmte Ausbildung erforderlich ist.[651] Dies bedeutet, dass die Unzulässigkeit eines Testberichts nicht allein aus dem Fehlen von Kenntnissen und Erfahrungen des Testers abgleitet werden kann.[652] Die Sachkunde erfordert aber andererseits, dass der Testveranstalter geeignete

---

646 Fezer/Büscher/Obergfell/*Franz*, Bd. 1, Zweiter Teil S 8 Rn. 160; *Franz*, WRP 2018, 20, 28; *ders.*, WRP 2015, 1425, 1428.

647 Vgl. OLG München NJW-RR 1997, 1330; OLG Hamburg WRP 1979, 317; LG München I MMR 2008, 491; Wenzel/*Burkhardt/Peifer*, Kap. 10 Rn. 88; *Franz*, WRP 2015, 1425, 1428; *Däubler*, BB 2003, 429, 432; *Paschke/Grell*, K&R 2000, 125, 128.

648 Wenzel/*Burkhardt/Peifer*, Kap. 10 Rn. 86; Fezer/Büscher/Obergfell/*Franz*, Bd. 1 Zweiter Teil S 8 Rn. 161.

649 Wenzel/*Burkhardt/Peifer*, Kap. 10 Rn. 87; Fezer/Büscher/Obergfell/*Franz*, Bd. 1, Zweiter Teil S 8 Rn. 161.

650 Wenzel/*Burkhardt/Peifer*, Kap. 10 Rn. 86; Fezer/Büscher/Obergfell/*Franz*, Bd. 1 Zweiter Teil S 8 Rn. 161; in diesem Sinne auch *Franz*, WRP 2018, 20, 27 f.

651 Wenzel/*Burkhardt/Peifer*, Kap. 10 Rn. 91; *Franz*, WRP 2015, 1425, 1428.

652 Wenzel/*Burkhardt/Peifer*, Kap. 10 Rn. 91.

Prüfeinrichtungen, z.B. Speziallabore, beauftragen muss, wenn er über keine ausreichenden Anlagen verfügt.[653]

Das Kriterium der Sachkunde wird i.d.R. als erfüllt angesehen, wenn der Test nach einer bestimmten Untersuchungsmethode, die anhand den Eigenschaften des jeweils getesteten Produkts erstellt wird, durchgeführt wird.[654] Dazu hat der BGH bereits klargestellt, dass dem Testveranstalter großer Ermessensfreiraum bei der Erstellung der Untersuchungsmethode eingeräumt werden soll.[655] Dies gilt insbesondere, wenn es keine objektive Standarduntersuchungsmethode für einen Test gibt.[656] Der Tester kann sogar von den DIN-Normen oder gesetzlichen Vorschriften abweichen und strengere Maßstäbe anstellen, wenn er dafür stichhaltige Gründe hat, so etwa eine eigentlich einschlägige DIN-Norm sei unzureichend und entspreche nicht mehr heutigen Anforderungen.[657] Dies gilt insbesondere in den Fällen, in denen die betreffende Norm nur Mindestanforderungen enthält und der Testveranstalter mit vertretbaren Gründen strengere Anforderungen aufstellt, insbesondere wenn es sich um die Vermeidung von Gefahren für die Gesundheit und Sicherheit der Verbraucher handelt.[658]

c) Objektivität

Die dritte Voraussetzung der Zulässigkeit eines Testberichts ist die Objektivität. Dies bedeutet, dass der Testveranstalter aufgrund sachgerechter und fairer Verfahren die Richtigkeit des gewonnenen Testergebnisses anstreben muss.[659] Dabei genügt nach Ansicht des BGH schon das Bemühen um objektive Richtigkeit, nicht aber die objektive Richtigkeit.[660]

Ein objektiv richtiges Testergebnis setzt vor allem voraus, dass die Vergleichsobjekte homogene Produkte sind. Die Objektivität bleibt demnach dann außer Betracht, wenn der Testveranstalter „Äpfel mit Birnen“ verglichen hat.[661] Das liegt z.B. vor, wenn er unter dem Blickpunkt der pharmakologischen Wirksamkeit

---

653 OLG München NJW-RR 1997, 1330, 1331; Wenzel/*Burkhardt/Peifer*, Kap. 10 Rn. 93.

654 Vgl. Wenzel/*Burkhardt/Peifer*, Kap. 10 Rn. 92.

655 BGH GRUR 1987, 468, 469 – „Warentest IV“.

656 Zum Restauranttest *Günther*, NJW 2013, 3275, 3277.

657 *Franz*, WRP 2015, 1425, 1429.

658 *Franz*, WRP 2015, 1425, 1429; vgl. OLG Karlsruhe NJOZ 2010, 213.

659 *Franz*, WRP 2015, 1425, 1428.

660 Vgl. BGH NJW 1997, 2593, 2594 – „Warentest VI“; BGH NJW 1987, 2222, 2223 – „Warentest IV“.

661 *Franz*, WRP 2015, 1425, 1429; in diesem Sinne auch *Günther*, NJW 2013, 3275, 3278.

Nahrungsergänzungsmittel mit Arzneimittel vergleicht.[662] Das Gleiche ist der Fall, wenn Nouvelle Cuisine und traditionelle Küche, groß angelegter Hotelbetrieb und Lokale mit dem Anspruch guter, aber schlichter Küche verglichen werden.[663] Für die Bildung einer homogenen Gruppe von Vergleichsobjekten sind Verwendungszweck, Preisklasse und Gruppenbildung im Handel wichtige Indikatoren.[664]

Um ein objektiv richtiges Testergebnis zu bekommen, sollte der Testveranstalter so viele Produkte wie möglich untersuchen und vergleichen. Damit wäre der Testveranstalter jedoch schwer überlastet und schadete schließlich der Verbraucheraufklärung. Deshalb hat der BGH zu Recht klargestellt, dass die Beschränkung des Tests auf ein einziges Prüfmuster im Bereich der Markenartikel vertretbar ist.[665] Zu beachten ist allerdings, ob das gewählte Modell unverändert weiter hergestellt wird.[666] Im Vergleich dazu ist es aber im Rahmen des Dienstleistungsvergleichs und des Vergleichs von Naturprodukten erforderlich, mehrere Testsuchen vorzunehmen, da Naturprodukte normalerweise eine schwankende Qualität haben[667] und die Bewertung von Dienstleistungen in relativ hohem Maße von den mehr oder minder subjektiv gefärbten Eindrücken und Empfindungen des Testers abhängt.[668]

Das Testergebnis, etwa eine Bewertung mit bestimmten Noten oder ein Gesamturteil wie „mangelhaft“ oder „ausreichend“, ist der Ansicht des BGH nach nur unzulässig, wenn es offensichtlich unrichtig ist.[669] Diese Situation ist aber sehr selten, da in Hinsicht auf die Bewertung sowie die Darstellung des Testergebnisses dem Testveranstalter großer Ermessensfreiraum zukommt.[670] Er kann allein entscheiden, ob, inwieweit und nach welchen Kriterien er überhaupt Noten vergibt oder mit welchen Gewichtungen Einzelergebnisse in die Bildung des Gesamturteils eingehen.[671] Der Betroffene muss sich sogar den Messfehlern

---

662 Vgl. OLG Frankfurt a. M. LMuR 2008, 155, 156 m. Anm. *Sachs*.
663 *Mathy/Wendt*, AfP 1982, 144, 149.
664 *Franz*, WRP 2015, 1425, 1248 f.
665 BGH GRUR 1976, 268, 272 – „Warentest II“ m. Anm. *Schricker*.
666 Vgl. BGH NJW 1989, 1923; Wenzel/*Burkhardt/Peifer*, Kap. 10 Rn. 112.
667 OLG München GRUR-RR 2015, 395 – „Nitratgehalt“; Wenzel/*Burkhardt/Peifer*, Kap. 10 Rn. 116.
668 Zum Restauranttest OLG Frankfurt a. M. BeckRS 1998, 16084; *Günther*, NJW 2013, 3275, 3276.
669 Vgl. BGH GRUR 1987, 468, 470 – „Warentest IV“.
670 *Franz*, WRP 2015, 1425, 1430.
671 *Franz*, WRP 2015, 1425, 1430.

stellen, wenn der Tester diese unter Beachtung der gebotenen Sorgfalt nicht entdecken kann.[672]

Zu beachten ist aber die Nennung eines bestimmten Merkmals eines Vergleichsobjekts bei der Darstellung des Gesamtergebnisses. Das Testergebnis ist im deutschen Recht als wertende Meinungsäußerung zu qualifizieren. Dies kann es nach der Auffassung des BGH rechtfertigen, dass dieser Wertungsbezug für Tatsachenaussagen, die zu den Testergebnissen hinführen, besonders zu beachten ist und dass nach Maßgabe ihrer Aufgabe und Stellung im Kontext des Testergebnisses, das die Tatsachenaussagen stützen sollen, sie als Wertung anzusehen sind, auf die § 824 BGB nicht zugeschnitten ist.[673]

Dieser Grundsatz gilt jedoch nicht mehr, wenn den tatsächlichen Feststellungen, wie „kleine Lautsprecherklemmen, dünne Kabel im Gehäuseinnern", im Rahmen des Tests eigenständige Bedeutung zukommt. Dies ist der Fall, wenn sie dem Testergebnis nicht lediglich als unselbstständige Wertungselemente untergeordnet sind, und deshalb vom Durchschnittsleser als Aussage über nachweisbare Fakten und Grundlage für sein eigenes Qualitätsurteil über das getestete Produkt aufgefasst werden.[674] Gegen derartige Tatsachenbehauptungen kann der Betroffenen nach §§ 824, 1004 BGB eine Unterlassungsklage erheben, wenn die dort vorgeschriebenen Voraussetzungen erfüllt werden.[675]

Das Kriterium der objektiven Verifizierbarkeit einer Tatsachenbehauptung soll vor allem in solchen Fällen Anwendung finden, in denen ein Vergleichsobjekt allein wegen einer bestimmten, nachprüfbaren Schwäche als „mangelhaft" bewertet wird.[676] Denn in diesem Fall könnte die Betonung dieser bestimmten Schwäche bereits vom Verbraucher als Grundlage für sein eigenes Qualitätsurteil über das betroffene Produkt aufgefasst werden und sodann seine Kaufentscheidung beeinflussen. Dadurch gewinnt diese nachprüfbare Schwäche ihre eigene Bedeutung und kann nicht mehr lediglich als unselbstständiges Wertungselement angesehen werden.

---

672 Vgl. BGH NJW 1976, 620, 624; Wenzel/*Burkhardt/Peifer*, Kap. 10 Rn. 95; *Franz*, WRP 2015, 1425, 1430.

673 BGH GRUR 1989, 539, 539 – „Warentest V".

674 BGH GRUR 1989, 539, 539 – „Warentest V".

675 *Franz*, WRP 2015, 1425, 1427.

676 Vgl. OLG München NJW-RR 2015, 422 – „Ritter Sport Voll-Nuss". In diesem Sinne auch Wenzel/*Burkhardt/Peifer*, Kap. 10 Rn. 76.

4.2.4.2 *Zulässigkeit eines Testberichts nach chinesischem Recht*

Im chinesischen Recht sieht das Gericht in einem von einem neutralen Testveranstalter durchgeführten Testvergleich einen möglichen Eingriff in das Recht der juristischen Person auf ihren Ruf.[677] In der Rechtsprechung hängt die Zulässigkeit eines vergleichenden Warentests nach Auffassung des chinesischen Gerichts davon ab, ob der dem Testergebnis zugrunde liegende vergleichende Warentest einerseits richtig durchgeführt wird und ob der Testbericht als solcher andererseits noch zulässig ist.

a) Richtige Durchführung des vergleichenden Warentests

Nach Auffassung des chinesischen Gerichts ist das Testergebnis dann unrichtig, wenn der ihm zugrunde liegende vergleichende Warentest nicht richtig durchgeführt wird.[678] In der Praxis werden jeweils Anforderungen an die Vergleichsobjekte und die Durchführungsverfahren des Warentests gestellt. Die Nichterfüllung solcher Anforderungen führt dann zur Unzulässigkeit des Testergebnisses.

aa) Anforderungen an die Vergleichsobjekte

Wegen der knappen Entscheidungen ist es in der chinesischen Rechtspraxis bisher noch unklar, welche Anforderungen das chinesische Gericht an die Vergleichsobjekte stellen will. Dazu kann aber auf die Normen des Chinesischen Verbraucherverbandes für die Durchführung der vergleichenden Warentests (im Folgenden: Warentestnormen) verwiesen werden.[679] Nach Art. 11 ff. der Warentestnormen sollen die getesteten Produkte aus derselben Charge stammen. Sie sollen von mindestens zwei Mitarbeitern des Verbraucherverbandes beliebig auf dem Markt besorgt werden.[680] Besondere Prüfmuster sollen vermieden werden.

---

677 Vgl. 天津市高级人民法院(2017)津民申1136号民事裁定书; 天津市第一中级人民法院(2016)津01民终6420号民事判决书; 上海市第一中级人民法院(2015)沪一中民一（民）终字第91号民事裁定书; 上海市浦东新区人民法院(2014)浦民一（民）初字第39872号民事判决书。

678 *徐俊/俞硒*: 网络测评文章侵害名誉权的认定, 中国法院网, https://www.chinacourt.org/article/detail/2016/01/id/1792760.shtml, 最后访问日期: 2019年5月2日。

679 Normen des Nationalverbraucherverbandes für die Durchführung des vergleichenden Warentests (chin.: 《全国消协组织比较实验工作规范(试行)》) sind kein Gesetz.

680 Vgl. 天津市第一中级人民法院(2016)津01民终6420号民事判决书。

Gleichzeitig sollte sichergestellt werden, dass die getesteten Produkte zum Zeitpunkt der Veröffentlichung des Testergebnisses auf dem Markt noch unverändert verfügbar sind. Damit ist die Intention des Verbraucherverbandes als Testveranstalter klar: Er will dadurch eine neutrale und auch objektive Grundlage für den vergleichenden Warentest schaffen. In dieser Hinsicht gibt es keinen Unterschied in der deutschen und chinesischen Rechtspraxis.

In der Tat schließt sich das chinesische Gericht in der Rechtsprechung solchen Normen an. Ein Gericht hat bspw. in seinem Urteil darauf hingewiesen, dass das Testergebnis eines vergleichenden Warentests von gebrauchten Waren unrichtig ist, wenn der Testveranstalter nicht gewährleisten kann, dass die Veralterungszustände der getesteten gebrauchten Waren identisch sind.[681]

bb) Anforderungen an die Durchführungsverfahren des Warentests

Ein vergleichender Warentest soll nach Art. 8 Abs. 3 der Warentestnormen von einer qualifizierten oder anerkannten Prüfeinrichtung durchgeführt werden. Das Programm eines Warentests soll gemäß Art. 9 der Warentestnormen im Regelfall von einem Sachverständigenausschuss aufgestellt werden. Im Falle des Dienstleistungsvergleichs soll der Ausschuss nach Art. 8 Abs. 4 der Warentestnormen aus qualifizierten Experten, Branchenvertreten und Verbrauchervertretern bestehen, um die Sachgerechtigkeit der Untersuchungsmethode zu sichern. Die Produkte sollen gemäß Art. 15 der Warentestnormen nach den allgemein anerkannten Untersuchungsmethoden getestet und verglichen werden. Beim Fehlen allgemein anerkannter Untersuchungsmethoden kann der Verbraucherverband einen Expertenausschuss aufbauen, um eine treffende Untersuchungsmethode zu erstellen.

Anzuerkennen ist, dass es grundsätzlich keinem Zweifel an der Richtigkeit eines Testergebnisses unterliegt, wenn der ihm zugrunde liegende Warentest nach solchen Verfahren durchgeführt wird. Mit solchen Anforderungen ist die Intention des Chinesischen Verbraucherverbands zudem klar und deutlich, nämlich dass er die neutrale, sachkundige und objektive Durchführung des Warentests sichern will. Im Vergleich zur deutschen Rechtspraxis sind die Anforderungen in der chinesischen Praxis aber zu streng. Den Warentestnormen nach kann ein chinesischer Testveranstalter nicht selbst den Warentest durchführen. Er soll eine qualifizierte oder anerkannte Prüfeinrichtung beauftragen. Er soll auch die Untersuchungsmethoden nicht nach seinen eigenen Vorstellungen festlegen.

---

681 上海市第一中级人民法院(2015)沪一中民一(民)终字第91号民事裁定书。

Demnach ist der Ermessensfreiraum für die chinesischen Testveranstalter viel geringer als der für die deutschen Testveranstalter.

In einem Urteil hat ein chinesisches Gericht jedoch die strengen Anforderungen an die Durchführung vergleichender Warentests gelockert. Demnach ist ein Warentest nicht nur deswegen unzulässig, weil er von einem privaten Testveranstalter selbst durchgeführt wird.[682] Diese Entscheidung ist zu begrüßen. Es ist nicht vertretbar, die Zulässigkeit eines vergleichenden Warentests nur deswegen abzulehnen, weil er vom Testveranstalter selbst oder nach dessen eigenen Untersuchungsmethoden durchgeführt wird. Richtigerweise sollte der Schwerpunkt der Prüfung der Zulässigkeit des Warentests auf die Richtigkeit der Untersuchungsmethoden als solchen oder auf die Umstände, die zur Unzulässigkeit des Testergebnisses führen können, gelegt werden.

Solange das Testergebnis nicht offensichtlich unrichtig ist oder kein begründeter Zweifel an dessen Richtigkeit besteht, beschränkt sich der Test gemäß Art. 20 der Warentestnormen auf ein Prüfmuster oder auf Testversuche im Falle des Dienstleistungsvergleichs. In der Rechtsprechung hat das chinesische Gericht diese Norm nicht beanstandet. Die Richtigkeit der Testergebnisse von zwei Naturprodukten – zwei Arten Bio-Gemüse – wird vom Gericht angenommen, selbst wenn die beiden Tests sich jeweils auf ein Prüfmuster beschränken.[683] An dieser Stelle ist der Auffassung des deutschen Gerichts zuzustimmen. Im Falle des Naturproduktvergleichs sollten mehrere Testversuche vorgenommen werden, da die Qualität des Naturprodukts schwankt. Wie die Zulässigkeit eines Testergebnisses eines Dienstleistungsvergleichs, der auf einer Testsuche basiert, vom chinesischen Gericht beurteilt wird, ist wegen fehlender Rechtsprechung im chinesischen Recht noch unbekannt. Aber für ein zulässiges Testergebnis sind mehrere Testversuche auf jeden Fall ratsam.

b) Zulässigkeit des Testberichts

Nach Art. 22 Nr. 1–6 der Warentestnormen sollen der Hintergrund des Warentests (Nr. 1), die Organisation des Warentests (Nr. 2), die Informationen der Vergleichsobjekte (Nr. 3), das Testergebnis (Nr. 4), Einkaufstipps oder Einkaufswarnungen (Nr. 5) sowie ggf. andere Vorschläge (Nr. 6) im Testbericht vermerkt werden. Mit den ersten drei Punkten wird lediglich die Durchführung des Warentests schriftlich dargestellt. Daher bedeutet die Zulässigkeit des

682 Vgl. 上海市浦东新区人民法院(2014)浦民一(民)初字第39872号民事判决书。

683 Vgl. 天津市高级人民法院(2017)津民申1136号民事裁定书; 天津市第一中级人民法院(2016)津01民终6420号民事判决书。

Testberichts eines vergleichenden Warentests im chinesischen Recht vielmehr die Zulässigkeit des Testergebnisses und die der Einkaufstipps oder Einkaufswarnungen des Testveranstalters.

aa) Zulässigkeit des Testergebnisses

In Hinsicht auf die Darstellung des Testergebnisses sollte der Testveranstalter nach Art. 24 der Warentestnormen das Einzelergebnis der entsprechenden GB-Norm[684] oder ggf. der gesetzlichen Vorschrift in einem Formular gegenüberstellen. Um das Testergebnis zu verdeutlichen, kann er das Einzeltestergebnis auch mit Sternen oder Noten darstellen. Zu beachten ist jedoch, dass nach Art. 23 der Warentestnormen der Testveranstalter im Testbericht nicht beurteilen darf, ob ein Vergleichsobjekt mangelhaft oder ausreichend ist.

Über das Testergebnis hat ein chinesisches Gericht in seinem Urteil darauf hingewiesen, dass ein Testergebnis eines vergleichenden Warentests nur zulässig ist, wenn dies eine objektive Darstellung der Leistungsangaben der getesteten Produkte sowie ihrer Leistungsfähigkeit oder -unfähigkeit ist. Der Testveranstalter darf der Ansicht des Gerichts nach im Testergebnis nicht beurteilen, ob ein konkretes Vergleichsobjekt kaufenswert ist.[685] Demnach vertreten der Chinesische Verbrauchverband und das chinesische Gericht im Grunde genommen denselben Standpunkt, und zwar dass das (Gesamt-)Testergebnis eines vergleichenden Warentests eine Zusammenfassung der einzelnen Testergebnisse sein solle. Nach Art. 24 der Warentestnormen des Chinesischen Verbraucherverbands kann der Testveranstalter zwar das Einzeltestergebnis mit Sternen oder Noten darstellen. Dies ist jedoch nur eine andere Ausdrucksform des Testergebnisses, nicht aber die subjektive Bewertung des Testveranstalters.

Anhand der obigen Untersuchungen lässt sich festhalten, dass das Testergebnis eines vergleichenden Warentests einen engen Sinn in der chinesischen Praxis hat. Es geht lediglich um die Darstellung des Einzel- oder Gesamttestergebnisses, nicht aber um die subjektiven Bewertungen, die vom Testveranstalter anhand des Testergebnisses vorgenommen werden. Demnach wird das Testergebnis eines vergleichenden Warentests tatsächlich als Tatsachenbehauptung in der chinesischen Praxis angesehen, da beweisbar ist, ob das Testergebnis den gesetzlichen oder vom Testveranstalter verwendeten Standards entspricht. Deswegen hat ein chinesisches Gericht in einem Urteil darauf hingewiesen, dass mit

684 GB steht kurz für pinyin Guobiao, chin: 国标/国家标准, deut: Nationaler Standard.
685 上海市浦东新区人民法院(2014)浦民一(民)初字第39872号民事判决书。

den Bewertungen des Testveranstalters der Warentest nicht mehr reiner Warentest ist. Damit wird das Testergebnis zu einem Einkaufstipp umfunktioniert.[686]

bb) Zulässigkeit der Einkauftipps oder Einkaufswarnungen

Die Bewertungen oder Meinungen des Testveranstalters erscheinen als Einkaufstipps oder Einkaufswarnungen im Testbericht. In der chinesischen Praxis stehen solche Tipps oder Verwarnungen in keiner Beziehung zu den konkret getesteten Produkten. Sie sind nur sehr allgemeine Einkaufstipps oder Einkaufswarnungen. Im Regelfall geht es bei solchen Tipps oder Warnungen lediglich darum, wie sich Verbraucher ein Produkt dieser Art mit hoher Qualität beschaffen können.[687]

In der oben erwähnten Rechtsprechung ist das Volksgericht im Bezirk Pudong in Shanghai der Meinung, dass der Testveranstalter nicht in einem Testbericht beurteilen darf, ob ein konkretes Vergleichsobjekt kaufenswert ist. Die Entscheidung kommt den Verbrauchern zu. Die Bewertungen des Testveranstalters sollen Probleme angehen, die für die Verbraucher bei der Beschaffung des Produkts dieser Art von Belang sind.[688] In Hinsicht darauf schließt sich das Gericht tatsächlich der Meinung des Chinesischen Verbraucherverbands an. Demnach sollen die Bewertungen des Testveranstalters allgemeine Einkaufstipps oder Einkaufswarnungen sein, nicht aber Meinungen zu konkreten Vergleichsobjekten.

Bezüglich des Testergebnisses haben die obigen Darstellungen deutlich gezeigt, dass die deutsche und chinesische Rechtsprechung ein völlig unterschiedliches Verständnis in Hinsicht auf das Testergebnis eines vergleichenden Warentests haben. Im deutschen Recht wird das Testergebnis des vergleichenden Warentests grundsätzlich als ein Werturteil betrachtet. Das Testergebnis i.S.d. deutschen Rechts ist eine Gesamtbewertung des Testveranstalters, die auf Einzelergebnissen basiert. Im Vergleich dazu ist das Testergebnis von den Bewertungen des Testveranstalters in der chinesischen Praxis streng abzugrenzen. Das (Gesamt-)Testergebnis i.S.d. chinesischen Rechts ist lediglich eine Zusammenfassung der Einzelergebnisse. Es wird als eine Tatsachenbehauptung angesehen. In Bezug auf die Bewertungen des Testveranstalters wird der Spielraum des chinesischen Testveranstalters zudem eingeschränkt. Er darf

686 上海市浦东新区人民法院(2014)浦民一(民)初字第39872号民事判决书。

687 Vgl. 中消协四十款净水器商品比较实验报告, http://www.cca.org.cn/jmxf/bjsy/detail/27235.html, 最后访问日期: 2019年5月6日。

688 上海市浦东新区人民法院(2014)浦民一(民)初字第39872号民事判决书。

keine Bewertungen zu den konkreten Vergleichsobjekten vornehmen. Zulässig sind nur allgemeine Meinungen zur Beschaffung eines hochwertigen Produkts der jeweiligen Art.

4.3 Ergebnis des Kapitels

Den Darstellungen lässt sich entnehmen, dass das deutsche Recht auch im Falle der Rufverletzung durch allgemeine Geschäftskritik dazu neigt, dem Äußernden mehr Schutz zu gewähren. Im Vergleich dazu wird in der chinesischen Rechtspraxis das betroffene Unternehmen grundsätzlich vorrangig vor dem Äußernden geschützt. Dieses Ergebnis ist darauf zurückzuführen, dass jede Geschäftskritik faktisch als gemischte Äußerung im chinesischen Recht behandelt wird. Die ihr zugrunde liegende Behauptung wird als eine Tatsachenbehauptung in der chinesischen gerichtlichen Praxis angesehen. Die Richtigkeit der zugrunde liegenden Behauptung spielt bei der Prüfung der Zulässigkeit der Geschäftskritik eine entscheidende Rolle. An die Angemessenheit und Sachgemäßheit der wertenden Elemente stellt das chinesische Gericht ebenfalls sehr strenge Anforderungen. Eine scharfe Formulierung oder die Verwendung unschicklicher Worte kann bereits dazu führen, dass die Geschäftskritik als unzulässig beurteilt wird. Eine Geschäftskritik ist erst zulässig, wenn sie diese beiden strengen Prüfungen bestanden hat. Chinesische Unternehmen müssen daher nur milde Kritik tolerieren. Im Vergleich dazu muss der Betroffene im deutschen Recht eine (scharfe) Geschäftskritik nahezu stets hinnehmen, sofern sie keine Schmähung darstellt und sie bei echter, gemischter Äußerung keine unwahren tatsächlichen Elemente enthält. Die Meinungs- oder Pressefreiheit des Kritikers und das öffentliche Informationsinteresse gehen im deutschen Recht grundsätzlich vor.

Wenn der Geschäftsruf eines Unternehmens durch Bewertungen von Verbrauchern auf Internetplattformen verletzt wird, muss ein Unternehmen diese in den Vergleichsländern grundsätzlich hinnehmen, sofern sie keine unwahren Tatsachenbehauptungen enthalten und auch keine Schmähung darstellen. Dies ist auf die Lockerung der Anforderungen an die Angemessenheit und Sachgemäßheit der Kritik durch das OVG zurückzuführen.

Im Falle des Boykottaufrufs genießt der chinesische Boykottveranstalter größeren Schutz als der deutsche, weil der Boykottaufruf im chinesischen Recht als eine Art Kritik vonseiten der Verbraucher betrachtet wird. Daher muss der Boykottierte einen solchen Aufruf dulden, sofern dieser keinen unwahren Tatsachen zugrunde liegt und keine Schmähung darstellt. Im Vergleich dazu wird die Zulässigkeit eines Boykottaufrufs in Deutschland erst durch eine umfassende Prüfung bestimmt. Dabei prüft das deutsche Gericht die Wahrheit der ihm zugrunde liegenden Tatsachen, die Zulässigkeit der vom Aufrufer verfolgten Ziele, die Zulässigkeit der eingesetzten Mittel und die Verhältnismäßigkeit der vom Betroffenen erlittenen Beeinträchtigung.

Im Hinblick auf einen vergleichenden Warentest wird dem deutschen Testveranstalter mehr Schutz gewährt. Das Testergebnis ist als Meinungsäußerung im deutschen Recht anzusehen. Der Testveranstalter genießt große Freiheit bei der Darstellung des Testergebnisses. Im Vergleich dazu bedeutet das Testergebnis eine Zusammenfassung der Einzelergebnisse in der chinesischen Praxis. Es ist als eine Tatsachenbehauptung zu behandeln. Obwohl der chinesische Testveranstalter seine Meinungen hierzu äußern darf, sind sie nur zulässig, wenn sie lediglich als ganz allgemeine Einkaufstipps oder Einkaufswarnungen erscheinen und keine Empfehlungen oder Ablehnung von konkreten Vergleichsobjekten enthalten.

Kapitel 5: Haftung des Internetdiensteanbieters

Wie oben erwähnt, gibt es durch das Internet neue Besonderheiten zu beachten in Bezug auf unternehmensschädigende Äußerungen.[689] Solche Besonderheiten stellen die zivilrechtliche Rechtsverteidigung gegen ehrverletzende Äußerungen im Internet vor Herausforderungen. Die Anonymität oder Pseudoanonymität und die Globalität der Äußerungen können z.B. dazu führen, dass das Vorgehen gegen jeden einzelnen Äußernden im Regelfall sehr zeit- und kostspielig, häufig sogar unmöglich ist.[690] Die schnelle Verbreitung der Äußerungen kann eine Erschwerung der Schädigung des Rufs zur Folge haben. Aus diesen Gründen ist es für den Betroffenen sinnvoll und auch erforderlich, von Anfang an rechtliche Maßnahmen nicht nur gegen den Äußernden, sondern auch gegen den Internetdiensteanbieter einzuleiten.[691]

Mit der Veröffentlichung von streitigen Behauptungen hat der Äußernde seine eigenen Informationen ins Netz gestellt und sie zur Nutzung bereitgehalten. Daher ist er der sog. Inhaltsanbieter oder Content-Provider im Online-Bereich und soll demnach gemäß § 7 Abs. 1 TMG und § 36 Abs. 1 des chinesischen Deliktshaftungsgesetzes für eigene Informationen nach den allgemeinen Gesetzen verantwortlich sein. Das bedeutet, dass das TMG und § 36 des chinesischen Deliktshaftungsgesetzes bei Content-Provider nicht zur Anwendung kommen. Danach finden die vorstehend dargestellten Regelungen im Falle der Rufschädigung durch unwahre Tatsachenbehauptungen und Werturteile jeweils Anwendung, und zwar je nachdem, in welche Kategorie die beanstandete Äußerung fällt.[692]

Wenn der Internetdiensteanbieter keine eigenen Informationen zur Verfügung stellt, sondern nur Informationen von anderen übermittelt oder vermittelt, ist er i.d.R. ein technischer Verbreiter im Rahmen des Äußerungsrechts.[693] Als Verbreiter ist er aber auch für die aus den von ihm verbreiteten Äußerungen

---

689 Zu den Besonderheiten siehe Kap. 1; vgl. auch *Härting*, Internetrecht, Rn. 413 ff.; *Peifer*, AfP 2015, 193, 193; *ders.*, JZ 2012, 851, 851 f.

690 Müko/*Wagner*, BGB, § 823 Rn. 733.

691 Müko/*Wagner*, BGB, § 823 Rn. 734; *Peifer*, AfP 2015, 193, 193; *Kartal-Aydemir/Krieg*, MMR 2012, 647, 647.

692 Dazu siehe Kap. 3 und Kap. 4.

693 *Beater*, Medienrecht, Rn. 1961; Wenzel/*Burkhardt/Peifer*, Kap. 10 Rn. 233

resultierende Rufschädigung des betroffenen Unternehmens verantwortlich. Auf der anderen Seite besteht im deutschen und chinesischen Recht Einigkeit darüber, die Haftung des Internetdiensteanbieters in einer solchen Konstellation zu beschränken. Denn sonst würde das Internet unterhöhlt und dadurch würden die Kommunikation und das Informationsinteresse der Nutzer beeinträchtigt. In diesem Kapitel werden die Haftungsbegründung bzw. die Haftungsprivilegierungen der Internetdiensteanbieter im deutschen und chinesischen Recht dargestellt und verglichen.

5.1 Internetdiensteanbieter im deutschen und chinesischen Recht

Bevor die Haftungsbegründung bzw. die Haftungsprivilegierungen der Internetdiensteanbieter behandelt werden, ist es notwendig, zwischen den Internetdiensteanbietern im deutschen und chinesischen Recht zu unterscheiden. Die Nutzung des Internets basiert auf der Zusammenarbeit einer Vielzahl von Akteuren. Dafür ist z.B. eine Beteiligung von Telefon- und Kabelunternehmen erforderlich. Mit einer physischen Leitung ermöglichen sie die Verbindung der Nutzer mit der virtuellen Welt.[694] Die Foren im Internet dienen bspw. dazu, dass die Nutzer ihre Meinungen oder Erfahrungen unabhängig von Zeit und Raum austauschen können.[695] Solche Akteure spielen verschiedene Rollen bei der Informationsübertragung im Internet. Unter Berücksichtigung der Verschiedenheit ihrer Rolle bei der Informationsübertragung lassen sich die Internetdiensteanbieter sowohl im deutschen Recht als auch im chinesischen Recht klassifizieren. Das Haftungssystem für die Internetdiensteanbieter im deutschen und chinesischen Recht folgt dieser Klassifizierung.

5.1.1 Internetdiensteanbieter im deutschen Recht

Bei der Klassifizierung von Internetdiensteanbietern ist im deutschen Recht zunächst zu unterscheiden, ob es sich bei der beanstandeten Information um eine eigene Information des Diensteanbieters oder um eine fremde Information, die lediglich von ihm übermittelt oder vermittelt wird, handelt. In der ersten Konstellation stellt § 7 Abs. 1 TMG klar, dass die Diensteanbieter für eigene Informationen, die sie zur Nutzung bereithalten, nach den allgemeinen Gesetzen verantwortlich sind. In solchen Fällen sind sie die sog. Content-Provider

694 Müko/*Wagner*, BGB, § 823 Rn. 734.
695 *Wien*, Internetrecht, S. 4.

i.S.d. § 7 Abs. 1 TMG und fungieren als Behauptende oder Äußerer im Internet. Sofern die beanstandete Behauptung als eigene Information der Internetdiensteanbieter qualifiziert wird, scheidet die Berufung auf das TMG aus. Zu den eigenen Informationen zählen nach dem deutschen Recht nicht nur die echten eigenen Informationen, die von den Diensteanbietern tatsächlich stammen, sondern auch fremde Informationen, die sich die Diensteanbieter zu eigen gemacht haben.[696]

Wenn die beanstandete Behauptung von einem anderen stammt, d.h. sie eine fremde Information ist, werden die an der Informationsübermittlung sich beteiligenden Diensteanbieter weiter differenziert. Sie sind in einem solchen Fall nur Verbreiter und lassen sich nach §§ 8–10 TMG grundsätzlich in drei Gruppen einteilen.

Zu nennen ist zum Ersten der Zugangsanbieter oder Access-Provider i.S.d. § 8 Abs. 1 TMG, der rein technische Dienste rund um den Zugang zu Netzwerken erbringt.[697] Er zeichnet sich somit dadurch aus, dass er eine inhaltsneutrale technische Brücke für die Übermittlung von Informationen zwischen zwei Netzwerkeinheiten bereitstellt.[698] Aufgrund dieser Funktion ist der WLAN-Anbieter nach § 8 Abs. 3 TMG mit dem Access-Provider im deutschen Recht gleichzustellen.[699] Grundsätzlich haftet der Access-Provider für eine Rufverletzung im Internet nicht, sofern er sich nicht aktiv an der Übermittlung der ehrverletzenden Informationen beteiligt.

Von der zweiten Gruppe erfasst wird der Diensteanbieter für eine automatische, zeitlich begrenzte Zwischenspeicherung (der Cache-Provider i.S.d. § 9 TMG), die allein dem Zweck dient, die Übermittlung fremder Informationen an andere Nutzer auf deren Anfrage effizienter zu gestalten.[700] Der Cache-Provider

696 BGH NJW 2014, 2029 Rn. 18; BGH NJW-RR 2009, 1413 Rn. 19 – „Focus Online"; BGH NJW-RR 2010, 1276 Rn. 22 ff.; *Beater*, Medienrecht, Rn. 1949; *Roggenkamp/Stadler*, juris PK-Internetrecht, Kap. 10 Rn. 62; *Härting*, Internetrecht, Rn. 2513; BeckOK InfoMedienR/*Paal*, TMG, § 7 Rn. 30; Schneider/*Kosmides*, Handbuch EDV-Recht, B. E-Business Rn. 1023; Müko/*Wagner*, BGB, § 823 Rn. 739. Zum Zu-eigen-Machen siehe Kap. 3 3.2.1.1 b).

697 *Roggenkamp/Stadler*, juris PK-Internetrecht, Kap. 10 Rn. 58; Schneider/*Kosmides*, Handbuch EDV-Recht, B. E-Business Rn. 1044.

698 *Roggenkamp/Stadler*, juris PK-Internetrecht, Kap. 10 Rn. 58.

699 Schneider/*Kosmides*, Handbuch EDV-Recht, B. E-Business Rn. 1112; *Hoeren*, Internetrecht, S. 504.

700 Hoeren/Sieber/Holznagel/*Sesing*, Multimedia-Recht, Teil 18.5 Rn. 120; Schneider/*Kosmides*, Handbuch EDV-Recht, B. E-Business Rn. 1050 ff.

ist im Regelfall ebenfalls nicht verantwortlich für eine Rufverletzung, sofern die Spiegelung der ehrverletzenden Inhalte rein automatisch und ohne seinen Einfluss auf die Inhalte oder auf den Zugang zu ihnen erfolgt.

Die dritte Gruppe ist auf den Host-Provider i.S.d. § 10 TMG zugeschnitten. Er bietet einen technischen Raum für die Präsenz und Abrufbarkeit inhaltlicher Angebote seiner Nutzer in Netzwerken.[701] Darunter fallen im Rahmen des Äußerungsrechts insbesondere die Betreiber von Internetplattformen, Blogs, Microblogging, Internetforen, sozialen Netzwerken und Bewertungsportalen.[702] Im Vergleich zu Access-Provider und Cache-Provider muss der Host-Provider tätig werden, wenn er Kenntnis von Rechtsverletzungen erlangt, selbst wenn er nicht aktiv daran beteiligt ist. Anderenfalls ist er auch für die Rechtsverletzung verantwortlich.

Zum Schluss ist zu betonen, dass Suchmaschinenbetreiber und Linksetzer vom deutschen Gesetzgeber bei der dritten Änderung des TMG bewusst noch nicht in das TMG aufgenommen sind.[703] Daher können sie von den oben dargelegten drei Gruppen im deutschen Recht nicht erfasst werden. Deshalb haften sie nach h.M. nach allgemeinen Gesetzen.

5.1.2 Internetdiensteanbieter im chinesischen Recht

Gemäß § 36 des chinesischen Deliktshaftungsgesetzes sind Internetnutzer und Internetdiensteanbieter die Akteure der Informationsübermittlung im Online-Bereich. Weiterhin hat der chinesische Gesetzgeber jedoch keine Unterscheidung der Internetdiensteanbieter getroffen.[704] Das OVG hat diese Anbieter je nach ihren Tätigkeiten bei der Informationsübermittlung in zwei Kategorien unterteilt.[705] Zur einen gehören die Anbieter, die den Internetnutzern Internetzugänge oder Internetplattformen bereitstellen. Darunter fallen nach Ansicht des OVG die Anbieter von Internetzugängen, Zwischenspeicherungen, Internetspeicherplätzen, Suchmaschinen, Hyperlinks usw.[706] Die Internetdiensteanbieter dieser Kategorie werden im chinesischen Recht auch als Internet-Service-Provider

---

701 *Roggenkamp/Stadler*, juris PK-Internetrecht, Kap. 10 Rn. 61.

702 Vgl. Müko/*Wagner*, BGB, § 823 Rn. 744 ff.; *Härting*, Internetrecht, Rn. 2558; Schneider/*Kosmides*, Handbuch EDV-Recht, B. E-Business Rn. 1053.

703 Spindler/Schmitz/*Spindler*, TMG, Vor. §§ 7–10 Rn. 49 (zu Hyperlinks), Rn. 83 (zu Suchmaschinen).

704 张红: 《人格权各论》，第356页。

705 《侵权责任法条文理解与适用》，第264页。

706 《侵权责任法条文理解与适用》，第264页。

bezeichnet.[707] Zur anderen Kategorie gehören die Anbieter, die für Internetnutzer Informationen, Produkte oder andere ähnliche Angebote bereithalten.[708] Danach fällt unter die zweite Kategorie lediglich der sog. Inhaltsanbieter oder Content-Provider.

Der Unterschied zum deutschen Recht ist offensichtlich. Die Unterscheidung zwischen den Internetdiensteanbietern nach chinesischem Recht hängt lediglich davon ab, ob die streitige Behauptung faktisch von dem Internetdiensteanbieter stammt, dem dies vorgeworfen wird. Mit anderen Worten: Die Internetdiensteanbieter werden im chinesischen Recht nur danach klassifiziert, ob sie ihre eigenen Informationen zur Nutzung bereithalten. Dem OVG ist zwar bekannt, dass die Diensteanbieter der ersten Kategorie unterschiedliche Rollen bei der Informationsübermittlung spielen. Es hält es aber nicht für erforderlich, die Internetdiensteanbieter in der ersten Kategorie weiter zu klassifizieren. Dies führt dazu, dass nach chinesischem Recht einheitliche Regelungen für alle in die erste Kategorie fallenden Internetdiensteanbieter gelten sollen. Den unterschiedlichen Rollen, die die in die erste Kategorie fallenden Diensteanbieter bei der Informationsübermittlung spielen, werden bei der Beurteilung ihrer Haftungen keine Bedeutung zugeschrieben. Dies erklärt weiterhin, warum das chinesische Deliktshaftungsgesetz nur eine Klausel bezüglich der Haftungen von Internetdiensteanbietern enthält.

5.2 Verschulden des Internetdiensteanbieters

Im Fall des Äußerungsdelikts im Internet setzt die Haftungsbegründung des Internetdiensteanbieters auch das Vorliegen einer ehrverletzenden Äußerung, die Betroffenheit der Äußerung, das Vorliegen der Schadenfolgen, die Rechtswidrigkeit der Äußerung sowie das Verschulden des Internetdiensteanbieters voraus wie bei traditionellen Äußerungsdelikten.[709] Die in den Kapiteln 2–4 vorgestellten Regeln sollen bei den Untersuchungen, ob die ersten vier Voraussetzungen im Falle des Äußerungsdelikts im Internet erfüllt werden, entsprechend Anwendung finden, weil diese vier Voraussetzungen sich lediglich auf die Äußerungen als solche beziehen. Die neuen Merkmale der Äußerungen

---

707 张新宝:《互联网上的侵权问题研究》, 第31页。

708 《侵权责任法条文理解与适用》, 第264页。

709 Vgl. BGH MMR 2007, 518, 518; Wenzel/*Burkhardt/Peifer*, Kap. 10 Rn. 233; Spindler/Schuster/*Hoffmann/Volkmann*, Elfter Teil, Vor. §§ 7 ff. TMG Rn. 26; *Kartal-Aydemir/Krieg*, MMR 2012, 647, 647; *Engel-Flechsig/Maennel/Tettenborn*, NJW 1997, 2981, 2984.

gerade im Internet können lediglich die Sorgfaltsmaßstäbe des Internetdiensteanbieters beeinflussen. Dies spielt dann bei der Prüfung seines Verschuldens eine entscheidende Rolle. Deshalb wird in diesem Teil untersucht, ob und unter welchen Umständen der deutsche und chinesische Internetdiensteanbieter seine Sorgfaltspflichten verletzt hat und wann dies im Falle der Rufschädigung schuldhaft ist.

5.2.1 Verschulden des Internetdiensteanbieters im deutschen Recht

Im deutschen Recht hängt die Frage, ob ein Internetdiensteanbieter seine erforderlichen Sorgfaltspflichten verletzt hat, einerseits von der Form, durch die er im Internet in Erscheinung tritt, ab. Ob es sich dabei um eigene Inhalte oder um fremde Inhalte handelt, spielt andererseits bei der Untersuchung ebenfalls eine maßgebliche Rolle. Die Differenzierung zwischen eigenen und fremden Inhalten bezieht sich darauf, ob der Diensteanbieter sich auf die Privilegierungen nach §§ 8–10 TMG berufen kann.[710]

5.2.1.1 Verschulden des Access-Providers

a) Verschulden wegen Verletzung proaktiver Prüfpflichten

aa) Proaktive Prüfpflichten für eigene Inhalte

Wenn ein Access-Provider eigene ehrverletzenden Behauptungen ins Netz stellt, ist er ein sog. Content-Provider i.S.d. § 7 Abs. 1 TMG. In dieser Konstellation gelten gemäß § 7 Abs. 1 TMG die Regelungen der Sorgfaltspflichten aus den allgemeinen Gesetzen.[711] Danach finden die journalistischen Sorgfaltsmaßstäbe[712] entsprechend Anwendung, wenn er die Inhalte seiner Behauptungen journalistisch-redaktionell ausarbeitet.[713] Daraus folgt eine proaktive Prüfpflicht. Wenn er dieser nicht nachkommt, handelt er schuldhaft. Dies gilt auch, wenn er sich fremde Behauptungen zu eigen macht.

bb) Proaktive Prüfpflicht für fremde Inhalte

Doch ist es in der Praxis sehr selten, dass ein Access-Provider eigene Inhalte zur Nutzung bereithält oder sich fremde Inhalte zu eigen macht. Er bietet i.d.R. bloß

---

710 Vgl. *Kartal-Aydemir/Krieg*, MMR 2012, 647, 647.

711 Vgl. *Roggenkamp/Stadler*, juris PK-Internetrecht, Kap. 10 Rn. 144.

712 Zu journalistischen Sorgfaltsmaßstäben siehe Kap. 3 3.2.4.1

713 *Beater*, Medienrecht, Rn. 1948.

Internetzugänge und hat deshalb keine Möglichkeit, Einfluss auf die von ihm übermittelten Informationen oder Angebote auszuüben.[714] Demnach ist er normalerweise ein technischer Verbreiter im Internet.[715] In dieser Situation ist er nach § 7 Abs. 2 TMG nicht verpflichtet, die von ihm übermittelten Informationen zu überwachen oder aktiv nach Umständen zu forschen, die auf eine rechtswidrige Tätigkeit oder einen rechtswidrigen Inhalt hinweisen. Dies bedeutet, dass es keine proaktiven Prüfpflichten für Access-Provider bei der Übermittlung fremder Inhalte gibt.

Diese Privilegierung kann der Access-Provider aber verlieren, wenn er zwar noch fremde Inhalte übermittelt, aber bewusst (nicht aber auf einer rein technischen, automatisierten Weise) seine neutrale und passive Vermittlerrolle verlässt.[716] So ein Fall liegt nach § 8 Abs. 1 S. 1 Nr. 1 TMG z.B. vor, wenn er die Übermittlung fremder Inhalte veranlasst hat. Dies kann geschehen, wenn ein Access-Provider eine konkrete Information, bspw. eine Internetseite, an einen Nutzer richtet, ohne dass der Nutzer selbst eine Zugriffsanfrage stellt.[717] Dies ist aber in der Praxis sehr selten.

Wenn der Access-Provider entweder die Empfänger der von ihm übermittelten Fremdinformationen (§ 8 Abs. 1 S. 1 Nr. 2 TMG) oder für seine Empfänger Fremdinhalte (§ 8 Abs. 1 S. 1 Nr. 3 Alt. 1 TMG) auswählt, verlässt er ebenfalls seine Position als neutraler und passiver Informationsvermittler. In solchen Fällen ist dem Access-Provider zumindest eine eingeschränkte proaktive Prüfpflicht zumutbar. Er soll die Übermittlung erkennbarer ehrverletzender Informationen vermeiden. Dies ist aber in der Praxis im Regelfall lediglich bei Hassrede oder Schmähkritik von Bedeutung, da im Übrigen die Unwahrheit einer Behauptung mit einem Blick nicht erkennbar ist.

Wenn der Access-Provider fremde Informationen bei ihrer Übermittlung nach § 8 Abs. 1 S. 1 Nr. 3 Alt. 2 TMG selbstständig – insbesondere ohne Rücksprache mit dem Dritten – verändert, liegt normalerweise schon ein Zu-eigen-Machen vor.[718] Daher entsteht dann eine allgemeine Prüfpflicht. Falls ein Zu-eigen-Machen trotz der Veränderung noch nicht besteht, hat er jedoch eine eingeschränkte proaktive Prüfpflicht zu erfüllen. D.h., der Access-Provider

714 Schneider/*Kosmides*, Handbuch EDV-Recht, B. E-Business Rn. 1090.

715 *Beater*, Medienrecht, Rn. 1961; Hoeren/Sieber/Holznagel/*Seitz*, Multimedia-Recht, Teil 8 Rn. 44.

716 Vgl. Spindler/Schmitz/*Spindler*, TMG, § 8 Rn. 12.

717 Vgl. Spindler/Schmitz/*Spindler*, TMG, § 8 Rn. 13; BeckOK InfoMedienR/*Paal*, TMG, § 8 Rn. 21.

718 Vgl. BGH GRUR 2017, 2029 Rn. 20 m. Anm. *Lampmann* (zum Host-Provider).

verliert auf jeden Fall die Privilegierung von Prüfpflichten, sofern er die Inhalte der von ihm übermittelten fremden Informationen verändert.

b) Keine reaktive Prüfpflichten für fremde Inhalte

Dem Wortlaut des § 8 TMG und der Gesetzgebungsgeschichte[719] nach ist der Access-Provider nicht verpflichtet, die Inhalte der von ihm übermittelten fremden Informationen nach Kenntniserlangung ihrer Rechtswidrigkeit zu überprüfen, soweit kein kollusives Zusammenwirken von Access-Provider und Nutzer i.S.d. § 8 Abs. 1 S. 2 TMG vorliegt.[720] D.h., in einer solchen Situation entstehen noch keine reaktive Prüfpflichten des Access-Providers, selbst wenn er positive Kenntnis von der Rechtswidrigkeit fremder Informationen hat.[721] Er ist daher nicht verantwortlich für die Rufverletzung, die von solchen rechtswidrigen Fremdinformationen verursacht wird. Die Verantwortlichen sind in diesem Fall der Anbieter solcher Informationen, d.h. der Content-Provider i.S.d. § 7 Abs. 1 TMG, sowie evtl. auch der Host-Provider i.S.d. § 10 TMG.

Die obigen Ausführungen zeigen deutlich, dass der deutsche Access-Provider keinen reaktiven Prüfpflichten unterliegt. Proaktive Prüfpflichten liegen nur vor, wenn er entweder eigene Inhalte zur Verfügung stellt oder seine neutrale und passive Vermittlerrolle bei der Übermittlung fremder Informationen verlässt. D.h., das Verschulden des Access-Providers ist i.d.R. zu verneinen, sofern Informationen von anderen automatisch, neutral und passiv von ihm übermittelt werden. Demnach haftet der Access-Provider für die von ihm übermittelten ehrverletzenden Informationen Dritter nicht.[722] Zu betonen ist aber, dass im Zuge des 3. TMG-Änderung 2017 hat der deutsche Gesetzgeber durch § 7 Abs. 4 TMG einen Anspruch auf Sperrung des Zugangs zu rechtswidrigen Inhalten eingeführt. Dem Wortlaut nach bezieht sich dieser Anspruch jedoch lediglich auf die WLAN-Anbieter i.S.d. § 8 Abs. 3 TMG. Darüber hinaus kann dieser Anspruch nur erhoben werden, wenn Rechte am geistigen Eigentum des Betroffenen verletzt werden. Danach ist die Anwendung des § 7 Abs. 4 TMG im Rahmen des

---

719 Begr. RegE BT-Drs. 14/6098, S. 24.

720 Spindler/Schmitz/*Spindler*, TMG, § 8 Rn. 17; BeckOK InfoMedienR/*Paal*, TMG, § 8 Rn. 8; *Nickels*, CR 2002, 302, 306.

721 Vgl. Wenzel/*Burkhardt/Peifer*, Kap. 10 Rn. 244; BeckOK InfoMedienR/*Paal*, TMG, § 8 Rn. 8; *Grisse*, GRUR 2017, 1073, 1077; *Sesing/Baumann*, MMR 2017, 583, 586.

722 *Spindler*, CR 2017, 333, 334; *ders.*, NJW 2017, 2305, 2305; *Sesing/Baumann*, MMR 2017, 583, 586; *Obergfell*, K&R 2017, 361, 364.

Äußerungsdelikts bereits ausgeschlossen.[723] Damit trifft einen WLAN-Anbieter im Falle des Äußerungsdelikts durch Fremdinformationen ebenfalls keine Haftung, wie dies auch bei anderen Access-Providern der Fall ist.

Unberührt davon ist nach § 7 Abs. 3 S. 1 TMG aber nur die Verpflichtung des Access-Providers oder WLAN-Anbieters zur Entfernung der rechtsverletzenden Informationen oder zur Sperrung ihrer Nutzung nach den allgemeinen Gesetzen, selbst wenn diese für die Rufbeeinträchtigung durch Fremdinformationen nicht haften. Voraussetzung dieser Haftung des Access-Providers ist nach derselbe Vorschrift eine gerichtliche oder behördliche Anordnung. Damit wollte der deutsche Gesetzgeber sicherstellen, dass eine Interessenabwägung im Einzelfall durch eine staatliche Stelle erfolgen kann.[724]

5.2.1.2 Verschulden des Cache-Providers

a) Verschulden wegen Verletzung proaktiver Prüfpflichten für eigene Inhalte

Der Cache-Provider bietet eine automatische, zeitlich begrenzte Zwischenspeicherung fremder Informationen an, die dadurch einer effizienteren Informationsübermittlung dienen kann.[725] Danach hält er keine eigenen Informationen bereit und macht sich damit auch nicht die gespeicherten Informationen zu eigen.[726] Demnach wird er nach § 7 Abs. 2 TMG auch von einer allgemeinen Überwachungs- oder Prüfpflicht befreit.

Eine proaktive Prüfpflicht des Cache-Providers entsteht nur dann, wenn er gemäß § 9 S. 1 Nr. 1 TMG die Inhalte der von ihm zwischengespeicherten Informationen Dritter verändert. Dabei sollen die Regeln des § 8 Abs. 1 S. 1 Nr. 3 Alt. 2 TMG entsprechend gelten. Danach hat er entweder eine allgemeine oder eine eingeschränkte Prüfpflicht zu erfüllen, je nachdem ob er sich die Informationen durch die Veränderung zu eigen macht. Wenn er diese nicht erfüllt, handelt er schuldhaft und ist deshalb verantwortlich für die daraus resultierenden Schäden.

b) Verschulden wegen Verletzung anderer Verpflichtungen

Ferner ist ein Cache-Provider auch schuldig, wenn er zwar keine Prüfpflichten verletzt, aber auf andere Weise seine neutrale und passive Vermittlerrolle

---

723 BeckOK InfoMedienR/*Paal*, TMG, § 7 Rn. 72h; Spindler/Schmitz/*Spindler*, TMG, § 7 Rn. 94.

724 Begr. RegE BT-Drs. 18/12202, S. 11.

725 Vgl. Spindler/Schmitz/*Spindler*, TMG, § 9 Rn. 1; BeckOK InfoMedienR/*Ott*, TMG, § 9 Rn. 4 ff.

726 *Roggenkamp/Stadler*, juris PK-Internetrecht, Kap. 10 Rn. 197.

verlassen oder andere Verpflichtungen nicht erfüllt hat. Dies liegt z.B. vor, wenn er nach § 9 S. 1 Nr. 2 TMG die Zugangsregeln zu den Informationen nicht beachtet, etwa wenn er eine Passwortkontrolle zu den originalen ehrverletzenden Informationen löscht.[727] Außerdem ist er auch nach § 9 S. 1 Nr. 3 TMG verpflichtet, die von ihm gespeicherten Informationen nach den anerkannten und verwendeten Industriestandards zu aktualisieren. Dadurch wird gewährleistet, dass die von ihm gespeicherten Informationen den aktualisierten Inhalten des Content-Providers entsprechen.[728] In Rahmen des Äußerungsrechts sind solche Regeln nur von geringer Bedeutung.

Darüber hinaus wird das Verschulden des Cache-Providers nach § 9 S. 1 Nr. 5 TMG auch im Fall der Äußerungsdelikte bejaht, wenn er die gespeicherten ehrverletzenden Informationen nach Kenntniserlangung nicht unverzüglich entfernt oder den Zugang zu ihnen sperrt. Nach dem Wortlaut des Gesetzes bezieht sich die Kenntniserlangung nicht auf die ehrverletzenden Informationen als solche, sondern auf ihre Sperrung oder Entfernung.[729] Erforderlich ist in dieser Konstellation ebenfalls eine positive Kenntnis, ein Kennenmüssen genügt allerdings nicht.[730] Dabei ist es irrelevant, von wem der Cache-Provider die Kenntnis erlangt hat,[731] d.h., die Entfernungs- oder Sperrungspflicht des Cache-Providers besteht noch nicht, selbst wenn er Kenntnis von einer möglicherweise ehrverletzenden Information erlangt hat.[732] In diesem Fall folgt das Verschulden des Cache-Providers eigentlich aus der Verletzung der Entfernungs- oder Sperrungspflicht, nicht aber aus der Verletzung von Prüfpflichten.

Die obigen Ausführungen machen deutlich, dass der Cache-Provider wie der Access-Provider nach deutschem Recht ebenfalls keine proaktiven oder reaktiven Prüfpflichten durchsetzen muss, sofern er bei der Zwischenspeicherung seine neutrale und passive Vermittlerrolle nicht verlässt. Daraus ergibt sich auch die Folgerung, dass der Cache-Provider ebenso wenig für eine Ehrverletzung auf zukünftige Unterlassung haftet, da diese Haftung nach Ansicht des BGH die Verletzung einer zumutbaren Prüfpflicht voraussetzt, um deren Erstrecken über

---

727 Spindler/Schmitz/*Spindler*, TMG, § 9 Rn. 16; BeckOK InfoMedienR/*Ott*, TMG, § 9 Rn. 18.

728 BeckOK InfoMedienR/*Ott*, TMG, § 9 Rn. 18.

729 Begr. RegE BT-Drs. 14/6098, S. 25; Spindler/Schmitz/*Spindler*, TMG, § 9 Rn. 29; BeckOK InfoMedeinR/*Ott*, TMG, § 9 Rn. 21.

730 OLG München MMR 2002, 611, 612; Spindler/Schmitz/*Spindler*, TMG, § 9 Rn. 28; BeckOK InfoMedeinR/*Ott*, TMG, § 9 Rn. 22.

731 Spindler/Schmitz/*Spindler*, TMG, § 9 Rn. 28.

732 BeckOK InfoMedeinR/*Ott*, TMG, § 9 Rn. 21.

Gebühr auf Dritte zu vermeiden.[733] Die obige Darstellung hat aber gezeigt, dass dem Cache-Provider keine Prüfpflichten auferlegt werden können, sofern er die von ihm kurz gespeicherten Informationen nicht ändert. Im Fall der Änderung des Inhaltes fremder Information kann die beanstandete Information i.d.R. dem Cache-Provider zugerechnet werden, d.h., es geht in diesem Fall um eigene Informationen. Daher lässt sich bereits festhalten, dass der Cache-Provider für eine Ehrverletzung auf zukünftige Unterlassung nicht in Anspruch genommen werden kann.

Im Vergleich zum Access-Provider kann er aber auch im Fall des Äußerungsdelikts schuldhaft handeln, wenn er andere Verpflichtungen, insbesondere die Entfernungs- oder Sperrungspflicht i.S.d. § 9 S. 1 Nr. 5 TMG, bei der Zwischenspeicherung fremder Informationen verletzt hat.

5.2.1.3 Verschulden des Host-Providers

Der Host-Provider speichert Informationen seiner Nutzer, wie die Beiträge in einem Meinungsforum.[734] Gemäß § 7 Abs. 2 TMG hat er im Regelfall keine allgemeine Pflicht, die Inhalte der von ihm gespeicherten Informationen zu kontrollieren.[735] Unter bestimmten Umständen lebt aber eine proaktive Prüfpflicht des Host-Providers auf. Außerdem kann dem Host-Provider auch eine reaktive Prüfpflicht auferlegt werden. Für den Ausschluss seiner Haftung ist es nach § 10 S. 1 Nr. 2 TMG erforderlich, dass der Host-Provider unverzüglich die rechtswidrigen Informationen entfernt oder den Zugang zu ihren sperrt, nachdem er sie bei der Durchführung der proaktiven oder reaktiven Prüfpflichten entdeckt hat. Im Einzelnen gilt Folgendes.

a) Verschulden wegen Verletzung proaktiver Prüfpflichten

aa) Proaktive Prüfpflichten für eigene Informationen

Bei den gespeicherten Informationen seiner Nutzer handelt es sich nicht um eigene Informationen des Host-Providers, sondern um fremde.[736] Allerdings können dem Host-Provider solche fremden Informationen zuzurechnen sein, wenn er sie sich zu eigen macht.

733 BGH MMR 2004, 668, 671 – „Internetversteigerung I“ m. Anm. *Hoeren*.

734 Vgl. BGH GRUR 2007, 724, 725 – „Meinungsforum“.

735 Vgl. BGH NJW 2013, 3245 Rn. 30; BGH GRUR 2011, 1038 Rn. 22.

736 *Schuster*, GRUR 2013, 1201, 1202; *Kartal-Aydemir/Krieg*, MMR 2012, 647, 648.

Ein Zu-eigen-Machen ist anzunehmen, wenn der Host-Provider die fremden Inhalte derart übernommen hat, dass er aus Sicht eines objektiven Durchschnittsnutzers die Verantwortung dafür tragen will. Der Fall liegt z.B. vor, wenn er den Inhalt Dritter mit seiner eigenen Kennzeichnung, die sogar größer gestaltet als der Name dieses Dritten ist, versehen hat.[737] Zu berücksichtigen sind dabei alle Umstände des Einzelfalls, insbesondere die Art der Datenübernahme, ihr Zweck und die konkrete Präsentation der fremden Daten durch den Host-Provider.[738] Der Rechtsprechung nach soll ein Zu-eigen-Machen bejaht werden, wenn der Betreiber eines Bewertungsportals die Vollständigkeit und Richtigkeit der auf seinem Portal eingestellten Nutzerbewertungen inhaltlich-redaktionell überprüft hat.[739] Die Veränderung einer Bewertung ohne Rückfrage mit dem Bewertenden hat die gleiche Wirkung.[740] Im Falle des Zu-eigen-Machens stellt der Host-Provider dem deutschen Recht nach auch eigene Informationen zur Verfügung. Demnach muss der Host-Provider die Inhalte der Informationen aktiv, präventiv überprüfen, um eine mögliche Rufschädigung zu vermeiden.

bb) Proaktive Prüfpflichten für fremde Informationen

Gemäß § 7 Abs. 2 TMG ist eine allgemeine proaktive Prüfpflicht des Host-Providers für fremde Informationen ausgeschlossen. Unter bestimmten Umständen kann sie aber aufleben.

Zuerst kehrt die proaktive Prüfpflicht des Host-Providers nach § 10 S. 1 Nr. 1 Alt. 2 TMG wieder, wenn ihm die Tatsachen oder Umstände bekannt sind, aus denen die rechtswidrige Handlung oder die Information offensichtlich wird. Danach ist es erforderlich, dass die Tatsachen und Umstände so hinreichend sind, dass daraus der Host-Provider auf das Vorhandensein von rechtswidrigen Inhalten hingewiesen werden kann.[741] Das könnte der Fall sein, wenn eine Mitteilung von Nutzern oder Behörden nicht auf die konkrete Information als solche, sondern auf die entfalteten Aktivitäten hinweist,[742]wenn z.B. darauf hingewiesen wird, dass ein Beitrag rechtswidrige Informationen enthält. Auf keinen

---

737 BGH MMR 2010, 556, Rn. 25 – „marions-kochbuch.de" m. Anm. *Engels*.

738 OLG Köln NJW-RR 2002, 1700, 1701; *Kartal-Aydemir/Krieg*, MMR 2012, 647, 648.

739 BGH MMR 2017, 526 Rn. 20 m. Anm. *Becker*; BGH MMR 2016, 418 Rn. 18 – „Ärztebewertung III" m. Anm. *Paal*; BGH NJW 2015, 726 Rn. 25 – „Hotelbewertungsportal"; BGH MMR 2012, 623 Rn. 11 – „RSS-Feeds".

740 BGH NJW 2017, 2029 Rn. 20 m. Anm. *Lampmann*.

741 Spindler/Schmitz/*Spindler*, TMG, § 10 Rn. 32.

742 Begr. RegE BT-Drs. 14/6098, S. 25.

Fall genügt dafür ein allgemeiner Hinweis,[743] etwa wenn nur ganz allgemein darauf hingewiesen wird, dass unwahre Tatsachenbehauptungen über ein Meinungsforum veröffentlicht werden. In den Hinweisen muss der Verstoß so genau beschrieben werden, dass die Identifizierung der rechtswidrigen Inhalte und deren Auffinden schnell und ohne großen Aufwand möglich sind.[744]

Darüber hinaus muss der Host-Provider nach § 10 S. 1 Nr. 2 TMG auch unverzüglich handeln, sobald die offensichtliche rechtswidrige Handlung oder Information ins Auge fällt. Ansonsten ist er ebenfalls schuldhaft. In diesem Fall entfällt die Haftungsprivilegierung nur bei bewusster, grober Fahrlässigkeit, nicht aber schon bei unbewusster Fahrlässigkeit.[745] Unter diesen Umständen verliert der Host-Provider aber bereits alle Privilegierungen und haftet sodann nach den allgemeinen Bestimmungen.[746] Im Rahmen des Äußerungsdelikts sind solche Vorschriften aber nur von geringer Bedeutung, weil die Unwahrheit einer Äußerung, die den Geschäftsruf eines Unternehmens beeinträchtigen kann, grundsätzlich nicht offensichtlich ist. Eine beleidigende Äußerung ist nur offensichtlich, wenn sie eine eindeutige Schmähkritik darstellt. Dies ist aber in der Praxis sehr selten. Daher verletzt der Host-Provider in der Praxis sehr selten seine proaktive Prüfpflicht.

Zweitens wird eine proaktive Prüfpflicht des Host-Providers in der Rechtsprechung auch angenommen, wenn eine Rechtsverletzung durch verfügbare Filterprogramme unschwer aufgefunden werden kann.[747] Im Rahmen des Äußerungsrechts ist dies jedoch momentan nur von geringer Bedeutung, weil ein Filterprogramm, das unschwer unwahre Tatsachaussagen oder unannehmbare Werturteile auffinden kann, zur Zeit noch nicht zur Verfügung steht.[748]

Nach der Rechtsprechung des BGH kann schließlich auch eine proaktive Prüfpflicht entstehen, wenn der Host-Provider irgendwie eine aktive Rolle bei der

---

743 Spindler/Schmitz/*Spindler*, TMG, § 10 Rn. 33; BeckOK InfoMedienR/*Paal*, TMG, § 10 Rn. 37; *Roggenkamp/Stadler*, jurisPK Internetrecht, TMG, § 10 Rn. 265; *Klatt*, ZUM 2009, 265, 269.

744 Spindler/Schmitz/*Spindler*, TMG, § 10 Rn. 33.

745 BeckOK InfoMedienR/*Paal*, TMG, § 10 Rn. 33; Spindler/Schmitz/*Spindler*, TMG, § 10 Rn. 35; Schneider/*Kosmides*, Handbuch EDV-Recht, B. E-Business Rn. 1335; *Eck/Ruess*, MMR 2003, 363, 364; *Härting*, CR 2001, 271, 276.

746 Schneider/*Kosmides*, Handbuch EDV-Recht, B. E-Business Rn. 1335; *Roggenkamp/Stadler*, jurisPK Internetrecht, Kap. 10 Rn. 263; *Grisse*, GRUR 2017, 1073, 1077; *Hoffmann*, MMR 2002, 284, 288; *Spindler*, NJW 2002, 921, 924.

747 *Schuster*, GRUR 2013, 1201, 1203.

748 So auch *Schuster*, GRUR 2013, 1201, 1203.

Übermittlung oder Speicherung fremder Informationen übernimmt und seine neutrale und passive Vermittlerrolle verlässt.[749] Dies soll immer dann der Fall sein, wenn die Beteiligung des Host-Providers an der Informationsübertragung über eine rein technische, automatische Datenverarbeitung hinausgeht.[750] So ein Fall liegt z.B. vor, wenn ein Portalbetreiber zur Verunglimpfung des Betroffenen aufgerufen hat.[751] Der Host-Provider verlässt seine Position als neutraler und passiver Informationsvermittler auch, wenn er die beanstandete Information mit einer zustimmenden Auswertung weiterempfiehlt.[752] Dagegen begründen die statistische Auswertung von Bewertungen sowie der Einsatz eines Wortfilters zum Auffinden von rechtsverletzenden Inhalten und die nach Ansprechen des Wortfilters vorgenommene Überprüfung der Beiträge nach der Rechtsprechung kein Verlassen der neutralen und passiven Vermittlerrolle.[753] Im Fall des Verlassens der automatischen und neutralen Vermittlerrolle haftet der Host-Provider auch auf vorbeugende Unterlassung, da er in diesem Fall eine proaktive Prüfpflicht für Fremdinformationen erfüllen muss.[754]

Im Rahmen des Äußerungsrechts ist auch zu berücksichtigen, dass der Host-Provider, insbesondere der Anbieter eines Bewertungsportals, Meinungsforums, Blogs oder einer anderen Internetplattform mit meinungsbildenden Inhalten, grundsätzlich den Schutz der Meinungsfreiheit und ggf. auch der Pressefreiheit genießt.[755] Zu hohe Prüfpflichten können die Grundrechte des Betreibers beeinträchtigen.[756] Dadurch wäre auch die Existenz der Plattform gefährdet.[757] Danach kommt in solchen Fällen, in denen der Betreiber eine „aktive Rolle" einnimmt, im Regelfall nur eine eingeschränkte proaktive Prüfpflicht in Betracht. Deren Umfang soll aber je nach den konkreten Umständen im Einzelfall angepasst werden. Je konkreter der Anlass ist, Rufverletzungen befürchten zu müssen, und je schwerwiegender die zu befürchtenden Verletzungen sind, desto höhere

---

749 Vgl. BGH GRUR 2015, 485 Rn. 56 – „Kinderhochstühle im Internet III".

750 *Schuster*, GRUR 2013, 1201, 1204.

751 LG Hamburg MMR 2008, 265.

752 *Szalai*, ZUM 2015, 898, 899.

753 BGH GRUR 2015, 1129 Rn. 35 – „Hotelbewertungsportal".

754 Vgl. BGH MMR 2004, 668, 671 – „Internetversteigerung I" m. Anm. *Hoeren*.

755 Spindler/Schmitz/*Spindler*, TMG, § 10 Rn. 109; *Kartal-Aydemir/Krieg*, MMR 2012, 647, 651; *Wilkat*, Bewertungsportal im Internet, S. 192 ff.

756 *Kartal-Aydemir/Krieg*, MMR 2012, 647, 651.

757 OLG Hamburg MMR 2006, 744 m. Anm. *Feldmann*; Hoeren/Sieber/Holznagel/*Hoeren*, Multimedia-Recht, Kap. 18.2 Rn. 37; *Kartal-Aydemir/Krieg*, MMR 2012, 647, 651.

Anforderungen sollen an die proaktive Prüfpflicht gestellt werden.[758] Zu betonen ist auch, dass die Gewinnerzielungsabsicht des Host-Providers der Ansicht des BGH zufolge seine Prüfpflichten intensivieren kann.[759]

b) Verschulden wegen Verletzung reaktiver Prüfpflichten

Ohne das Vorliegen eines Zu-eigen-Machens oder das Verlassen seiner automatischen, neutralen und passiven Vermittlerrolle bestehen gemäß § 7 Abs. 2 TMG keine proaktiven Prüfpflichten des Host-Providers. Allerdings könnte ihm eine reaktive Prüfpflicht in solchen Konstellationen auferlegt werden. Die reaktive Prüfpflicht entsteht, wenn der Host-Provider die rechtswidrigen Informationen trotz Erfüllung der erforderlichen eingeschränkten proaktiven Prüfpflichten noch nicht entdeckt hat. Der Umfang der reaktiven Prüfpflicht des Host-Providers wird aber auch durch die rechtliche, tatsächliche, technische oder wirtschaftliche Zumutbarkeit eingeschränkt.[760] Grundsätzlich ist dem Host-Provider eine uneingeschränkte manuelle Kontrolle der Inhalte unzumutbar.[761] Der Host-Provider ist daher nur schuldig, wenn er die zumutbare reaktive Prüfpflicht verletzt hat.

Voraussetzung für die reaktive Prüfpflicht ist nach § 10 S. 1 Nr. 1 Alt. 1 TMG, dass der Host-Provider Kenntnis von der streitigen Information erhält;[762] genauer: wenn gegenüber dem Host-Provider der Rechtsverstoß hinreichend konkret, also so dargelegt ist, „dass er auf Grundlage der Behauptungen des Betroffenen oder Dritter unschwer – das heißt ohne eingehende rechtliche und tatsächliche Überprüfung – bejaht werden kann".[763] Danach ist eine positive

---

758 LG Hamburg MMR 2008, 265.

759 BGH MMR 2004, 668, 671 f. – „Internet-Versteigerung" m. Anm. *Hoeren*; *Härting*, Internetrecht, Rn. 2586.

760 BGH GRUR 2001, 1038, 1039 – „ambiente.de"; BGH MMR 2004, 668, 671 – „Internet-Versteigerung I" m. Anm. *Hoeren*; BGH GRUR 2013 370 Rn. 18 f., 31 – "Alone in the Dark" m. Anm. *Hühner*; BGH MMR 2012, 178 Rn. 20 ff. – „Stiftparfüm"; BGH GRUR 2012, 311 Rn. 19 ff. – „Blog-Eintrag"; BGH GRUR 2011, 152 Rn. 38 f. – „Kinderhochstühle im Internet I"; BGH GRUR 2010, 633 Rn. 18 ff. – „Sommer unseres Lebens"; BeckOK InfoMedienR/*Paal*, TMG, § 7 Rn. 68 ff.; Spindler/Schmitz/*Spindler*, TMG, § 7 Rn. 62 f.; *Peifer*, AfP 2015, 193, 199.

761 BGH GRUR 2011, 152 Rn. 42 – „Kinderhochstühle im Internet I"; BGH MMR 2004, 668, 672 – „Internet-Versteigerung I" m. Anm. *Hoeren*; Spindler/Schmitz/*Spindler*, TMG, § 7 Rn. 63; *Spindler*, FS Köhler 2014, 695, 703; *Jürgens*, CR 2006, 188, 190.

762 Vgl. BGH GRUR 2007, 890 Rn. 42 – „Jugendgefährdende Medien bei eBay"; BGH NJW-RR 2009, 1413 Rn. 27.

763 BGH NJW 2012, 148 Rn. 26 – „Blog-Eintrag"; in diesem Sinne auch: BGH NJW 2016, 2106 Rn. 24 – „Ärztebewertungsportal III".

Kenntnis der konkreten Informationen unentbehrlich.[764] Ein bloßes „Kennenmüssen“ oder eine fahrlässige Unkenntnis reichen jedoch für die Entstehung der Prüfpflichten des Host-Providers nicht aus.[765] Nach § 3 Abs. 1 S. 1 NetzDG ist der Betreiber eines sozialen Netzwerks verpflichtet, ein Verfahren für den Umgang mit Beschwerden über rechtswidrige Inhalte vorzuhalten. Damit kann er nach § 3 Abs. 2 Nr. 1 NetzDG unverzüglich von einer Beschwerde Kenntnis nehmen. Eine solche Kenntnisverschaffungspflicht gilt aber gem. § 1 Abs. 1 und 2 NetzDG lediglich bei Betreibern des sozialen Netzwerks mit mehr als zwei Millionen registrierten Nutzern in Deutschland, nicht aber bei anderen Online-Plattformen, wie beruflichen Netzwerken, Fachportalen, Onlinespielen und Verkaufsplattenformen sowie Plattformen mit journalistisch-redaktionell gestalteten Angeboten.[766]. Die Nicht- oder die unzureichende Erfüllung dieser Kenntnisverschaffungspflicht kann nach § 4 Abs. 1 Nr. 2 und 3 NetzDG zu Bußgeldern von bis zu 50 Millionen Euro führen. Dadurch wird die Pflicht des Betreibers eines großen sozialen Netzwerks verschärft.

Nach h.M. soll sich die positive Kenntnis auch auf die Rechtswidrigkeit der streitigen Information beziehen.[767] Im Falle des Äußerungsdelikts ist es für den Host-Provider aber sehr schwierig, die Rechtswidrigkeit einer Behauptung zu erkennen, weil eine einfache Überprüfung i.d.R. nicht ausreicht.[768] Deshalb hat der BGH das sog. Moderationsverfahren zwischen Äußerndem und Betroffenem entwickelt:[769] Danach soll der Betroffene zunächst seine Beanstandungen so konkret fassen, dass eine Rechtsverletzung aufgrund seiner Beschreibung unschwer geprüft und ggf. bejaht werden kann. Der Host-Provider soll sodann die Beanstandung an den für die Informationen Verantwortlichen zur Stellungnahme

764 BeckOK InfoMedienR/*Paal*, TMG, § 10 Rn. 24; Wenzel/*Burkhardt/Peifer*, Kap.10 Rn. 240.

765 BGH NJW 2003, 3764 – „rassistische Hetze“; BeckOK InfoMedienR/*Paal*, TMG, § 10 Rn. 23; Wenzel/*Burkhardt/Peifer*, Kap. 10 Rn. 240; *Ehret*, CR 2003, 754, 758; *Engel-Flechsig/Maennel/Tettenborn*, NJW 1997, 2981, 2985; *Spindler*, MMR 2001, 737, 738 f.; *Volkmann*, K&R 2004, 231, 233.

766 BT-Drs. 18/13013, S. 20; Guggenberger, NJW 2017, 2577, 2577; Spindler, K&R 2017, 533, 534;

767 BeckOK InfoMedienR/*Paal*, TMG, § 10 Rn. 29; Spindler/Schmitz/*Spindler*, TMG, § 10 Rn. 29; *Berger*, MMR 2003, 642, 645; *Eck/Reuss*, MMR 2003, 363, 365; *Ehret*, CR 2003, 754, 758 f.; *Hoffmann*, MMR 2002, 284, 288; *Koch*, K&R 2002, 120, 122; *Helle*, JZ 2002, 593, 597; *Freytag*, CR 2000, 600, 608; *Spindler*, MMR 1999, 199, 202.

768 Vgl. BGH NJW 2012, 148 Rn. 25 – „Blog-Eintrag“; Wenzel/*Burkhardt/Peifer*, Kap. 10 Rn. 240.

769 BGH NJW 2012, 148 Rn. 25 ff. – „Blog-Eintrag“.

weiterleiten. Wenn er in einer angemessenen Frist auf eine Stellungnahme verzichtet, sind beanstandete Inhalte zu löschen. Verteidigt der Verantwortliche hingegen seine Behauptungen, ist der Host-Provider gehalten, vom Betroffenen weitere Nachweise zu verlangen, aus denen sich die behauptete Rechtsverletzung ergibt. Bleibt die Antwort des Betroffenen aus oder kann er keine erforderlichen Nachweise erbringen, ist die Löschung der Inhalte notwendig. Andernfalls muss der Host-Provider entscheiden, ob er die Verletzung für erwiesen erachtet (dann Löschung) oder nicht (dann bleibt es bei dem Beitrag). Gegen die Nichtlöschung kann der Betroffene gerichtlich vorgehen.[770]

Dieses Moderationsverfahren wird jetzt durch das am 1.10.2017 in Kraft getretene NetzDG ebenfalls ausdrücklich für die Betreiber der großen sozialen Netzwerke übernommen.[771] Aber das Verfahren findet nach dem Wortlaut des § 3 Abs. 2 Nr. 3a) NetzDG nur statt, wenn „die Entscheidung über die Rechtswidrigkeit von der Unwahrheit einer Tatsachenbehauptung oder erkennbar von anderen tatsächlichen Umständen abhängt". Danach findet dieses Verfahren aber nur Anwendung, wenn es bei der beanstandeten Aussage um Tatsachenbehauptung oder gemischte Äußerung geht.[772] Dessen Anwendung kommt dem Wortlaut des Gesetzes nach jedoch bei Werturteilen ohne Tatsachenbezug nicht in Betracht.[773] Daher hat das NetzDG die Anwendung des Moderationsverfahren in gewissem Maße eingeschränkt. Zu betonen ist aber, dass die Durchführung des Verfarhens dem Wortlaut dieser Vorschrift nach doch noch keine Pflicht der Betreiber der großen sozialen Netzwerke ist.[774] Sie können es eröffnen, aber nicht müssen. Über die Rechtswidrigkeit einer beanstandeten Äußerung können sie einfach anhand der Glaubhaftigkeit des Beschwerdevorbringens getroffen werden.[775]

Gem. § 10 S. 1 Nr. 2 TMG muss der Host-Provider die rechtswidrige Information unverzüglich entfernen oder den Zugang zu ihr sperren. Anderenfalls ist er ebenfalls schuldhaft. Aus deutscher zivilrechtlicher Sicht soll der Host-Provider ohne schuldhaftes Zögern handeln.[776] Ob er unverzüglich handelt, kann nur nach allen Umständen im Einzelfall beurteilt werden.[777] Eine schematische Frist

---

770 Müko/*Wagner*, BGB, § 823 Rn. 751; Wenzel/*Burkhardt/Peifer*, Kap. 10 Rn. 240.

771 In diesem Sinne *Spindler*, K&R 2017, 533, 539.

772 Spindler/Schmitz/*Liesching*, NetzDG, § 3 Rn. 21.

773 Spindler/Schmitz/*Liesching*, NetzDG, § 3 Rn. 21; *Spindler*, K&R 2017, 533, 539.

774 Siehe *Guggenberger*, NJW 2017, 2577, 2579.

775 BT-Drs. 18/13013, S. 23; *Guggenberger*, NJW 2017, 2577, 2579.

776 Spindler/Schmitz/*Spindler*, TMG, § 10 Rn. 54.

777 Spindler/Schmitz/*Spindler*, TMG, § 10 Rn. 53 f.

ist deshalb unmöglich oder sogar verboten.[778] Aber nach § 3 Abs. 2 und Abs. 3 HS 1 NetzDG soll der Anbieter des großen sozialen Netzwerks einen offensichtlich rechtswidrigen Inhalt innerhalb von 24 Stunden und einen nichtoffensichtlich rechtswidrigen Inhalt i.d.R. innerhalb von sieben Tagen nach Eingang der Beschwerde entfernen oder den Zugang zu ihm sperren. Demnach ist eine Regelfrist für Betreiber der großen sozialen Netzwerke festgelegt. Wie bereits erwähnt, ist aber im Falle des unternehmensbezogenen Äußerungsdelikts die Rechtswidrigkeit der beanstandeten Aussage im Regelfall nicht offensichtlich. Daher soll normalerweise die Sieben-Tages-Frist in diesem Fall gelten. Diese Sieben-Tages-Frist kann aber ebenfalls überschritten werden, wenn die Entscheidung über die Unwahrheit einer Tatsachenbehauptung (§ 3 Abs. 2 Nr. 3a) NetzDG) oder wenn der Betreiber der großen sozialen Netzwerke gem. § 3 Abs. 2 Nr. 3b) NetzDG „die Entscheidung über die Rechtswidrigkeit [...] einer [...] anerkannten Einrichtung der Regulierten Selbstregulierung überträgt und sich deren Entscheidung unterwirft". Daher kann man schon davon sprechen, dass die Regelfrist im NetzDG die Betreiber der großen sozialen Netzwerke nicht zu sehr belastet.[779]

Darüber hinaus wird der Umfang der reaktiven Prüfpflicht des Host-Providers vom EuGH erheblich erweitert. Die erweiterten reaktiven Prüfpflicht erstreckt sich zunächst auf die von ihm gespeicherten Informationen, „die den wortgleich Inhalt haben", „unabhängig davon, wer den Auftrag für die Speicherung der Informationen gegeben hat".[780] Danach muss der Host-Provider weiter prüfen, ob solche Informationen, die wegen der verwendeten Worte oder ihrer Kombination zwar leicht unterschiedlich formuliert werden, aber deren Sinn dem der beanstandeten Information noch ähnelt, auf seinem Server gespeichert werden.[781] Mit anderen Worten: Die erweiterte reaktive Prüfpflicht bezieht sich nicht nur die wortgleichen Informationen, sondern auch auf die sinngleichen.[782] Eine solche Prüfpflicht setzt aber nach dem Urteil des EuGH voraus, dass die beanstandeten Informationen zuvor von einem Gericht eines Mitgliedstaats für rechtswidrig erklärt worden sind.[783] Das bedeutet, dass diese erweiterte Prüfpflicht noch nicht entsteht, wenn der Host-Provider nach der Kenntniserlangung die Rechtswidrigkeit der beanstandeten Informationen nach seiner eigenen Würdigung

---

778 BeckOK InfoMedienR/*Paal*, TMG, § 10 Rn. 46; Spindler/Schmitz/*Spindler*, TMG, § 10 Rn. 54.
779 In diesem Sinne vgl. *Löber/Roßnagel*, MMR 2019, 71, 74 ff.
780 EuGH NJW 2019, 3278, Rn. 37.
781 EuGH NJW 2019, 3278, Rn. 41.
782 Vgl. Spindler, NJW 2019, 3274, 3275.
783 Vgl. EuGH NJW 2019, 3278.

entschieden hat. In diesem Fall muss der Host-Provider nur die konkrete beanstandete Information entfernen oder den Zugang zu ihr sperren. In Anbetracht des Verbots der allgemeinen Überwachungspflichten weist der EuGH weiter darauf hin, dass diese erweiterte reaktive Prüfpflicht nur zumutbar ist, wenn das Auffinden der rechtswidrigen Informationen durch eine automatische Prüfung noch möglich ist.[784] Ansonsten bleibt diese Prüfpflicht außer Betracht.

5.2.1.4 Verschulden des Suchmaschinenbetreibers

a) Keine proaktive Prüfpflichten

Suchmaschinen ermöglichen dem Nutzer, einen gesuchten Inhalt über die Anzeige der Suchmaschinenergebnisse direkt aufzurufen.[785] Obwohl die Suchergebnisse durch den vom Betreiber genutzte sog. Webcrawler gefunden werden können, handelt es sich dabei nicht um eigene Inhalte des Suchmaschinenbetreibers.[786] Dadurch macht er sich die Suchergebnisse nicht zu eigen[787] und sind die von ihm bereitgestellten Suchergebnisse fremde Inhalte.[788]

Der Suchmaschinenbetreiber funktioniert zwar wie ein Wegweiser im Online-Bereich.[789] Doch wird er vom Gesetzgeber im TMG nicht geregelt. Daher kann er sich nicht auf die Haftungsprivilegierungen in §§ 8–10 TMG berufen. Allerdings sind an die Prüfpflichten von Suchmaschinenbetreibern nach Auffassung des BGH keine hohen Anforderungen zu stellen.[790] Denn es kann vom Anbieter einer Suchmaschine vernünftigerweise nicht erwartet werden, generell vorab die von ihm ausgelieferten Suchergebnisse sowie die darin enthaltenen Verlinkungen auf eine etwaige Rechtsverletzung zu überprüfen.[791]

Dieser Grundsatz gilt nach der Rechtsprechung des BGH auch, wenn der Suchmaschinenbetreiber die Suchergebnisse durch die sog. Autovervollständigungsfunktion findet.[792] Eine allgemeine proaktive Prüfpflicht würde den Betrieb

784 EuGH NJW 2019, 3278, Rn. 46; *Spindler*, NJW 2019, 3274, 3275.

785 Spindler/Schmitz/*Spindler*, TMG, Vor. §§ 7–10 Rn. 83.

786 *Gounalakis/Muer*, NJW 2018, 2299, 2299.

787 *Gounalakis/Muer*, NJW 2018, 2299, 2300.

788 *Gounalakis/Muer*, NJW 2018, 2299, 2300.

789 *Härting*, Internetrecht, Rn. 2671.

790 BGH GRUR 2018, 642 Rn. 33 – „Internetforum".

791 BGH GRUR 2018, 642 Rn. 34 – „Internetforum"; OLG Nürnberg CR 2008, 654 Ls. 1; Spindler/Schmitz/*Spindler*, TMG, Vor. §§ 7–10 Rn. 89; *Gounalakis/Muer*, NJW 2018, 2299, 2300; *Köster/Jürgens*, K&R 2006, 108, 112; *Meyer*, K&R 2007, 177, 181.

792 BGH GRUR 2013, 751 Rn. 29 – „Autocomplete-Funktion" m. Anm. *Peifer/Becker*; *Gounalakis*, NJW 2013, 2321, 2323; *Volkmann*, CR 2017, 36, 41.

einer Suchmaschine erschweren oder sogar unmöglich machen.[793] Außerdem könnten die von ihm zum Auffinden gesuchter Inhalte verwendeten Programme nicht unterscheiden, ob die gefundenen Internetseiten rechtmäßige oder rechtswidrige Inhalte Dritter enthalten.[794] Deshalb stehen proaktive Prüfpflichten der Aufgabe und Funktionsweise von Suchmaschinen entgegen.[795]

b) Verschulden wegen Verletzung reaktiver Prüfpflichten

Folgerichtig treffen einen Suchmaschinenbetreiber nur dann reaktive Prüfpflichten, wenn er positive Kenntnis von der Rechtsverletzung erlangt. Das sog. Moderationsverfahren[796] ist nach Ansicht des BGH auf Suchmaschinen nicht übertragbar, weil der Suchmaschinenbetreiber i.d.R. keine bestehenden Kontakte zu den Verantwortlichen der Internetseiten hat.[797] Er kann daher die Beanstandung eines Betroffenen nicht ohne Weiteres an den Verantwortlichen weiterleiten.[798] Demnach beschränkt sich die reaktive Prüfpflicht des Suchmaschinenbetreibers nach der Rechtsprechung auf eine offensichtliche und auf den ersten Blick klar erkennbare Rechtsverletzung.[799]

Zu einer solchen Rechtsverletzung gehören nach der Ansicht des BGH Kinderpornografie, Aufruf zu Gewalt gegen Personen, offensichtliche Personenverwechslungen, Vorliegen eines rechtskräftigen Titels gegen den unmittelbaren Störer, Erledigung jeglichen Informationsinteresse durch Zeitablauf, Hassreden oder eindeutige Schmähkritik.[800] Nicht erfasst wird eine unwahre Tatsachenbehauptung. Denn die Unwahrheit einer Behauptung ist i.d.R. nicht so offensichtlich, dass ein Dritter sie auf den ersten Blick erkennen kann.[801] Außerdem ist die Grenze bei Hassreden und Schmähkritik ebenfalls schwer zu ziehen, weil eine Äußerung nicht deshalb als eine Hassrede oder Schmähkritik angesehen werden kann, weil sie überzogen oder ausfällig ist.[802] Demnach verletzt der deutsche

793 BGH GRUR 2013, 751 Rn. 30 – „Autocomplete-Funktion" m. Anm. *Peifer/Becker*.

794 Vgl. BGH GRUR 2018, 178 Rn. 61 – „Vorschaubilder III"; BGH GRUR 2013, 751 Rn. 30 – „Autocomplete-Funktion" m. Anm. *Peifer/Becker*.

795 BGH GRUR 2018, 642 Rn. 34 – „Internetforum".

796 Vgl. BGH GRUR 2012, 311 Rn. 27 – „Blog-Eintrag".

797 BGH GRUR 2018, 642 Rn. 35 – „Internetforum".

798 *Gounalakis/Muer*, NJW 2018, 2299, 2300.

799 BGH GRUR 2018, 642 Rn. 36 – „Internetforum".

800 BGH GRUR 2018, 642 Rn. 36 – „Internetforum".

801 BGH GRUR 2018, 642 Rn. 37 – „Internetforum".

802 BGH GRUR 2018, 642 Rn. 37 – „Internetforum".

Suchmaschinenbetreiber nur ausnahmsweise seine reaktiven Prüfpflichten im Falle des Äußerungsdelikts.

5.2.1.5 Verschulden des Linksetzers

Das Setzen eines Hyperlinks erhöht nach Auffassung des BGH die Gefahr der Verbreitung etwaiger rechtswidriger Inhalte, die sich auf den Webseiten Dritter ergeben.[803] Danach fungieren die Verwender von Hyperlinks i.d.R. als Verbreiter fremder Informationen im Internet. Allerdings wurden sie vom deutschen Gesetzgeber bewusst nicht ins TMG aufgenommen.[804] Sie sollen deshalb nach heutiger h.M. behandelt werden wie die Verbreiter in der realen Welt.[805] Das bedeutet, dass die im TMG dargestellten Privilegierungen von Prüfpflichten der Internetdiensteanbieter bei den Linksetzern keine Anwendung finden. Sie haften demnach nach §§ 823 ff. BGB für eine Rufverletzung.[806] Die ständige Rechtsprechung vertritt den Standpunkt, dass das Bestehen und der Umfang der Prüfpflicht der Anbieter von Hyperlinks sich nach einer Abwägung aller betroffenen Interessen und relevanten rechtlichen Verwertungen richten.[807] Dabei komme es entscheidend darauf an, ob und inwieweit dem in Anspruch Genommenen nach den Umständen des Einzelfalls eine Prüfpflicht zuzumuten ist.[808]

a) Verschulden wegen Verletzung proaktiver Prüfpflichten

aa) Proaktive Prüfpflichten für eigene Inhalte

Selbstverständlich kann man durch das Setzen eines Hyperlinks auch auf eigene Inhalte verweisen. In diesem Fall stellt der Verwender unproblematisch eigene Informationen ins Netz, sodass dem Linksetzer eine allgemeine proaktive Prüfpflicht zumutbar ist.

---

803 BGH GRUR 2016, 209 Rn. 23 – „Haftung für Hyperlink“.

804 Vgl. BGH GRUR 2016, 209 Rn. 12 – „Haftung für Hyperlink“; Spindler/Schmitz/*Spindler*, TMG, Vor. §§ 7–10 Rn. 49; *Hoeren*, GRUR 2011, 503, 503.

805 BGH GRUR 2016, 209 Rn. 12 – „Haftung für Hyperlink“; Spindler/Schmitz/*Spindler*, TMG, Vor. §§ 7–10 Rn. 53; Wenzel/*Burkhardt*/*Peifer*, Kap. 10 Rn. 249; Schneider/*Kosmides*, Handbuch EDV-Recht, B. E-Business Rn. 1267.

806 Dazu siehe Kapitel 3 und 4.

807 BGH GRUR 2016, 209 Rn. 23 – „Haftung für Hyperlink“.

808 BGH GRUR 2016, 209 Rn. 23 – „Haftung für Hyperlink“.

Wie bereits erwähnt, hält der Diensteanbieter beim Zu-eigen-Machen ebenfalls eigene Inhalte bereit und dadurch entsteht normalerweise auch eine allgemeine proaktive Prüfpflicht. Durch das Setzen eines Hyperlinks besteht diese Möglichkeit ebenso. Dabei ist aber Zurückhaltung geboten. Eine bloße Verlinkung führt nicht schon dazu, dass dem Linksetzer sämtliche Inhalte der verlinkten Internetseite zugerechnet werden.[809] Demnach stellt das Teilen eines Beitrags von einem Nutzer im sozialen Netzwerk kein Zu-eigen-Machen dar, sofern dies nicht mit einem zustimmenden Kommentar versehen wird.[810]

Nach der Rechtsprechung liegt ein Zu-eigen-Machen erst vor, wenn der Link wesentlicher Bestandteil des Geschäftsmodells des Linksetzers ist.[811] Dasselbe gilt, wenn über ihn Inhalte zugänglich sind, in denen offen oder versteckt für die Produkte des Linksetzers geworben wird.[812] Ein Zu-eigen-Machen ist auch anzunehmen, wenn der Link der Vervollständigung des eigenen Angebots des Linksetzers dient[813] oder wenn dies so in einen redaktionellen Beitrag auf der Internetseite des Linksetzers eingebettet ist, dass es für das weitergehende Verständnis dort geäußerter Meinungen oder Ansichten erkennbar von Bedeutung und dadurch Bestandteil der vom Linksetzer auf seiner Internetseite bereitgestellten Inhalte geworden ist.[814] Der letztgenannte Fall ist im Rahmen des Äußerungsrechts von großer Bedeutung. Nach den oben dargestellten Abgrenzungskriterien wird i.d.R. das Zu-eigen-Machen bei Deep Link, der direkt auf konkrete Informationen im Gesamtangebot des Verlinkten verweist, bejaht, da das fremde Angebot dadurch in das eigene integriert wird und unter der URL des Frameproviders erscheint.[815]

bb) Proaktive Prüfpflicht für fremde Inhalte

Geht es dagegen nur um weiterführende Informationen oder erfüllt der Link gewissermaßen Beleg- oder Fußnotenfunktion, ohne dass eigene Inhalte

809 Müko/*Wagner*, BGB, § 823 Rn. 762.

810 *Roggenkamp/Stadler*, juris PK-Internetrecht, Kap. 10 Rn. 466; vgl. auch OLG Frankfurt am Main MMR 2016, 489.

811 Vgl. BGH GRUR 2008, 534 Rn. 21 – „ueber18.de".

812 Vgl. *Bornkamm/Seichter*, CR 2005, 747, 751.

813 Vgl. *Bornkamm/Seichter*, CR 2005, 747, 751; *Ott*, WRP 2006, 691, 696.

814 Vgl. BGH GRUR 2012, 74 Rn. 23 f. – „Coaching-Newsletter".

815 *Roggenkamp/Stadler*, juris PK-Internetrecht, Kap. 10 Rn. 461; *Ott*, WRP 2006, 691, 696.

substituiert würden, fehlt es in aller Regel an einem Zu-eigen-Machen.[816] Der Fall liegt bspw. vor, wenn auf eine Startseite verlinkt wird.[817] Hyperlinks, die nur direkt auf eine Startseite führen, sind gewöhnliche Hyperlinks. Bei ihnen ist eine allgemeine proaktive Überwachungspflicht nach der Ansicht des BGH jedoch zu verneinen, weil sie aus der Sicht der Internetnutzer unerlässlich sind, um die unübersehbare Informationsflut zu erschließen.[818]

Daher trifft den Linksetzer nur eine eingeschränkte proaktive Prüfpflicht.[819] Dabei lässt sich eine Verletzung der Prüfpflicht erst annehmen, wenn die rechtswidrigen Inhalte als solche leicht erkannt werden konnten oder wenn mit ihrem Vorhandensein gerechnet werden musste, weil das Fehlverhalten des Anbieters der Bezugsseite vorhersehbar war.[820] So etwas liegt bspw. vor, wenn die Bezeichnung oder schon der Inhalt der Startseite auf mögliche rechtsverletzende Inhalte hinweist.[821] Dieser Meinung neben der Ansicht des BGH in der Internetforum-Entscheidung[822] nach kann eine Verletzung der proaktiven Prüfpflicht des Linksetzers nur angenommen werden, wenn der verlinkte Inhalt auf Hassrede oder eindeutige Schmähkritik hinweist. Demnach genügt es der Verletzung seiner proaktiven Prüfpflicht noch nicht, wenn dem Linksetzer bewusst ist, dass die verlinkten Inhalte Gegenstand einer gerichtlichen Auseinandersetzung sind.[823]

Selbst wenn bewusst auf Seiten mit Hassrede oder eindeutiger Schmähkritik verlinkt wird, verletzt der Linksetzer noch nicht seine Prüfpflicht, wenn ein überwiegendes Informationsinteresse besteht.[824] Im Rahmen des Äußerungsrechts umfasst der Schutz der Meinungs- und Pressefreiheit auch Informationen, die Dritte beleidigen, aus der Fassung bringen oder sonst stören können. Grundsätzlich darf daher auch über Äußerungen, durch die in rechtswidriger Weise Persönlichkeitsrechte Dritter beeinträchtigt worden sind, trotz der in der Weiterverbreitung liegenden Perpetuierung oder sogar Vertiefung des Ersteingriffs berichtet werden, wenn ein überwiegendes

816 Vgl. BGH NJW 2016, 804 Rn. 19 ff. – „Haftung für Hyperlink"; *Roggenkamp/Stadler*, juris PK-Internetrecht, Kap. 10 Rn. 461; Spindler/Schmitz/*Spindler*, TMG, Vor. §§ 7–10 Rn. 57.

817 Vgl. *Maaßen*, GRUR-Prax 2016, 45, 45.

818 BGH GRUR 2016, 209 Rn. 25 – „Haftung für Hyperlink".

819 Müko/*Wagner*, BGB, § 823 Rn. 764; BeckOK InfoMedienR/*Söder*, BGB, § 823 Rn. 23.

820 BGH GRUR 2016, 209 Rn. 25 – „Haftung für Hyperlink".

821 *Maaßen*, GRUR-Prax 2016, 45, 45.

822 BGH GRUR 2018, 642 – „Internetforum".

823 *Härting*, Internetrecht, Rn. 2669.

824 Vgl. BVerfG NJW 2012, 1205 – „AnyDVD"; BGH GRUR 2011, 513 – „AnyDVD".

Informationsinteresse besteht und der Verbreiter sich die berichtete Äußerung nicht zu eigen macht.[825] Bei unternehmensbezogenen Äußerungen ist dies fast immer dieser Fall.

b) Verschulden wegen Verletzung reaktiver Prüfpflicht für fremde Inhalte

Bei gewöhnlichen Hyperlinks, bei denen der Linksetzer sich die verlinkten Informationen nicht zu eigen macht, besteht vielmehr lediglich die reaktive Prüfpflicht, weil der rechtsverletzende Inhalt auf der verlinkten Internetseite nur ausnahmsweise deutlich erkennbar ist. Der Linksetzer soll danach erst die verlinkten Inhalte überprüfen, wenn er von der Rechtswidrigkeit der Inhalte selbst oder durch Dritte positive Kenntnis erlangt.[826] Der Umfang der reaktiven Prüfpflicht wird dabei durch die Zumutbarkeit eingeschränkt, um die Funktion der Meinungsfreiheit nicht zu gefährden.[827]

Die obigen Ausführungen zeigen, dass die Regelungen zur Beurteilung des Verschuldens eines Linksetzers mit denen des Host-Providers i.S.d. § 10 TMG Ähnlichkeit haben. Eine eingeschränkte proaktive Prüfpflicht besteht bereits, wenn der Anbieter einen gewöhnlichen Hyperlink setzt. In diesem Fall könnte später auch eine reaktive Prüfpflicht entstehen, wenn die verlinkten Inhalte nicht deutlich erkennbare rechtswidrige Informationen enthalten und der Linksetzer positive Kenntnis davon erhält. Wenn er sich aber die verlinkten Inhalte zu eigen macht, muss er sie vor ihrer Veröffentlichung nach dem im Verkehr erforderlichen Sorgfaltsmaßstab überprüfen.[828]

5.2.2 Verschulden des Internetdiensteanbieters im chinesischen Recht

Wie oben erwähnt, lassen sich die Internetdiensteanbieter im chinesischen Recht in zwei Kategorien, und zwar Content-Provider und Internet-Service-Provider, unterteilen. Nach § 36 Abs. 1 des Deliktshaftungsgesetzes unterliegt die Prüfung des Verschuldens von Content-Providern den allgemeinen Gesetzen. Damit liegt schon eine Gemeinsamkeit vor, dass der Content-Provider nach dem deutschen und chinesischen Recht keine Privilegierungen genießen kann. Wenn der Internetdiensteanbieter lediglich die Informationen anderer übermittelt oder speichert,

825 BGH GRUR 2011, 513 Rn. 26 – „AnyDVD".
826 BGH GRUR 2016, 209 Rn. 25 – „Haftung für Hyperlink".
827 Spindler/Schmitz/*Spindler*, TMG, Vor. §§ 7–10 Rn. 72.
828 Zu den journalistischen Sorgfaltsmaßstäben siehe Kap. 3 3.2.4.1.

ist er im chinesischen Recht ein Internet-Service-Provider. Ob er in solchen Fällen schuldig ist, ist nach § 36 Abs. 2 und 3 des Deliktshaftungsgesetzes zu beurteilen.

5.2.2.1 Verschulden des Internet-Service-Providers wegen Verletzung der reaktiven Prüfpflichten nach § 36 Abs. 2 des chinesischen Deliktshaftungsgesetzes

Nach § 36 Abs. 2 des chinesischen Deliktshaftungsgesetzes ist ein Internet-Service-Provider für eine Rechtsverletzung verantwortlich, wenn er eine Mitteilung mit rechtswidrigen Angeboten oder Informationen erhält und sie nicht unverzüglich entfernt, abgeschirmt oder gesperrt.

Dem Wortlaut nach tritt die Kenntniserlangung des Internet-Service-Providers nur durch die Mitteilung des Betroffenen ein. Diese Mitteilung ist nach Ansicht des OVG nur wirksam, wenn sie den Namen und die Kontaktdetails des Mitteilenden, konkrete Internetseiten, die den rechtswidrigen Inhalt enthalten, oder konkrete Informationen, die für die Feststellung des streitigen Inhalts erforderlich sind, sowie die Gründe für die Entfernung oder Sperrung beinhaltet.[829] Ist sie unvollständig oder nicht konkret, kann das dazu führen, dass sie unwirksam ist.[830] Damit bezieht sich die Kenntnis im chinesischen Recht nicht nur auf die konkreten Informationen, sondern auch auf ihre Rechtswidrigkeit, weil die Gründe für die Entfernung oder Sperrung der beanstandeten Informationen unweigerlich ihre Rechtswidrigkeit betreffen. Darin liegt eine Gemeinsamkeit mit dem deutschen Recht.

Nachdem der Internet-Service-Provider die Mitteilung erhalten hat, ist er nach Ansicht des ersten Zivilsenats des OVG dazu verpflichtet, ihre Inhalte zu überprüfen. Damit besteht im chinesischen Recht auch eine reaktive Prüfpflicht des Internet-Service-Providers.[831] Der erste Zivilsenat des OVG hat in seinen Erläuterungen zur Interpretation von 2014 darauf hingewiesen, dass der Gegenstand der Überprüfung in diesem Fall die Mitteilung ist.[832] Hinsichtlich der Überprüfung der Gründe des Betroffenen für eine Entfernung oder Sperrung soll der Internet-Service-Provider der Ansicht des ersten Zivilsenats des OVG nach wie eine vernünftige Person handeln, d.h., er soll nach den allgemeinen Erfahrungen und Erkenntnissen beurteilen, ob der Betroffene ausreichende

829 Art. 5 der Interpretation von 2014.

830 *奚晓明*: 《最高人民法院利用网络侵害人身权益司法解释理解与适用》，第101页。

831 *奚晓明*: 《最高人民法院利用网络侵害人身权益司法解释理解与适用》，第100页。

832 *奚晓明*: 《最高人民法院利用网络侵害人身权益司法解释理解与适用》，第99页。

Begründungen angeführt hat. Dabei braucht er nicht zu prüfen, ob eine Rechtsverletzung tatsächlich aus den beanstandeten Informationen folgt.[833] Denn dies ist nach der Ansicht des ersten Zivilsenats des OVG die Befugnis des Gerichts.[834]

Die Ausführungen zeigen deutlich, dass die reaktive Prüfpflicht des Diensteanbieters im chinesischen Recht ganz anders als die im deutschen Recht ist. Im Falle des Äußerungsdelikts hat der Diensteanbieter im chinesischen Recht nach der Kenntniserlangung nicht zu prüfen, ob die beanstandete Information tatsächlich den Ruf des Betroffenen beeinträchtigt hat. Demgegenüber sollte er aber überprüfen, ob der Betroffene seine Beanstandung ausreichend begründet hat. Eine solche Überprüfung bringt natürlich Vorteile mit sich. Der erste Vorteil besteht darin, dass die Prüfpflichten des Diensteanbieters dadurch erheblich reduziert werden.[835] Der zweite Vorteil ist, dass der Ruf des Betroffenen so weit wie möglich geschützt werden kann. Schließlich kann der Betroffene normalerweise viele Gründe angeben, um seine eigenen Interessen zu schützen. Daher kann sein Geschäftsruf theoretisch vor jeder verdächtigen Behauptung geschützt werden.

Diese beiden Vorteile gehen jedoch zulasten der Meinungsfreiheit des Äußernden. Bei der Prüfung der Gründe des Betroffenen für eine Entfernung oder Sperrung der streitigen Informationen soll der Diensteanbieter – wie oben erwähnt – lediglich wie eine vernünftige Person beurteilen.[836] Dabei ist es nicht erforderlich, dass er beim Äußernden anfragt. In diesem Prozess hat der Äußernde keine Chance, sich zu verteidigen. Seine Behauptungen werden vom Diensteanbieter aus dem Internet entfernt, solange der Letztere glaubt, dass der Betroffene ausreichende Gründe für ihre Entfernung oder Sperrung angeführt hat. Dadurch wird die Meinungsfreiheit des Äußernden vernachlässigt.

Wie bereits erwähnt, haben der chinesischer Gesetzgeber und das OVG die Internet-Service-Provider, die Informationen Dritter übermitteln oder speichern, im chinesischen Recht nicht weiter klassifiziert. Demnach soll § 36 Abs. 2 des Deliktshaftungsgesetzes bei allen Arten von Internet-Service-Providern

833 *奚晓明*: 《最高人民法院利用网络侵害人身权益司法解释理解与适用》, 第99页。

834 *奚晓明*: 《最高人民法院利用网络侵害人身权益司法解释理解与适用》, 第99页。

835 In der gerichtlichen Praxis wird normalerweise gefordert, dass der Betroffene Nachweise für die behauptete Rechtsverletzung erbringen soll. Vgl. 福建省高级人民法院(2016)闽民终字第1345号民事判决书; 浙江省高级人民法院(2015)浙知终字第186号民事判决书。

836 *奚晓明*: 《最高人民法院利用网络侵害人身权益司法解释理解与适用》, 第100页。

Anwendung finden.[837] Dies bedeutet, dass sowohl der Host-Provider, der Access-Provider und der Cache-Provider als auch der Suchmaschinenbetreiber und der Anbieter von Hyperlinks nach dieser Vorschrift verpflichtet sind, die Gründe des Betroffenen für eine Entfernung oder Sperrung der angeblichen rechtswidrigen Informationen nach dem Erlangen einer Mitteilung des Betroffenen zu überprüfen. Demnach besteht ein anderer Unterschied in Hinsicht auf die reaktiven Prüfpflichten der Dienstanbieter zwischen dem deutschen und chinesischen Recht, da der Access-Provider und Cache-Provider im deutschen Recht von einer reaktiven Prüfpflicht befreit werden. Somit ist die Irrationalität der chinesischen Regelung deutlich, weil es dem Access-Provider aus technischer Sicht unmöglich ist, bestimmte Informationen aus dem Netz zu beseitigen. Die einzige Löschung besteht darin, den Zugang zum Internet zu sperren. Dies kann aber nur gefordert werden, wenn alle anderen Maßnahmen die Verbreitung rechtswidriger Informationen nicht verhindern können, d.h., der Anspruch auf Zugangssperrung ist subsidiär. Aus § 36 Abs. 2 des Deliktshaftungsgesetzes ist die Subsidiarität des Anspruchs auf Zugangssperrung aber nicht ersichtlich.

Bezüglich der „Unverzüglichkeit“ besteht nach dem Inkrafttreten des NetzDG noch ein feiner Unterschied. In Deutschland muss der Betreiber des großen sozialen Netzwerks im Regelfall in 24 Stunden oder in sieben Tagen die rechtswidrigen Informationen nach der Kenntniserlangung entfernen oder den Zugang zu ihnen sperren, je nachdem, ob deren Rechtswidrigkeit offensichtlich ist. Im Vergleich dazu gibt es im chinesischen Recht noch keine explizite Regelfrist.

5.2.2.2 Verschulden des Internet-Service-Providers wegen Verletzung der proaktiven Prüfpflichten nach § 36 Abs. 3 des chinesischen Deliktshaftungsgesetzes

Nach § 36 Abs. 3 des Deliktshaftungsgesetzes kann ein chinesischer Diensteanbieter für eine Rufverletzung auch haften, wenn er Kenntnis von rufverletzenden Informationen erlangt und nicht unverzüglich gegen sie vorgeht. Nach Ansicht des ersten Zivilsenats des OVG bedeutet die Kenntnis in diesem Absatz, dass der Diensteanbieter durch sich selbst, nicht aber durch den Betroffenen von den ehrverletzenden Informationen erfährt.[838] Umstritten ist im chinesischen Recht

837 *鲁春雅*: 论网络服务提供者的侵权责任,《河南财经政法大学学报》2012年第5期, 第59页。

838 *奚晓明*: 《最高人民法院利用网络侵害人身权益司法解释理解与适用》, 第138页。

jedoch, wie das Wort „Kenntnis" in dieser Vorschrift verstanden werden soll. Handelt es sich lediglich um eine positive Kenntnis oder darüber hinaus auch noch um ein „Kennenmüssen"?[839]

In Bezug auf diese Frage hat sich die Ansicht des Gesetzgebers während der Gesetzgebung mehrmals geändert.[840] Im ersten und zweiten Entwurf war er der Meinung, dass eine positive Kenntnis erforderlich wäre. Im dritten Entwurf wurde das Wort „positive" gestrichen. Im vierten Entwurf wurde neben „Kenntnis" auch das Wort „Kennenmüssen" hinzugefügt. Im verabschiedeten Gesetz, und zwar dem geltenden Deliktshaftungsgesetz, wurde das Wort „Kennenmüssen" gestrichen. Verwendet wurde schließlich lediglich das Wort „Kenntnis". Dennoch vertritt der chinesische Gesetzgeber noch den Standpunkt, dass der Begriff „Kenntnis" zwei Bedeutungen beinhaltet, und zwar die positive Kenntnis und das Kennenmüssen.[841] Denn sonst würde die Haftung des Diensteanbieters unverhältnismäßig eingeschränkt, wenn er lediglich im Fall der positiven Kenntnis der rechtswidrigen Handlung verantwortlich wäre.[842] Diese Ansicht wird auch vom OVG[843] und einem Teil der Literatur[844] vertreten. Es wird

---

839 Im Chinesischen ist das Wort „Kennen", Chinesisch „知道", mehrdeutig. Es kann sowohl als „positive Kenntnis", Chinesische „明知", als auch als „Kennenmüssen", Chinesisch „应知" oder „应当知道", ausgelegt werden.

840 《侵权责任法条文理解与适用》, 第263页。

841 *王胜明*: 《中华人民共和国侵权责任法释义》, 第185页。

842 *王胜明*: 《中华人民共和国侵权责任法释义》, 第190页; *奚晓明*: 《最高人民法院利用网络侵害人身权益司法解释理解与适用》, 第138页。立法者的这一观点也体现在随后进行的《消费者权益保护法》和《广告法》的修订过程中。在这两部法律中, 立法者没有使用"知道", 而是使用了"明知或者应知"。例如《广告法》第64条规定: "互联网信息服务提供者, 明知或者应知广告活动违法不予制止的, 由工商行政管理部门没收违法所得, 违法所得五万元以上的, 并处违法所得一倍以上三倍以下的罚款, 违法所得不足五万元的, 并处一万以上五万以下的罚款; 情节严重的, 由有关部门依法停止相关业务。"

843 《侵权责任法条文理解与适用》, 第265–266页; *奚晓明*: 《最高人民法院利用网络侵害人身权益司法解释理解与适用》, 第138页。

844 *王利明*: 《中华人民共和国侵权责任法解读》, 第185页; *冯术杰*: 论网络服务提供者简介侵权责任的过错状态, 《中国法学》2016年第4期, 第181页; *吴汉东*: 论网络服务提供者的著作权侵权责任, 《中国法学》2011年第2期, 第38页以下; *陈锦川*: 网络服务提供者过错认定的研究, 《知识产权》2011年第2期, 第57页; *杨吉*: 论"互联网专条"——理解与适用, 《厦门大学法律评论(总第二十四辑)》, 第160页。A.A.侵权法第36条中的知道是明知的意思: *陈怡/袁雪石*: 《网络侵权与新闻侵权》, 第11–12页; *杨立新*: 《侵权责任法》规定的网络侵权责任的理解与解释, 《国家检察官学院学报》2010年第2期,

erkannt, dass dem Diensteanbieter der h.M. nach übermäßige Verantwortungen aufgebürdet werden. Deshalb wird in der Literatur auch die Ansicht vertreten, dass die Haftungen des Diensteanbieters bei leichter Fahrlässigkeit ausscheiden sollen.[845] Nach den veröffentlichten Entscheidungen wurde diese Ansicht vom Gericht jedoch nicht gebilligt.[846]

a) Verschulden des Internet-Service-Providers bei positiver Kenntnis

Bei positiver Kenntnis i.S.d. § 36 Abs. 3 des Deliktshaftungsgesetzes meint das OVG, dass der Internet-Service-Provider bereits Beweise dafür hat, dass der Ruf des Betroffenen durch die beanstandeten Informationen beeinträchtigt wird.[847] Dies ist jedoch in der Praxis sehr selten.

Nach Art. 9 Nr. 1 der Interpretation von 2014 liegt eine positive Kenntnis des Internet-Service-Providers i.S.d. § 36 Abs. 3 des Deliktshaftungsgesetzes nur vor, wenn die beanstandeten Informationen von ihm manuell oder automatisch empfohlen, auf eine Rangliste gestellt, ausgewählt, überarbeitet, organisiert oder bearbeitet werden. Das OVG geht damit davon aus, dass der Internet-Service-Provider sich des Inhalts solcher Informationen bewusst ist, wenn er manuell oder automatisch einen Einfluss auf den Inhalt der von ihm übermittelten Informationen ausgeübt hat.[848] Damit sind das OVG und der deutsche Gesetzgeber sich darüber einig, dass der Internet-Service-Provider erhöhte Prüfpflichten erfüllen muss, wenn er Einfluss auf die Inhalte der von ihm übermittelten Fremdinformationen vorgenommen hat.

Ein Unterschied besteht aber zunächst darin, dass die statistische Behandlung von Informationen, bspw. das automatische Ranking von Beiträgen aufgrund der Klickrate, den Sorgfaltsmaßstab des Internet-Service-Providers im chinesischen Recht erhöhen kann. Der andere Unterschied zeigt sich darin,

---

第8–9页; *徐伟*: 网络服务提供者"知道"认定新铨——兼驳网络服务提供者应知论,《法律科学》2014年第2期, 第163页以下; *鲁春雅*: 论网络服务提供者的侵权责任,《河南财经政法大学学报》2012年第5期, 第67页; *张新宝/任鸿雁*: 互联网上的侵权责任——《侵权责任法》第36条解读,《中国人民大学学报》2010年第4期, 第23页; *杨明*: 侵权责任法第36条释义及其展开,《华东政法大学学报》2010年第3期, 第125–126页。

845 *李佳伦*: 网络侵权行为的过错问题研究,《华东政法大学学报》2017年第1期, 第116页。

846 Bisher gibt es noch keine Entscheidung, in denen die Fahrlässigkeit des Diensteanbieters zwischen leichter und grober Fahrlässigkeit unterschieden wird.

847 《侵权责任法条文理解与适用》, 第265页。

848 *奚晓明*: 《最高人民法院利用网络侵害人身权益司法解释理解与适用》, 第139页。

dass die Privilegierungen von Prüfpflichten des deutschen Diensteanbieters nur entfallen, wenn dieser einen redaktionellen Einfluss darauf hat.[849] Ob er seine erforderliche Prüfpflicht erfüllt, soll sodann nach den allgemeinen Regelungen beurteilt werden. Das OVG geht aber demgegenüber noch einen Schritt weiter. Seiner Meinung nach soll die Kenntnis von rechtswidrigen Informationen des Internet-Service-Providers vermutet werden, sofern er automatisch oder manuell Einfluss auf die Informationen Dritter hat.[850] Demnach müsste der Diensteanbieter eine mögliche Rechtsverletzung erkennen, sofern er solche Aktivitäten ausgeführt hätte. Dem chinesischen Internet-Service-Provider wird somit in solchen Situationen bereits eine allgemeine proaktive Prüfpflicht auferlegt.

b) Verschulden des Internet-Service-Providers beim „Kennenmüssen“

In mehreren Fällen war das OVG aber der Meinung, es könne aus Indizienbeweisen abgeleitet werden, dass der Internet-Service-Provider Kenntnis von den ehrverletzenden Informationen erlangt habe. Damit unterliegt er nach der Meinung des OVG einer eingeschränkten proaktiven Prüfpflicht, um mögliche Verletzungen der Rechte anderer zu vermeiden.[851] So ein Fall liegt z.B. vor, wenn er eine Mitteilung über solche ehrverletzenden Informationen durch Dritte erhalten hat.[852] Darüber hinaus hat das OVG in Art. 9 Nr. 2–6 der Interpretation von 2014 mehrere Situationen aufgezählt, aus denen eine eingeschränkte proaktive Prüfpflicht des Internet-Service-Providers folgen kann.[853] In diesen Fällen sollte

849 Vgl. *Beater*, Medienrecht, Rn. 1966.

850 *奚晓明*: 《最高人民法院利用网络侵害人身权益司法解释理解与适用》, 第139页。

851 *奚晓明*: 《最高人民法院利用网络侵害人身权益司法解释理解与适用》, 第138页。

852 《侵权责任法条文理解与适用》, 第266页。

853 Art. 9 der Interpretation von 2014: Wenn ein Volksgericht nach § 36 Abs. 3 des Deliktshaftungsgesetzes feststellt, ob Anbieter von Netzdienstleistungen Kenntnis haben, muss es die folgenden Faktoren umfassend berücksichtigen: (1) ob die Anbieter von Netzdienstleistungen die verletzenden Informationen auf manuelle oder automatische Weise empfehlen, bewerten, auswählen, bearbeiten, arrangieren, überarbeiten oder auf andere Weise verarbeiten; (2) die Fähigkeit zur Verwaltung von Informationen, über die die Anbieter von Netzdienstleistungen verfügen sollten, sowie die Art und Weise des bereitgestellten Dienstes und das Ausmaß der Wahrscheinlichkeit, dass dies zu Verstößen führen könnte; (3) die Kategorie der Persönlichkeitsrechte und -interessen, gegen die die betreffenden Informationen verstoßen, sowie die Klarheit des Eingriffs; (4) Ausmaß des sozialen Einflusses der betreffenden Informationen oder Browsing-Raten für einen bestimmten Zeitraum; (5) die technologische Möglichkeit für Anbieter von Netzdienstleistungen, Maßnahmen zur Verhinderung von

ein vernünftiger Internet-Service-Provider selbst Kenntnis von den rechtsverletzenden Informationen erlangen können.[854]

Gemäß Art. 9 Nr. 2 der Interpretation von 2014 wirken die Größe der Plattform und die Art des angebotenen Dienstes bei der Beurteilung mit, ob ein proaktive Prüfpflicht besteht. Der erste Zivilsenat des OVG hat in der Erläuterung dieser Vorschrift deutlich darauf hingewiesen, dass wegen der großen Datenmenge und der Eigenschaften der Dienste keine zu hohen Anforderungen an die Prüfpflichten des Zugangs- und Cache-Providers gestellt werden sollten.[855] Mit dieser Vorschrift will er verschiedene Sorgfaltsmaßstäbe für Access-Provider, Cache-Provider und Host-Provider, Suchmaschinenbetreiber sowie Linksetzer festlegen. Danach liegt es nahe, dass er niedrigere Anforderungen an die Prüfpflichten von Access-Provider und Cache-Provider stellen oder sie sogar von den proaktiven Prüfpflichten voll und ganz befreien will.

Welches Recht des Betroffenen von der streitigen Information verletzt wird, spielt nach Art. 9 Nr. 3 der Interpretation von 2014 bei der Prüfung des Verschuldens des Diensteanbieters ebenfalls eine Rolle. Damit meint der erste Zivilsenat des OVG, dass keine hohen Anforderungen an die proaktiven Prüfpflichten des Diensteanbieters im Falle der Rufverletzung gesetzt werden sollten, weil das Vorliegen einer Rufschädigung schwer zu beurteilen ist.[856] Gemäß Art. 9 Nr. 4 kann eine proaktive Prüfpflicht auch abgeleitet werden, wenn die Summe der Seitenaufrufe in einem bestimmten Zeitraum sehr hoch ist. Aufgrund Art. 9 Nr. 5 ist ein Diensteanbieter verpflichtet, gängige präventive Filtertechnologien einzusetzen. Ansonsten kann eine Verletzung seiner Prüfpflichten auch im Einzelfall bejaht werden. Dies ist aber im Rahmen des Äußerungsdelikts nur von geringer Bedeutung, weil es – wie bereits erwähnt – momentan noch keine effektiven Programme oder Filtertechnologien gibt, um ehrverletzende Informationen aufzufinden.[857] Schließlich kann die Häufigkeit der Rechtsverstöße nach

---

Verstößen zu ergreifen, und ob entsprechende angemessene Maßnahmen ergriffen wurden; (6) ob die Anbieter von Netzdienstleistungen entsprechende angemessene Maßnahme gegen die wiederholte Handlung der Netznutzer oder die gleichen verletzenden Informationen ergriffen haben; (7) sonstige mit dem Einzelfall zusammenhängende Faktoren.

854 *奚晓明*: 《最高人民法院利用网络侵害人身权益司法解释理解与适用》, 第138页。

855 *奚晓明*: 《最高人民法院利用网络侵害人身权益司法解释理解与适用》, 第139页。

856 *奚晓明*: 《最高人民法院利用网络侵害人身权益司法解释理解与适用》, 第140页。

857 *奚晓明*: 《最高人民法院利用网络侵害人身权益司法解释理解与适用》, 第140页。

Art. 9 Nr. 6 ebenfalls den Sorgfaltsmaßstab des Diensteanbieters erhöhen. Ob eine proaktive Prüfpflicht besteht, soll im Einzelfall nach einem oder mehreren Kriterien beurteilt werden.[858]

Wie erwähnt, sollen der Access-Provider und Cache-Provider nach der Meinung des ersten Zivilsenats des OVG i.d.R. von den proaktiven Prüfpflichten befreit werden. Danach sollen die in Art. 9 Nr. 2–6 festgelegten Kriterien, die bei der Beurteilung des Entstehens proaktiver Prüfpflicht der Diensteanbieter eine wichtige Rolle spielen, vor allem bei Host-Providern, Suchmaschinenbetreibern sowie Linksetzern gelten. Damit sind die Aussichten des ersten Zivilsenats des OVG und des deutschen Gesetzgebers sehr ähnlich. Anders als das deutschen Recht hat der erste Zivilsenat des OVG allerdings nicht angedeutet, in welcher Situation dem Access-Provider und Cache-Provider auch eine proaktive Prüfpflicht aufgelegt werden soll, wenn sie Informationen anderer übermitteln, vermitteln oder speichern.

Im Vergleich mit dem deutschen Recht gibt es einen Unterschied bezüglich der Deutlichkeit des Hinweises. Es ist nicht erforderlich, dass die Hinweise i.S.d. § 36 Abs. 3 des chinesischen Deliktshaftungsgesetzes so deutlich sind, dass sie es ermöglichen, schnell und ohne großen Aufwand die rechtswidrigen Inhalte zu identifizieren sowie aufzufinden. Unter bestimmten Umständen führt ein grobes Indiz, z.B. die Seitenaufrufe i.S.d. Art. 9 Nr. 4 der Interpretation von 2014, schon dazu, dass der chinesische Diensteanbieter die von ihm übermittelten Informationen anderer überprüfen soll, um die möglichen rechtswidrigen Inhalte aufzufinden. Damit kann eine proaktive Prüfpflicht des chinesischen Diensteanbieters begründet werden, bevor er Kenntnis über die rechtswidrigen Inhalte durch präzise Hinweise erlangt hat.

Das oben Dargestellte vermittelt aber auch den Eindruck, dass das OVG lediglich regelt, in welchen Konstellationen eine proaktive Prüfpflicht der Diensteanbieter entsteht. Über die Zumutbarkeit der Prüfpflicht, nämlich ob und inwieweit diese proaktive Prüfpflicht durchgesetzt werden kann, schweigt aber das OVG. Damit wird dem chinesischen Gericht beträchtlicher Spielraum bei der Beurteilung gewährt, ob ein Diensteanbieter die beanstandete rechtswidrige Information hätte erkennen müssen.[859] Dies führt in der gerichtlichen

---

858 *奚晓明*: 《最高人民法院利用网络侵害人身权益司法解释理解与适用》, 第139页。

859 *崔国斌*: 网络服务商共同侵权制度之重塑, 《法学研究》2013年第4期, 第140页; *贾丽萍/连浩琼*: 网络服务提供者连带侵权责任的反思与重构, 《东北农业大学学报(社会科学版)》2017年第1期, 第45页。

Praxis dazu, dass die Entstehung der proaktiven Prüfpflichten des Diensteanbieters wesentlich von der Schwere der dem Opfer erlittenen Schäden abhängt.[860] Danach sollte der Diensteanbieter nach der Meinung des chinesischen Gerichts die rechtswidrige Handlung oder Information erkennen, sofern diese zu einem schweren Verlust des Betroffenen führte.[861] Ein chinesisches Gericht vertrat in einem Urteil bspw. den Standpunkt, dass der Host-Provider die ehrverletzenden Inhalte durch manuelle Überprüfung hätte auffinden müssen, weil sie von ihm bereits ein Jahr lang gespeichert worden waren.[862] Dieser Meinung nach ist eine uneingeschränkte proaktive Prüfpflicht des Diensteanbieters auch zumutbar, wenn die rechtswidrigen Informationen von ihm lange genug gespeichert wurden.[863] Demnach kann der Sorgfaltsmaßstab des Diensteanbieters im chinesischen Recht unverhältnismäßig erhöht werden, weil im Gegensatz zur deutschen Rechtsprechung eine uneingeschränkte manuelle Kontrolle von Daten zumutbar ist.[864]

Im Vergleich mit dem deutschen Recht gelten im chinesischen Recht bei der Beurteilung der Entstehung einer proaktiven Prüfpflicht die gleichen Kriterien für Host-Provider, Suchmaschinenbetreiber und Linksetzer. Damit sind die Sorgfaltsmaßstäbe der Suchmaschinenbetreiber im chinesischen Recht höher als die im deutschen Recht, weil eine proaktive Prüfpflicht des Suchmaschinenbetreibers vom BGH faktisch ausgeschlossen wird. Obwohl die Rechtsfigur „Zu-eigen-Machen“ im chinesischen Recht nicht existiert, hat der chinesische Linksetzer aufgrund der Regelungen von „Kennenmüssen“ im chinesischen Recht vermutlich die gleiche proaktive Prüfpflicht wie der deutsche Linksetzer. Er soll zudem nach den in Art. 9 der Interpretation von 2014 festgelegten Kriterien die von ihm verlinkten Informationen überprüfen, um erkennbare rechtsverletzende Inhalte aufzufinden, bevor er einen Hyperlink setzt. Eine reaktive Prüfpflicht besteht im chinesischen Recht auch, wenn er von den rechtsverletzenden Inhalten durch die Mitteilung des Betroffenen Kenntnis erlangt hat.

---

860 *崔国斌*: 网络服务商共同侵权制度之重塑,《法学研究》2013年第4期, 第140页。

861 Vgl. *崔国斌*: 网络服务商共同侵权制度之重塑,《法学研究》2013年第4期, 第140页。

862 江苏省高级人民法院(2005)苏民三终字第0106号民事判决书。

863 Vgl. 陕西省西安市中级人民法院(2018)陕01民终4987号民事判决书。In dieser Entscheidung ist das Gericht der Meinung, dass der Diensteanbieter die ehrverletzende Information binnen fünf Monaten ohne Mitteilung auffinden sollte.

864 Vgl. BGH GRUR 2011, 152 Rn. 42 – „Kinderhochstühle im Internet I“; BGH MMR 2004, 668, 672 – „Internet-Versteigerung I“ m. Anm. *Hoeren*.

5.3 Ergebnis des Kapitels

Die vorstehenden Untersuchungen zeigen, dass die Wahrscheinlichkeit, dass die Internetdiensteanbieter für die von ihnen übermittelten und vermittelten fremden geschäftsschädigenden Informationen einstehen, nach dem chinesischen Recht viel größer ist als nach dem deutschen Recht. D.h., das betroffene Unternehmen wird in der chinesischen Rechtspraxis gegenüber den Internetdiensteanbietern ebenfalls vorrangig geschützt.

Dieses Ergebnis ist zunächst darauf zurückzuführen, dass das OVG durch seine Interpretation den Umfang der Prüfpflicht, insbesondere der proaktiven Prüfpflicht, der Internetdiensteanbieter erheblich ausdehnt. Doch hat es aber vernachlässigt, Anforderungen an die Zumutbarkeit der Prüfpflicht zu stellen. Dies führt dazu, dass das chinesische Gericht den Internetdiensteanbietern fast immer eine Prüfpflicht auferlegt, in manchen Fällen sogar eine unbeschränkte Prüfpflicht. Im Vergleich dazu haften die deutschen Internetdiensteanbieter grundsätzlich nicht, sofern sie ihre neutrale und passive Vermittlerrolle nicht verlassen und/oder die beanstandeten Informationen nach deren positiver Zurkenntnisnahme oder deren Entfernung oder Sperrung unverzüglich selbst entfernen oder den Zugang zu ihnen sperren. Darüber hinaus ist eine unbeschränkte oder manuelle Prüfpflicht im deutschen Recht grundsätzlich ausgeschlossen.

Zweitens trägt die Nichteinteilung der Internetdiensteanbieter auch zur Verschärfung von deren Haftung im chinesischen Recht bei. Wegen der Nichteinteilung der Internetdiensteanbieter gilt im chinesischen Recht für alle Anbieterarten eine einheitliche Regelung, § 36 des Deliktshaftungsgesetzes, zur Haftungsbegründung bzw. -privilegierung. Diese Vorschrift ähnelt – wie bereits erwähnt – jedoch dem § 10 TMG Deutschlands, der lediglich beim Host-Provider Anwendung findet. Dies führt dazu, dass der Access-Provider, Cache-Provider, der Suchmaschinenbetreiber und Linksetzer im chinesischen Recht unverhältnismäßig belastet werden.

Schließlich kann die Haftungsprivilegierung i.S.d. § 36 des Deliktshaftungsgesetzes den chinesischen Internetdiensteanbietern auch nicht weiterhelfen obwohl nach einer solchen Haftungsprivilegierung den chinesischen Internetdiensteanbietern keine Haftung auferlegt werden darf, sofern sie sich darauf berufen. Denn die chinesischen Internetdiensteanbieter verlieren wegen der Ausdehnung des Umfangs ihrer Prüfpflicht in den meisten Fällen die Haftungsprivilegierung.

Kapitel 6: Zusammenfassung und Vorschläge zur Rechtsanwendung im chinesischen Recht

6.1 Zusammenfassung

Die Zusammenfassung wird in vier Schritten vollzogen. Zunächst werden die Abgrenzung sowie die Sinnermittlung der unternehmensschädigenden Äußerungen in der deutschen und chinesischen Rechtspraxis einander gegenübergestellt, bevor im zweiten und dritten Schritt der Schutz unternehmerischer Reputation vor unwahren Tatsachenbehauptungen und geschäftsschädigenden Werturteilen in den Gesetzen beider Länder jeweils untersucht wird. Zum Schluss folgt ein Vergleich der Haftungsbegründung sowie der Haftungsprivilegierung des Internetdiensteanbieters nach dem deutschen und chinesischen Recht.

6.1.1 Vergleich der Abgrenzung und der Sinnermittlung der unternehmensschädigenden Äußerungen

1. Vorstehende Untersuchung zeigt, dass sich die unternehmensschädigenden Äußerungen sowohl in der deutschen als auch in der chinesischen Rechtspraxis grundsätzlich in unwahre Tatsachenbehauptungen und geschäftsschädigende Werturteile gliedern, obwohl sie im chinesischen Recht jeweils als diffamierende und beleidigende Äußerungen bezeichnet werden.
2. Einigkeit besteht im Hinblick auf die Prüfung der Zulässigkeit der Tatsachenbehauptungen und der diffamierenden Äußerungen. Dabei gilt in beiden Ländern das sog. Wahrheitskriterium. Sowohl in der deutschen als auch in der chinesischen gerichtlichen Praxis wird ebenfalls versucht, die unwahren Tatsachenbehauptungen weiter unterzuteilen. Die Unterteilungen der unwahren Tatsachenbehauptungen in der deutschen und chinesischen Rechtspraxis sind allerdings nicht ganz identisch. In der Gesamtschau gibt es in der chinesischen Rechtspraxis etwas mehr Arten an unwahren Tatsachenbehauptungen als in der deutschen Rechtspraxis.
3. Ein offensichtlicher Unterschied taucht bei der Einordung eines Werturteils als geschäftsschädigendes Werturteil auf. Im deutschen Recht ist ein Werturteil erst als geschäftsschädigend anzusehen, wenn es eine Schmähung darstellt. Im Vergleich dazu ist es nach der chinesischen Rechtsprechung bereits grundsätzlich rufverletzend, wenn es unhöfliche oder unfreundliche Worte enthält oder ihre Bedeutung ein unangenehmes Gefühl hervorrufen kann.

4. Einigkeit besteht im Hinblick auf den Gedanken der Behandlung gemischter Äußerungen in beiden Ländern. Danach sollen die Reglungen, die jeweils bei der Prüfung der unwahren Tatsachenbehauptungen und der geschäftsschädigenden Werturteile gelten, entsprechend Anwendung finden. Ein Unterschied besteht aber dahingehend, dass im deutschen Recht die gemischten Äußerungen noch einmal in echte und unechte gemischte Äußerungen unterteilt werden. Die echten gemischten Äußerungen werden im deutschen Recht als Werturteil angesehen. Der oben genannte Grundsatz gilt nur bei unechten gemischten Äußerungen. Demgegenüber fehlt es an einer Unterscheidung zwischen echten und unechten gemischten Äußerungen im chinesischen Recht.
5. Im chinesischen Recht ist das Schweigen ebenfalls als eine rufverletzende Äußerungsform anzusehen. Dies ist auf die Einführung einer Berichtigungspflicht des Äußernden durch das OVG im chinesischen Recht zurückzuführen.
6. Bei der Sinnermittlung einer unternehmensschädigenden Äußerung gehen Deutschland und China gemeinsam vom jeweiligen Wortlaut aus. Dabei spielt das Verständnis des unvoreingenommenen und verständigen Durchschnittsempfängers eine entscheidende Rolle in beiden Ländern. Um den objektiven Sinn der komplizierten Äußerungen zu ermitteln, hat das BVerfG neue Lehren oder Theorien entwickelt. In diesen Fällen neigt das chinesische Gericht jedoch dazu, den Sinn der komplizierten Äußerungen anhand des Kontexts sowie der subjektiven Absicht des Äußernden festzustellen. Damit wird dem chinesischen Richter ein größerer Ermessensspielraum eingeräumt als seinem deutschen Kollegen.

6.1.2 Vergleich des Unternehmensschutzes vor unwahren Tatsachenbehauptungen

1. In Hinsicht auf das anwendbare Recht sind die Unterschiede zwischen dem deutschen und chinesischen Recht signifikant. Der deutsche Gesetzgeber hat ein gestuftes System für den Unternehmensschutz vor unwahren Tatsachenbehauptungen im BGB vorgeschrieben, je nachdem, ob der Schädiger vorsätzlich oder nur fahrlässig die beanstandete unwahre Tatsachenbehauptung mitgeteilt hat. Außerdem hat er mithilfe von § 823 Abs. 2 BGB i.V.m. § 186 StGB eine Beweislastumkehr in das Zivilrecht eingeführt. Im Vergleich dazu ist die Regelung in solchen Fällen im chinesischen Recht einfach und klar. Denn in diesen Fällen gilt nur das Recht der juristischen Person auf ihren Ruf i.S.d. § 101 AGZ. Es gibt darüber hinaus keine Möglichkeit im chinesischen Recht, die Beweislast des Anspruchstellers umzukehren.

2. Eine Parallele besteht im Hinblick auf die Verletzungshandlung im Falle des Äußerungsdelikts. Behauptung (im chinesischen Recht: Veröffentlichung) und Verbreitung (im chinesischen Recht: Weitergabe) geschäftsschädigender Äußerungen sind in beiden Ländern unzulässig. Ein signifikanter Unterschied liegt aber darin, dass die Rechtsfigur „Zu-eigen-Machen" im chinesischen Recht fehlt. Danach haftet der Verbreiter im chinesischen Recht für eine Rufverletzung wie der Behauptende, während die Haftung der reinen Verbreiter nach dem deutschen Recht erheblich reduziert wird.
3. Eine weitere Parallele besteht im Hinblick auf die Feststellung der Rechtsverletzung. Die Methode der Feststellung der unmittelbaren Betroffenheit der rufverletzenden Äußerungen sind in der deutschen und chinesischen Rechtspraxis sehr ähnlich.
4. Die Ansichten der h.M. im deutschen und chinesischen Recht zur Rechtsnatur des Schutzgutes der Kreditgefährdung i.S.d. § 824 BGB und des Rechts der juristischen Person auf ihren Ruf i.S.d. § 101 AGZ sind unterschiedlich. Während nach h.M. im deutschen Recht das Vermögensinteresse im Falle der Kreditgefährdung verletzt wird, vertritt die h.M. im chinesischen Recht den Standpunkt, dass ein (Sonder-)Persönlichkeitsrecht im Falle der Verletzung des Rechts der juristischen Person auf ihren Ruf beeinträchtigt wird.
5. Ein signifikanter Unterschied ist bei der Feststellung der Rechtswidrigkeit der Behauptung oder Verbreitung unwahrer Tatsachenbehauptungen festzustellen. Im deutschen Recht wird die Rechtswidrigkeit durch eine umfassende Interessenabwägung festgestellt, sofern die Unwahrheit der Äußerungen dem Mitteilenden zum Zeitpunkt der Mitteilung unbewusst ist. Die Rechtswidrigkeit der Verletzungshandlung im Falle der Verletzung des Rechts der juristischen Person auf ihren Ruf durch unwahre Tatsachenbehauptungen folgt demgegenüber schon aus der Verwirklichung der objektiven Tatbestandsmerkale. Ob die Unwahrheit der Behauptung dem Äußernden bewusst ist, spielt im chinesischen Recht keine entscheidende Rolle.
6. Einigkeit besteht auch bei der Prüfung des Verschuldens des Schädigers im Falle der Rufverletzung durch unwahre Tatsachenbehauptungen. Dabei gilt in beiden Ländern das Verschuldensprinzip. Im Wesentlichen wird geprüft, ob der Äußernde den erforderlichen Prüfpflichten nachgekommen ist.

6.1.3 Vergleich des Unternehmensschutzes vor geschäftsschädigenden Werturteilen

1. Ein signifikanter Unterschied besteht ebenfalls im Hinblick auf das anwendbare Recht im Falle der Rufverletzung durch geschäftsschädigende Werturteile

in beiden Ländern. In Deutschland wird ein System von Anspruchsgrundlagen ausgearbeitet, je nachdem, ob der Schädiger vorsätzlich oder nur fahrlässig ein geschäftsschädigendes Werturteil veröffentlicht oder verbreitet. In diesem System gibt es Konkurrenz in Bezug auf die Anspruchsgrundlagen. In China wird ein Unternehmen ebenfalls lediglich mithilfe des Rechts der juristischen Person auf ihren Ruf i.S.d. § 101 AGZ vor geschäftsschädigenden Werturteilen geschützt, egal ob der Schädiger vorsätzlich oder fahrlässig das beanstandete Werturteil behauptet oder verbreitet.

2. Die Rechtswidrigkeit einer allgemeinen Geschäftskritik ist im deutschen Recht erst nach einer umfassenden Güter- und Interessenabwägung festzustellen. Im Regelfall soll der Betroffene eine allgemeine Geschäftskritik wegen des Vorrangs der Meinungs- und Pressefreiheit des Kritikers sowie der öffentlichen Informationsinteressen hinnehmen. Im Vergleich dazu ist die Rechtswidrigkeit einer Geschäftskritik im chinesischen Recht nach der Richtigkeit ihrer Grundlagen und der Angemessenheit der Kritik als solcher zu beurteilen. Danach ist die Geschäftskritik eigentlich mit der Mischäußerung gleichzusetzen. Bei der Prüfung der Angemessenheit der Geschäftskritik werden allerdings strenge Anforderungen gestellt. Daher ist die Geschäftskritik in China in den meisten Fällen unzulässig.
3. Über die Behandlung ungünstiger Bewertungen auf Internetplattformen herrscht in beiden Ländern Übereinstimmung. Danach ist eine ungünstige Bewertung auf Internetplattenform grundsätzlich zulässig, sofern sie keine unwahren Tatsachenbehauptungen enthält und auch keine Schmähung darstellt. Diese Übereinstimmung ist die Folge der Einführung der Anforderung an die Wahrhaftigkeit der Beurteilungsgrundlage im deutschen Recht und der Lockerung der Anforderung an die Angemessenheit der Bewertungen im chinesischen Recht.
4. Grundlegende Unterschiede sind bei der Prüfung der Zulässigkeit eines Boykottaufrufs festzustellen. In Deutschland wird die Zulässigkeit eines Boykottaufrufs nach der Richtigkeit der enthaltenen Tatsachen, der Motive des Aufrufers, der Zulässigkeit der eingesetzten Mittel und der Verhältnismäßigkeit des Boykottaufrufs als solcher beurteilt. Im Vergleich dazu wird der Boykottaufruf im chinesischen Recht als eine Sonderart der Kritik von Verbrauchern angesehen. Daher wird die Prüfung der Zulässigkeit der verfolgten Ziele des Aufrufers sowie der von ihm eingesetzten Mittel im chinesischen Recht beiseite gelassen. Einigkeit besteht insoweit darin, als die Wahrheit der Grundlagen des Boykottaufrufs und die Verhältnismäßigkeit des Aufrufs in beiden Ländern geprüft werden.

5. Einigkeit besteht in den Vergleichsländern darüber, dass ein vergleichender Warentest neutral, sachkundig und objektiv durchgeführt werden muss. Dazu werden aber in China strengere Anforderungen gestellt. Ein Unterschied besteht im Hinblick auf die Behandlung des Testergebnisses. Das Testergebnis ist im deutschen Recht als Werturteil anzusehen. Im Vergleich dazu ist es in der chinesischen Praxis eine Zusammenfassung der Einzelergebnisse. Daher ist es eine Tatsachenbehauptung. Bei der Bewertung des Testergebnisses darf der chinesische Testveranstalter keine konkreten Vergleichsobjekte nennen.

6.1.4 Vergleich der Haftungsbegründung sowie der Haftungsprivilegierung des Internetdiensteanbieters

1. Bezüglich der Internetdiensteanbieter ist der Unterschied zwischen Deutschland und China sehr groß. Neben dem Content-Provider werden die Internetdiensteanbieter im deutschen Recht in drei Gruppen unterteilt, und zwar in Access-Provider, Cache-Provider und Host-Provider. Darüber hinaus sind Suchmaschinenbetreiber und Anbieter von Hyperlinks nicht von diesen drei Gruppen umfasst. Demgegenüber wird bei den Internetdiensteanbietern im chinesischen Recht lediglich zwischen Content-Providern und Internet-Service-Providern unterschieden. Access-Provider, Cache-Provider, Host-Provider, Suchmaschinenbetreiber und Anbieter von Hyperlinks gehören in China zu den Internet-Service-Providern.
2. Einigkeit besteht bei der Haftungsbegründung des Content-Providers im deutschen und chinesischen Recht. Sowohl in Deutschland als auch in China ist der Content-Provider für die geschäftsschädigenden Informationen nach den allgemeinen Gesetzen verantwortlich.
3. Im Hinblick auf die Haftungsbegründung des Access-Providers und Cache-Providers bestehen sowohl eine Gemeinsamkeit als auch ein Unterschied in beiden Ländern. Die Gemeinsamkeit liegt darin, dass nach dem deutschen Gesetz und der Ansicht des ersten Zivilsenats des OVG der Access-Provider und der Cache-Provider von den proaktiven Prüfpflichten befreit werden sollen. Unterschiedlich ist aber, dass sie nach dem deutschen Recht ferner auch keine reaktiven Prüfpflichten zu erfüllen haben, sofern sie ihre automatische, neutrale und passive Vermittlerposition bei der Informationsübermittlung nicht verlassen, während ihnen eine reaktive Prüfpflicht im chinesischen Recht noch zuzumuten ist, wenn sie Kenntnis von den rechtswidrigen Informationen durch eine Mitteilung erlangt haben.

4. Bezüglich der Haftungsbegründung des Host-Providers ist zunächst eine Übereinstimmung in beiden Ländern festzustellen. Der Host-Provider ist sowohl in Deutschland als auch in China verpflichtet, die Rechtswidrigkeit der streitigen Äußerung zu überprüfen, wenn er entweder Kenntnis davon durch eine Mitteilung erlangt hat (eine reaktive Prüfpflicht) oder von selbst die rechtswidrige Äußerung aus den Tatsachen oder Umständen erkennt (eine proaktive Prüfpflicht). Ein Unterschied besteht aber darin, dass der deutsche Host-Provider selbst die Rechtswidrigkeit der beanstandeten Information überprüfen muss, nachdem er die Mitteilung erhalten hat, während der chinesische Host-Provider in diesem Fall nur prüft, ob der Betroffene die Rechtswidrigkeit der beanstandeten Äußerung ausreichend begründet hat.

   Im Hinblick auf die proaktive Prüfpflicht des Host-Providers besteht in beiden Ländern ebenfalls ein Unterschied. In Deutschland wird bei der Prüfung der proaktiven Prüfpflicht des Host-Providers im Falle des Äußerungsdelikts normalerweise darauf geachtet, ob er seine neutrale und passive Vermittlerposition verlässt. Dabei ist eine allgemeine oder manuelle Prüfpflicht grundsätzlich ausgeschlossen. Im Vergleich dazu wird im chinesischen Recht untersucht, ob der Host-Provider die rechtswidrige Äußerung kennt oder kennen muss. Dazu werden verschiedene Kriterien eingeführt. Nach diesen Kriterien ist eine manuelle Prüfpflicht noch zumutbar.
5. Grundlegende Unterschiede sind bei der Prüfung der Haftung des Suchmaschinenbetreibers festzustellen. Ein deutscher Suchmaschinenbetreiber wird von der proaktiven Prüfpflichten befreit, selbst wenn er die sog. Autovervollständigungsfunktion in seiner Suchmaschine einsetzt. Er unterliegt i.d.R. auch keiner reaktiven Prüfpflicht, selbst wenn er davon Kenntnis erlangt hat, es sei denn, dass die Rechtsverletzung offensichtlich und auf den ersten Blick erkennbar ist. Im Vergleich dazu ist der chinesische Suchmaschinenbetreiber überlastet. Er unterliegt nicht nur einer reaktiven Prüfpflicht (wenn er von einer rechtswidrigen Information Kenntnis erlangt hat), sondern auch einer proaktiven (wenn die rechtswidrige Information aus Tatsachen oder Umständen im konkreten Fall offensichtlich ist).
6. Auf den ersten Blick bestehen im Hinblick auf die Prüfung der Haftung des Linksetzers grundlegende Unterschiede in beiden Ländern. Der deutsche Linksetzer genießt nach h.M. keine Haftungsprivilegierung. Er haftet nach den allgemeinen Gesetzen im Falle des Äußerungsdelikts. Im Vergleich dazu kann ein chinesischer Linksetzer sich auf die Haftungsprivilegierung berufen, sofern er keine Möglichkeit hat, die rechtswidrige Äußerung zu erkennen oder er unverzüglich tätig geworden ist, die Information nach der Kenntniserlangung zu entfernen oder den Zugang zu ihr zu sperren. Im Ergebnis

sind die Unterschiede aber eigentlich sehr fein. Denn die Haftung des deutschen Linksetzers wird wegen der Zumutbarkeit seiner Prüfpflichten tatsächlich eingeschränkt, während der Umfang der Überprüfung des chinesischen Linksetzers wegen der Rechtsfigur „Kennenmüssen“ erheblich erweitert werden kann. Dadurch verliert der Linksetzer im chinesischen Recht normalerweise die Haftungsprivilegierung.

6.2 Vorschläge zur Rechtsanwendung im chinesischen Recht

Die wesentliche Schlussfolgerung aus den vorangegangenen Untersuchungen ist, dass Deutschland dem Äußernden mehr Schutz im Falle der Verletzung unternehmerischer Reputation gewährt, während China dazu neigt, den Geschäftsruf des betroffenen Unternehmens in diesem Fall zu schützen. Um den vorrangigen Schutz der unternehmerischen Reputation im Online-Bereich zu erreichen, haben chinesische Gerichte in der gerichtlichen Praxis viele strenge und sogar ungerechtfertigte Regelungen entwickelt. Dadurch wird einerseits die Meinungs- oder Pressefreiheit des Äußernden beträchtlich eingegrenzt. Andererseits ist die Schaffung eines transparenten Marktes in China dadurch ebenfalls erschwert. Zudem werden die Interessen der chinesischen Verbraucher ebenso verletzt. Deshalb wird zur Rechtsanwendung in der chinesischen gerichtlichen Praxis Folgendes vorgeschlagen, um das Gleichgewicht zwischen dem Schutz der unternehmerischen Reputation und dem der Meinungs- oder Pressefreiheit des Äußernden sowie dem Verbraucherschutz zu gewährleisten.

Wie die obigen Untersuchungen des chinesischen Rechts gezeigt haben, sind die Anwendungsvoraussetzungen des Rechts der juristischen Person auf ihren Ruf i.S.d. § 101 AGZ im Falle der Rufverletzung durch diffamierende und beleidigende Äußerungen im Kern jeweils mit denen der Kreditgefährdung i.S.d. § 824 BGB und denen des Rechts am Gewerbebetrieb i.S.d. § 823 Abs. 1 BGB vergleichbar. Aufgrund dessen sind die Vorschläge zur Rechtsanwendung nach dem deutschen Vorbild in der chinesischen Rechtspraxis ohne Weiteres durchsetzbar. Im Folgenden werden die Vorschläge konkret aufgezeigt.

6.2.1 Vorschläge zur Abgrenzung und Sinnermittlung geschäftsschädigender Äußerungen

1. Ausschluss der unzutreffend angewendeten Fachbegriffe aus den diffamierenden Äußerungen

Richtigerweise sollen die unzutreffend angewendeten Fachbegriffe aus den diffamierenden Äußerungen ausgeschlossen werden. Denn bei der Verwendung eines Fachbegriffs will der Äußernde im Regelfall sein Verständnis oder seine Einstellung zu einer Handlung des Betroffenen oder einem Geschehnis bekannt machen. Im Vordergrund steht tatsächlich die Stellungnahme, das Dafürhalten oder das Meinen des Äußernden. Daher geht es dabei nicht um Tatsachenbehauptungen, sondern um Meinungsäußerungen.

2. Aufnahme der unvollständigen Tatsachenbehauptungen in den diffamierenden Äußerungen

In der heutigen Rechtspraxis in China stellen unvollständige Tatsachenbehauptungen noch keine eigenständige Art von unwahren Tatsachenbehauptungen dar. Im Einzelfall können sie zwar entweder als unrichtige oder als unzutreffende Tatsachenbehauptungen eingeordnet werden. Jedoch kann diese Praktik zu Unklarheit führen. Richtigerweise sollte eindeutig festgestellt werden, dass sie ebenfalls eine Art von unwahren Tatsachenbehauptungen sind. Damit kann im chinesischen Recht Rechtsklarheit geschaffen werden.

3. Reduzierung der übermäßigen Abhängigkeit vom Kontext bei der Sinnermittlung

Die übermäßige Abhängigkeit vom Kontext bei der Sinnermittlung unternehmensschädigender Äußerungen in der chinesischen gerichtlichen Praxis sollte reduziert werden. Dabei sollte das chinesische Gericht sich nicht vorschnell an den Kontext wenden, in dem die beanstandeten Äußerungen gefallen sind. Es sollte zunächst alle möglichen Deutungen der beanstandeten Äußerung prüfen, insbesondere wenn es um eine mehrdeutige oder verdeckte Aussage geht oder wenn diese mit Stilmitteln versehen wird. Die Deutungen, die der rechtlichen Beurteilung nicht zugrunde gelegt werden können, müssen unter Angabe ausreichender Gründe ausgeschlossen werden. Nur wenn der Ausschluss aller Deutungen bis auf eine nicht gelingt ist, sollte sich der Richter an den Kontext wenden und die zugrunde liegende Deutung daraus ableiten.

6.2.2 Vorschläge zur Haftungsbegründung des Schädigers

1. Einführung des „Zu-eigen-Machens" ins chinesische Recht und Reduzierung der Anforderungen an die Prüfpflichten reiner Verbreiter

Die Rechtsfigur „Zu-eigen-Machen" sollte ins chinesische Recht eingeführt werden. Damit könnten die Verbreiter, die sich die verbreiteten unternehmensschädigenden Äußerungen zu eigen gemacht haben, von den reinen Verbreitern, die fremde Angaben bloß weitergegeben haben, unterschieden werden. Nur Erstere sollten für die Rufverletzung haften wie der Behauptende. Mit dieser Unterscheidung könnten die Anforderungen an den Sorgfaltsmaßstab des reinen Verbreiters reduziert werden. Sie unterliegen im Regelfall nur einer eingeschränkten Prüfpflicht. Dabei sollte aber die Zumutbarkeit der Prüfpflicht ebenfalls berücksichtigt werden. Unter Verweis auf das deutsche Recht sollte große Zurückhaltung bei der Prüfung des Vorliegens eines „Zu-eigen-Machens" geboten sein. Denn andernfalls wäre die Einführung dieser Rechtsfigur bedeutungslos und vergeblich.

2. Anerkennung des Schutzgutes des Rechts der juristischen Person auf ihren Ruf als Vermögensinteresse

Richtigerweise sollte die Rechtsnatur des Schutzgutes des Rechts der juristischen Person auf ihren Ruf ein Vermögensinteresse sein. Nach dem in dieser Arbeit vertretenen Standpunkt besteht keine Schutzlücke nach der Anerkennung, wenn jeder finanzielle Verkehr als wirtschaftliches Interesse angesehen wird. Nach dieser neuen Auslegung von wirtschaftlichen Interessen könnte die angebliche Schutzlücke in der Literatur, der Ruf des Idealvereins könne nicht gut geschützt werden, wenn das Schutzgut des Rechts der juristischen Person auf ihren Ruf lediglich als Vermögensinteresse angesehen werde, ohne Weiteres geschlossen werden.

3. Einführung der Wahrnehmung berechtigter Interessen als Rechtsfertigungsgrund im Falle der Rufverletzung durch unwahre Tatsachenbehauptungen

Die Wahrnehmung berechtigter Interessen sollte als Rechtsfertigungsgrund im Falle des Äußerungsdelikts durch unwahre Tatsachenbehauptungen ins chinesische Recht eingeführt werden. Wie bereits erwähnt, folgt im chinesischen Recht die Rechtswidrigkeit der Behauptung und Verbreitung unwahrer Tatsachenbehauptungen in der Tat aus der Verwirklichung der objektiven Tatbestandsmerkmale. Dies kann aber zu erheblichen Einschränkungen der Meinungsfreiheit des Äußernden führen.

Zu den berechtigen Interessen sollten nicht nur das öffentliche Informationsinteresse, sondern auch eigene wirtschaftliche Interessen des Äußernden gehören. Unter Verweis auf das deutsche Recht sollte die Berufung des Äußernden auf die Wahrnehmung berechtigter Interessen die Erfüllung seiner gebotenen Sorgfaltspflicht voraussetzen. Im Zusammenhang mit der Berufung auf eigene wirtschaftliche Interessen sollten strengere Anforderungen gestellt werden. Der Äußernde sollte in diesem Fall Maßnahmen ergreifen müssen, um die unnötige Weiterverbreitung der nachträglich als unwahr erwiesenen Behauptungen zu verhindern.

4. Lockerung der Anforderungen an die Richtigkeit der Grundlage eines Werturteils

Bei der Beurteilung der Richtigkeit der Grundlage eines Werturteils im Fall der Rufschädigung durch beleidigende Äußerungen sollte das chinesische Gericht zunächst überprüfen, ob es sich im Hinblick auf die Grundlage als solche um eine Tatsachenbehauptung oder ein Werturteil handelt. Das Gericht sollte die Richtigkeit der Grundlage nur prüfen, wenn sie eine Tatsachenbehauptung ist. In diesem Fall sollten keine zu hohen Anforderungen an die Richtigkeit der Grundlage gestellt werden. Sofern der Kerninhalt der Tatsachenbehauptung wahr ist, sollte die Grundlage als richtig angesehen werden. Ob die Erlangung der zugrunde liegenden Tatsachenbehauptung zulässig ist, kann dabei ebenfalls eine Rolle spielen. Wenn die Grundlage ein Werturteil ist, sollte das Gericht nur prüfen, ob dieses einen sachlichen Bezug zum Werturteil des Äußernden hat. Sofern ein sachlicher Bezug zwischen der Grundlage und dem Werturteil des Äußernden besteht, sollte die Grundlage grundsätzlich zulässig sein.

5. Minderung der Anforderungen an die Angemessenheit der Geschäftskritik

Bei der Prüfung der Angemessenheit einer Geschäftskritik sollte das chinesische Gericht besonders vorsichtig und zurückhaltend sein. Die Anforderung, der Kritiker solle wie ein objektiver, vernünftiger und neutraler Dritter handeln, geht sozusagen von einem moralischen Standard aus. Sie ist in der Rechtspraxis kaum zu erfüllen und sollte deshalb gemindert werden. Eine Geschäftskritik sollte richtigerweise erst unzulässig sein, wenn in der Kritik nicht mehr die Auseinandersetzung in der Sache, sondern die Herabsetzung des Betroffenen im Vordergrund steht. Dies sollte insbesondere im Falle des Schutzes unternehmerischer Reputation gelten, weil Unternehmen keine menschliche Würde besitzen. Aus diesem Grund sollten Unternehmen toleranter gegenüber Kritiken im Vergleich mit natürlichen Personen sein. Daher sollten scharfe oder überspitzte Formulierungen grundsätzlich von Unternehmen hingenommen werden, sofern sie ausreichenden und sachlichen Grundlagen zugrunde liegen. Ebenfalls sollte es prinzipiell zulässig sein, wenn der Kritiker seine Äußerungen mit einer auffallenden oder sensationellen Schlagzeile versehen hat.

6. Erweiterung des Ermessensfreiraums des Testveranstalters beim vergleichenden Warentest

Der Ermessensfreiraum des chinesischen Testveranstalters sollte erweitert werden. Die geltenden Regelungen Chinas können zwar die Neutralität, Sachkundigkeit und Objektivität des vergleichenden Warentests gewährleisten. Damit wird aber dessen Durchführung ebenfalls unverhältnismäßig eingeschränkt. Schließlich wird auch das Informationsinteresse der Verbraucher beeinträchtigt. Bei der Beurteilung der Zulässigkeit des vergleichenden Warentests sollte sich das chinesische Gericht darauf konzentrieren, ob der Warentest neutral, sachkundig und objektiv durchgeführt wird, nicht aber, ob der Testveranstalter den Regelungen nachgekommen hat. Ebenfalls sollte der Testveranstalter bei der Darstellung des Testergebnisses größeren Ermessensfreiraum genießen. Er sollte Kritik an den ungenügenden Testobjekten üben dürfen. Andernfalls ist der vergleichende Warentest nur von geringer Bedeutung.

6.2.3 Vorschläge zur Haftungsbegründung der Internetdiensteanbieter

1. Klassifizierung der Internetdiensteanbieter im chinesischen Recht

Die Internetdiensteanbieter sollten im chinesischen Recht weiterklassifiziert werden. Sie sollten nach ihrer Rolle, die sie jeweils bei der Informationsübermittlung spielen, in Access-Provider, Cache-Provider, Host-Provider, Suchmaschinenbetreiber und Anbieter von Hyperlinks unterteilt werden. Im Einzelfall sollte das chinesische Gericht zunächst prüfen, welche Rolle der verklagte Internetdiensteanbieter bei der Übermittlung der beanstandeten Informationen gespielt hat.

2. Befreiung der Access-Provider und Cache-Provider von den Prüfpflichten

Den Access-Providern und Cache-Providern sollten keine proaktiven und reaktiven Prüfpflichten auferlegt werden, sofern sie bei der Informationsübermittlung ihre neutrale und passive Vermittlerposition nicht verlassen. Der Grund dafür liegt darin, dass sie entweder – wie bereits erwähnt – lediglich eine inhaltsneutrale technische Brücke für die Übermittlung von Informationen zwischen Netzwerkeinheiten bereitstellen (Access-Provider) oder die Übermittlung fremder Informationen an andere Nutzer auf deren Anfrage effizient gestalten (Cache-Provider). Im Regelfall sollten Access-Provider und Cache-Provider keinen redaktionellen Einfluss auf fremde Informationen ausüben können. Wegen der unübersehbaren Informationsflut des Internets ist eine reaktive Prüfpflicht ebenso kaum effektiv durchzuführen, ohne den Geschäftsbetrieb zu erschweren. Deshalb sollte im chinesischen Recht deutlich vorgeschrieben werden, dass Access-Provider und Cache-Provider keinen Prüfpflichten unterliegen, sofern sie ihre neutrale und passive Übermittlerrolle nicht verlassen. Unter Verweis auf das deutsche Recht sollte den Access-Providern und Cache-Providern in diesem

Fall noch eine Entfernungs- oder Sperrungspflicht auferlegt werden, um eine mögliche Schutzlücke zu schließen. Diese Entfernungs- oder Sperrungspflicht sollte eine gerichtliche oder behördliche Anordnung voraussetzen, um Missbrauch zu verhindern.

3. Verlassen der neutralen und passiven Vermittlerposition als Anhaltspunkt für die Prüfung des „Kennenmüssens" des Internetdiensteanbieters

Eine Schwierigkeit in der chinesischen gerichtlichen Praxis besteht darin, zu beurteilen, ob ein Internetdiensteanbieter die beanstandete rechtswidrige Äußerung im Einzelfall hätte erkennen müssen. Um diese Schwierigkeit zu bewältigen, hat das OVG durch Art. 9 der Interpretation von 2014 ein paar Kriterien ins chinesische Recht eingeführt. Problematisch ist aber, dass aus einigen Kriterien, und zwar Art. 9 Nr. 2, 4 und 6 der Interpretation von 2014, sich eine allgemeine oder manuelle Prüfpflicht ergeben kann. Damit sind jedoch die chinesischen Internetdiensteanbieter überlastet. Daher sollte ein neues Kriterium in solchen Fällen eingeführt werden. Unter Verweis auf das deutsche Recht ist ein guter Anhaltspunkt für die Beurteilung des „Kennenmüssens" des Internetdiensteanbieters, ob er seine neutrale und passiver Vermittlerrolle verlässt. Wenn er diese Vermittlerposition nicht verlässt, sollte das „Kennenmüssen" des Internetdiensteanbieters von den rechtswidrigen Informationen in solchen Fällen grundsätzlich ausgeschlossen werden.

4. Einführung des Moderationsverfahrens ins chinesische Recht

Das Moderationsverfahren sollte in die chinesische Rechtspraxis eingeführt werden. Wie oben dargestellt, prüft der chinesische Internetdiensteanbieter eigentlich nicht die Rechtswidrigkeit der beanstandeten Äußerungen als solche, sondern die Argumentationen des Betroffenen für diese Rechtswidrigkeit, nachdem er davon Kenntnis durch eine Mitteilung erlangt hat. An diesem Prozess ist der Äußernde nicht beteiligt. Deshalb werden sein Recht und Interesse vernachlässigt. Die Einführung des Moderationsverfahrens könnte die oben genannte unberechtigte Praktik in der chinesischen Rechtspraxis ändern. Nach diesem Verfahren könnten die Interessen des Äußernden und des Betroffenen berücksichtiget werden. Unter Verweis auf die Rechtsprechung des BGH ist erwähnenswert, dass das Moderationsverfahren nur Anwendung findet, wenn ein Kontakt zwischen dem Internetdiensteanbieter und dem für die beanstandeten Informationen Verantwortlichen möglich ist.

Durch die vorstehend genannten Vorschläge könnte die übermäßige Neigung des chinesischen Gerichts zum Schutz der Unternehmensreputation in der derzeitigen chinesischen Rechtspraxis in Fällen, in denen es um unternehmensschädigende Äußerungen geht, wesentlich abgemildert werden. Diesen Vorschlägen entsprechend könnte) einerseits die unternehmerische Reputation ausreichend geschützt werden, da der größte Teil der Anforderungen an die Zulässigkeit der unternehmensbezogenen Äußerungen unverändert beibehalten wird. Andererseits wären auch die Meinungs- oder Pressefreiheit des Äußernden und Verbreiters sowie das Informationsinteresse der Öffentlichkeit gewährleistet werden, weil nach den vorstehend ausgeführten Vorschlägen die Prüfpflichten des Äußernden und Verbreiters sowie der Internetdiensteanbieter reduziert werden. Demzufolge könnte ein Ausgleich zwischen dem Schutz der unternehmerischen Reputation und der Gewährleistung der Interessen von Äußernden, Verbreitern, der Internetdiensteanbietern und Verbrauchern geschaffen werden.

Literaturverzeichnis

A. Deutsche Literatur

Ahrens, Hans-Jürgen: Vergleichende Bewertung von Universitätsdienstleistungen – Neue Anwendungsbereiche der Warentestrechtsprechung, S. 565 ff., FS für Eike Ullmann, Saarbrücken 2006

Alexander, Christian: Aktuelle lauterkeitsrechtliche Problemfelder von Online-Vergleichsportalen, WRP 2018, 765 ff.

Arntz, Marthe-Marie: Die Haftung von Ratingagenturen gegenüber fehlerhaft bewerteten Staaten und Unternehmen, BKR 2012, 89 ff.

Ast, Stephan/Klocke, Daniel: Jenseits der Verbandklage: Aufforderungen durch Verbraucherverbände an Dritte zur Bekämpfung widerrechtlichen Verhaltens, VuR 2016, 410 ff.

Bamberger, Heinz Georg/Roth, Herbert/Hau, Wolfgang/Poseck, Roman (Hrsg.): BeckOK BGB, 51. Edition Stand: 01.08.2019, München 2019 (zit: BeckOK/*Bearbeiter*)

Beater, Axel: Auslegung massenmedialer Äußerungen, JZ 2006, 432 ff.

ders.: Medienrecht, 2. Aufl., Tübingen 2016

Berger, Ernst Georg: Verantwortlichkeit von TK-Unternehmen für wettbewerbswidrig genutzte Rufnummern, MMR 2003, 642 ff.

Born, Christian: Gen-Milch und Goodwill – Äußerungsrechtlicher Schutz durch das Unternehmenspersönlichkeitsrecht, AfP 2005, 110 ff.

Bornkamm, Joachim/Seichter, Dirk: Das Internet im Spiegel des UWG, CR 2005, 747 ff.

Branahl, Udo: Medienrecht – Eine Einführung, 7. Aufl., Wiesbaden 2013

Breun-Goerke, Peter: Die Rechtsprechung zu Bewertungs- und Vergleichsplattformen – muss ich mir das gefallen lassen? WRP 2017, 383 ff.

Brömmekamp, Birgit: „Aus gut informierten Kreisen war zu hören…" – Gleichzeitig eine Anmerkung zu den Urteilen des LG Köln vom 31.1.2001 und des OLG Köln vom 23.10.2001, AfP 2002, 141 ff.

Canaris, Claus-Wilhelm: Grundstrukturen des deutschen Deliktsrechts, VersR 2005, 577 ff.

ders.: Handelsrecht, 24. Aufl., München 2006

Damm, Renate/Rehbock, Klaus: Widerruf, Unterlassung und Schadensersatz in den Medien, 3. Aufl., München 2008

Däubler, Wolfgang: Unternehmensrating – ein Rechtsproblem? BB 2003, 429 ff.

Degenhart, Christoph: Testberichte und Werbebeschränkungen im Recht der Arzneimittel: Äußerungsfreiheit, Recht am Unternehmen und Gesundheitsschutz, PharmR 2010, 261 ff.

Dreier, Horst (Hrsg.): Grundgesetz-Kommentar, 3. Aufl., Tübingen 2013 (zit: Dreier/*Bearbeiter*)

Droste, Friedrich: Die strategische Manipulation der elektronischen Mundpropaganda – Eine spieltheoretische Analyse, 1. Aufl., Wiesbaden 2014

Eck, Stefan/Ruess, Peter: Haftungsprivilegierung der Provider nach der E-Commerce-Richtlinie – Umsetzungsprobleme dargestellt am Beispiel der Kenntnis nach § 11 Satz 1 Ziff. 1 TDG, MMR 2003, 363 ff.

Ehret, Susanne: Internet-Auktionshäuser auf dem haftungsrechtlichen Prüfstand, CR 2003, 754 ff.

Engel-Flechsig, Stefan/Maennel, Frithjof A/Tettenbron, Alexander: Das neue Informations- und Kommunikationsdienste-Gesetz, NJW 1997, 2981 ff.

Erman, Walter (Begr.): Handkommentar zum Bürgerlichen Gesetzbuch, 15. Aufl., Köln 2017 (zit: Erman/*Bearbeiter*)

Fabricius, Fritz: Zur Dogmatik des „sonstigen Rechts" gemäß § 823 Abs. 1 BGB – Unter Berücksichtigung des sog. „Rechts am Arbeitsplatz" und des sog. „Rechts auf den ungestörten Bestand der ehelichen Lebensgemeinschaft", AcP 160 (1961), 273 ff.

Fezer, Karl-Heinz/Büscher, Wolfgang/Obergfell, Eva Inés (Hrsg.): Kommentar zum Gesetz gegen den unlauteren Wettbewerb (UWG), 3. Aufl., München 2016 (zit: Fezer/Büscher/Obergfell/*Bearbeiter*)

Frank, Ulrich: Die rechtliche Beurteilung von Bewertungsportalen, WRP 2016, 1195 ff.

ders.: Preisvergleichsportale aus wettbewerbsrechtlicher Sicht, WPR 2018, 20 ff.

Franz, Ulrich: Vergleichender Warentest, WRP 2015, 1425 ff.

Freytag, Stefan: Providerhaftung im Binnenmarkt, CR 2000, 600 ff.

Frömming, Jens: Zur Haftung der Medien für persönlichkeitsverletzende Zitate, FS für Manfred Engelschall, S. 47 ff., Baden-Baden 1996

Gerards, Andreas: Äußerungsrechtlicher Unternehmensschutz vor Herabsetzung und unwahrer Kritik im Wettbewerbs- und Deliktsrecht, Dissertation, Düsseldorf 2015

Gersdorf, Hubertus/Paal, Boris P. (Hrsg.): BeckOK Informations- und Medienrecht, 21. Edition, Stand: 01.08.2018 (zit: BeckOK InfoMedienR/*Bearbeiter*)

Gomille, Christian: Mehrdeutigkeit und Meinungsfreiheit, JZ 2012, 769 ff.

ders.: Prangerwirkung und Manipulationsgefahr bei Bewertungsforen im Internet, ZUM 2009, 815 ff.

Gostomzyk, Tobias: Äußerungsrechtliche Grenzen des Unternehmenspersönlichkeitsrecht – Die Genmilich-Entscheidung des BGH, NJW 2008, 2082 ff.

Götting, Horst-Peter/Schertz, Christian/Seitz, Walter (Hrsg.): Handbuch Persönlichkeitsrecht, 2. Aufl., München 2019 (zit: Götting/Schertz/Seitz/*Bearbeiter*)

Gounalakis, Georgios/Klein, Catherine: Zulässigkeit von personenbezogenen Bewertungsplattformen – Die „Spickmich"-Entscheidung des BGH vom 23.6.2009, NJW 2010, 566 ff.

Gounalakis, Georgios/Muer, Benedikt: Reaktive Prüfpflichten für Google ab Kenntnis einer offensichtlichen Rechtsverletzung, NJW 2018, 2299 ff.

Gounalakis, Georgios: Rechtliche Grenzen der Autocomplete-Funktion von Google, NJW 2013, 2321 ff.

Graef, Ralpf Oliver: Anmerkung zu BGH, Urteil vom 23. Juni 2009 – VI ZR 196/08 – spickmich.de, ZUM 2009, 759 ff.

Greve, Holger/Schärdel, Florian: Der digitale Pranger – Bewertungsportale im Internet, MMR 2008, 644 ff.

Grimm, Dieter: Der Stolpe-Beschluss des BVerfG – eine Rechtsprechungswende? AfP 2008, 1 ff.

ders.: Die Meinungsfreiheit in der Rechtsprechung des Bundesverfassungsgerichts, NJW 1995, 1697 ff.

Grisse, Karina: Google ist nicht der richtige Gegner, aber manchmal der einzige, AfP 2019, 189 ff.

ders.: Was bleibt von der Störerhaftung? GRUR 2017, 1073 ff.

Groß, Rolf: Öffentliche Aufgabe und Verantwortlichkeit der Presse, AfP 2005, 142 ff.

Gsell, Beate/Krüger, Wolfgang/Lorenz, Stephan/Reymann, Christoph (Gesamthrsg.): beck-online. GROSSKOMMENTAR für das Zivilrecht, Stand 01.07.2018 (zit: BeckOGK/*Bearbeiter*)

Guggenberger, Nikolas: Das Netzwerkdurchsetzungsgesetz in der Anwendung, NJW 2017, 2577

Günther, Jörg-Michael: Rechtlicher Spielraum bei Gastronomiebewertungen – zwischen Meinungsfreiheit und Schmähkritik, NJW 2013, 3275 ff.

Hager, Johannes: Allgemeines Persönlichkeitsrecht – Boykottaufruf, JA 2007, 296 ff.

ders.: Allgemeines Persönlichkeitsrecht – Boykottaufruf, JA 2016, 546 ff.

ders.: Der Schutz der Ehre im Zivilrecht, AcP 196 (1996), 168 ff.

Härting, Niko: Internetrecht, 6. Aufl., Köln 2017

Heckmann, Dirk (Hrsg.): juris Praxiskomentar Internetrecht, 5. Aufl., Saarbrücken 2017 (zit: jurisPK-Internetrecht) *ders.*: Vertrauen in virtuellen Räumen? – Rechtssichere Internetnutzung zwischen Fake und Faszinosum, K&R 2010, 1 ff.

Heesen, Jessica: Handbuch Medien- und Informationsethik, 1. Aufl., Stuttgart 2016

Hegemann, Jan: Die Früchte des verbotenen Baums: Investigative Recherche und die Verwertung rechtswidrig erlangter Informationen, AfP 2019, 12 ff.

Helle, Ernst: Der Schutz der Persönlichkeit, der Ehre und des wirtschaftlichen Rufs im Privatrecht, 2. Aufl., Tübingen 1969

Helle, Jürgen: „Variantenlehre" und Mehrdeutigkeit der verletzenden Äußerung, AfP 2006, 110 ff.

ders.: Persönlichkeitsverletzung im Internet, JZ 2002, 593 ff.

Henning-Bodewig, Frauke: Vergleichende Werbung – Liberalisierung des deutschen Rechts? GRUR-Int 1999, 385 ff.

Herberger, Maximilian/Martinek, Michael/Rüßmann, Helmut/Weth, Stephan/Würdiger, Markus (Gesamthrsg.): juris Praxiskommentar BGB, Bd. 2 Schuldrecht, 8. Aufl., Saarbrücken 2017 (zit: jurisPK-BGB/*Bearbeiter*)

Herrmann, Volker/Schwarz, Christian: Kommentar – BGH stärkt die Rechte von Bewerteten, WRP 2016, 736 ff.

Höch, Dominik: Bewegung bei Bewertungsportalen – wie Unternehmen ihren Ruf im Netz besser schützen können, BB 2016, 1475 ff.

Hoeren, Thomas/Sieber, Ulrich/Holznagel, Bernd (Hrsg.): Handbuch Multimedia-Recht, 46. Ergänzungslieferung, 2018 (zit: Hoeren/Sieber/Holznagel/*Bearbeiter*)

Hoeren, Thomas: AnyDVD und die Likhaftung, GRUR 2011, 503 ff.

ders.: Bewertungen bei eBay, CR 2005, 498 ff.

ders.: Internetrecht, Stand: Oktober 2016

Hoffmann, Helmut: Zivilrechtliche Haftung im Internet, MMR 2002, 284 ff.

Holzner, Stefan: Meinungsfreiheit und Unternehmenspersönlichkeitsrecht: Neue Abwägungsmaßstäbe erforderlich? MMR-Aktuell 2010, 298851

Hufen, Friedhelm: Zulässiger Boykottaufruf zu einer Kontenkündigung der „Nerzquäler", JuS 2016, 1149 ff.

Jahn, David/Palzer, Christoph: Der mündige Verbraucher ist tot, es lebe der mündige Verbraucher, K&R 2015, 444 ff.

Jürgens, Uwe/Veigel, Ricarda: Zur haftungsminimierenden Gestaltung von „User Generatede Content" – Angeboten, AfP 2007, 181 ff.

Jürgens, Uwe: Von der Provider- zur Provider- und Medienhaftung, CR 2006, 188 ff.

Kartal-Aydemir, Aliye/Krieg, Rebecca: Haftung von Anbietern kollaborativer Internetplattformen – Störerhaftung für User Generated Content? MMR 2012, 647 ff.

Klass, Nadine: Satire im Spannungsfeld von Kunstfreiheitsgarantie und Persönlichkeitsschutz, AfP 2016, 477 ff.

Klatt, Heiko: Die Kerngleichheit als Grenze der Prüfungspflichten und der Haftung des Hostproviders, ZUM 2009, 265 ff.

Klippel, Diethelm: Der zivilrechtliche Persönlichkeitsschutz von Verbänden, JZ 1988, 625 ff.

Koch, Alexander: Zur Einordnung von Internet-Suchmaschinen nach dem EGG, K&R 2002, 120 ff.

Koch, Frank A: Perspektiven für die Link- und Suchmaschinen-Haftung, CR 2004, 213 ff.

Koppe, Christine/Zagouras, Georgios: Haftung für Produktkritik, GRUR 2005, 1011 ff.

Koreng, Ansgar: Das „Unternehmenspersönlichkeitsrecht" als Element des gewerblichen Reputationsschutzes, GRUR 2010, 1065ff.

Köster, Oliver/Jürgens, Uwe: Die Haftung von Suchmaschinen für Suchergebnisnisten, K&R 2006, 108 ff.

Kübler, Friedrich: Öffentliche Kritik an gewerblichen Erzeugnissen und beruflichen Leistungen, AcP 172 (1972), 177 ff.

Lauber-Rönsberg, Anne: Das Recht am eigenen Bild in sozialen Netzwerken, NJW 2016, 744 ff.

Lement, Cornelis: Zur Haftung von Internet-Auktionshäusern – Anmerkung zum Urteil des BGH „Internet-Versteigerung", GRUR 2005, 210 ff.

Lerche, Peter: Zur verfassungsgerichtlichen Deutung der Meinungsfreiheit (insbesondere im Bereich des Boykotts), FS für Gebhard Müller, S. 197 ff., Tübingen 1970

Looschelders, Dirk: Schuldrecht, Besonderer Teil, 14. Aufl., München 2019

Löber, Isabell/Roßnagel, Alexander: Das Netzwerkdurchsetzungsgesetz in der Umsetzung, MMR 2019, 71

Maaßen, Stefan: Haftung für Hyperlink auf Startseite nur nach Hinweis auf Rechtsverletzung, GRUR-Prax 2016, 45 ff.

Mathy, Klaus/Wendt, Detlef: Der Westfälische Friede und die Pressefreiheit, AfP 1982, 144 ff.

Mensching, Christian/Waschatz, Stefan: Grenzen der Verbreiterhaftung, AfP 2009, 441 ff.

Meyer, Sebastian/Rempe, Christoph: Aktuelle Rechtsentwicklung bei Suchmaschinen im Jahr 2016, K&R 2017, 303 ff.

Meyer, Sebastian: Google & Co. – Aktuelle Rechtsentwicklungen bei Suchmaschinen, K&R 2007, 177 ff.

Möllers, Thomas M.J.: Zur Zulässigkeit des Verbraucherboykotts – Brennt Spar und Munuroa, NJW 1996, 1374 ff.

Münchener Kommentar: Kommentar zum BGB, Bd. 1, 8. Aufl., München 2018; Bd. 6, 7. Aufl., München 2017; Bd. 7, 7. Aufl., München 2017 (zit: Müko/*Bearbeiter*, BGB)

Münchner Kommentar: Kommentar zum StGB, Bd. 6, 3. Aufl., München 2017 (zit: Müko/*Bearbeiter*, StGB)

Nickels, Sven: Neues Bundesrecht für den E-Commerce, CR 2002, 302 ff.

Obergfell, Inés: Gesetzliches Fundament für offene WLAN-Netze – Alle guten Dinge sind drei? K&R 2017, 361 ff.

Oechsler, Jürgen: Die Satire – Rechtliche Grenze eines Kulturinstituts, NJW 2017, 757 ff.

Ohly, Ansgar: Schadensersatzansprüche wegen Rufschädigung und Verwässerung im Marken- und Lauterkeitsrecht, GRUR 2007, 926 ff.

Ott, Stephan: Haftung für Hyperlinks – Eine Bestandsaufnahme nach 10 Jahren, WRP 2006, 691 ff.

Paal, Boris P: Personenbezogene Bewertungsportale im Internet – Spickmich.de und die Folgen, RdJB 2010, 459 ff.

Palandt, Otto (Hrsg.): Bürgerliches Gesetzbuch, 78. Aufl., München 2019 (zit: Palandt/*Bearbeiter*).

Paschke, Marian/Berlit, Wolfgang/Meyer, Claus (Hrsg.): Hamburger Kommentar Gesamtes Medienrecht, 3. Aufl., Baden-Baden 2016 (zit: Paschke/Berlit/Meyer/*Bearbeiter*).

Paschke, Marian/Grell, Frank: Unternehmensschutz gegenüber Marktforschungsstudien und Rankings, K&R 2000, 125 ff.

Peifer, Karl-Nikolaus: Die zivilrechtliche Verteidigung gegen Äußerungen im Internet, AfP 2015, 193 ff.

ders.: Persönlichkeitsschutz und Internet – Anforderungen und Grenzen einer Regulierung, JZ 2012, 851 ff.

Peters, Butz: Die publizistische Sorgfalt, NJW 1997, 1334 ff.

Petruzzelli, Michelle: Bewertungsplattformen, MMR 2017, 800 ff.

Prinz, Matthias/Peters, Butz: Medienrecht, 1. Aufl., München 1999.

Raake, Stefan/Hilker, Claudia: Web 2.0 in der Finanzbranche – Die neue Macht des Kunden, 1. Aufl., Wiesbaden 2010

Rehbock, Klaus: Anmerkung zu OLG München, Urteil vom 12.12.2006 18 U 4341/06, AfP 2007, 230 ff.

Renner, Cornelius/Baumann, Jan: Wachhund auf verbotenem Terrain – Rechtswidrig erlangte Informationen in der Presse, AfP 2015, 285 ff.

Retka, Richard: Verdeckte Tatsachenbehauptungen und unvollständige Berichterstattung, AfP 2018, 196 ff.

RGRK-Kommentar, Das Bürgerliche Gesetzbuch, Bd. II, 5. Teil, §§ 812–831, 12. Aufl., Berlin/New York 1989 (zit: RGRK/*Bearbeiter*)

Ricker, Reinhardt: Unternehmensschutz und Pressefreiheit, 1. Auflage, Heidelberg 1989

Ricker, Reinhart/Weberling, Johannes (Hrsg.): Handbuch des Presserechts, 6. Aufl., München 2012 (zit: Ricker/Weberling/*Bearbeiter*)

Sack, Rolf: Das Recht am Gewerbebetrieb: Geschichte und Dogmatik, 1. Aufl., Tübingen 2007

ders.: Die Subsidiarität des Rechts am Gewerbebetrieb, VersR 2006, 1001 ff.

Sakowski, Paetrick: Unternehmen in der Kritik – Die Grenzen der Meinungsfreiheit im wirtschaftlichen Kontext, WRP 2017, 138 ff.

Schaub, Renate: Äußerungsfreiheit und Haftung, JZ 2007, 548 ff.

ders.: Haftung der Betreiber von Bewertungsportalen für unternehmensbezogene Äußerungen, FS für Helmut Köhler, München 2014

Schippan, Martin: Anforderungen an die journalistische Sorgfaltspflicht, ZUM 1996, 398 ff.

Schmidt, Karsten: Handelsrecht, 6. Aufl., Köln 2014

ders.: Integritätsschutz von Unternehmen nach § 823 BGB – Zum „Recht am eingerichteten und ausgeübten Gewerbebetrieb", JuS 1993, 985 ff.

Schmidt, Ramora: Äußerungsrechtlicher Schutz gegenüber Bewertungsportalen im Internet, 1. Aufl., Baden-Baden 2015

Schmitz, Florian/Laun, Stefan: Die Haftung kommerzieller Meinungsportale im Internet, MMR 2005, 208 ff.

Schneider, Jochen (Hrsg.): Handbuch EDV-Recht IT-Recht mit IT-Vertragsrecht, Datenschutz, Rechtsschutz und E-Business, 5. Aufl., Köln 2017 (zit: Schneider/*Bearbeiter*)

Scholz, Rupert/Konrad, Karlheinz: Meinungsfreiheit und allgemeines Persönlichkeitsrecht, AöR 123 (1998), 60 ff.

Schroeter, Ulrich G: Ratings – Bonitätsbeurteilungen durch Dritte im System des Finanzmarkt-, Gesellschafts- und Vertragsrechts, 1. Aufl., Tübingen 2014

Schuster, Martina I.: Prüfungspflichten des Portalbetreibers, GRUR 2013, 1201 ff.

Seitz, Walter: Die DGHS-Entscheidung des BVerfG – ein Lichtblick? NJW 1996, 1518 ff.

Sesing, Andreas/Baumann, Jonas S.: Sperranspruch statt Störerhaftung? MMR 2017, 583 ff.

Siems, Mathias: „Verletzerfreundliche Auslegung" oder „Vorsichtsprinzip" bei Persönlichkeitsrechtsverletzungen durch die Medien? AfP 2004, 485 ff.

Soehring, Jörg/Hoene, Verena: Presserecht, 5. Aufl., 2013

Soehring, Jörg: Presserecht – Recherche, Berichterstattung, Ansprüche im Recht der Presse und des Rundfunks, 2. Aufl., Stuttgart 1995.

Soergel, Hans Theodor (Begr.): Bürgerliches Gesetzbuch mit Einführungsgesetz und Nebengesetzen, Schuldrecht, §§ 823–853, ProdHG, UmweltHG, 13. Aufl., Stuttgart 2005 (zit: Soergel/*Bearbeiter*)

Speckt, Louisa/Müller-Riemenschneider, Severin: Der Unterlassungsanspruch bei mehrdeutigen Äußerungen, NJW 2015, 727 ff.

Spickhoff, Andreas: Medizinrecht, 3. Aufl., München 2018 (zit: Spickhoff/*Bearbeiter*)

Spindler, Gerald/Schmitz, Peter: Telemediengesetz, 2. Aufl., 2018 (zit: Spindler/Schmitz/*Bearbeiter*)

Spindler, Gerald/Schuster, Fabian (Hrsg.): Recht der elektronischen Medien, 4. Aufl., München 2019 (zit: Spindler/Schuster/*Bearbeiter*)

ders.: Das Gesetz zum elektronischen Geschäftsverkehr – Verantwortlichkeit der Diensteanbieter und Herkunftslandprinzip, NJW 2002, 921 ff.

ders.: Das neue Telemediengesetz – WLAN-Störerhaftung endgültig adé? NJW 2017, 2305 ff.

ders.: Der RegE zur Störerhaftung der Provider, insbesondere WLANs-Verschlimmbesserung und Europarechtswidrigkeit, CR 2017, 333 ff.

ders.: Das Netzwerkdurschsetzungsgesetz, K&R 2017, 533

ders.: Weltweite Löschungspflichten bei Persönlichkeitsrechtsverletzung im Internet, NJW 2019, 3274

ders.: Die Störerhaftung im Internet – (k)ein Ende in Sicht? FS für Helmut Köhler, S. 695 ff., München 2014

ders.: Die zivilrechtliche Verantwortlichkeit von Internetauktionshäusern – Haftung für automatisch registrierte und publizierte Inhalt? MMR 2001, 737 ff.

ders.: Verantwortlichkeit von Diensteanbietern nach dem Vorschlag einer E-Commerce-Richtlinie, MMR 1999, 199 ff.

Srocke, Marc-Oliver: Haftung für internettypische Weiterverbreitung – Eine Bestandsaufnahme nach den BGH-Entscheidungen „Sachsensumpf", ITRB 2017, 61 ff.

Staake, Marco/von Bressensdorf, Tobias: Grundfälle zum deliktischen Unternehmensschutz, JuS 2016, 297 ff.

Staudinger, Julius von (Begr.): Kommentar zum Bürgerlichen Gesetzbuch, Recht der Schuldverhältnisse, Unerlaubte Handlungen 1.-Teilband, 12.Aufl., Berlin 2017 (zit: Staudinger/*Bearbeiter*)

Stein, Alexander: Unternehmensbezogene Äußerungen im allgemeinen Privatrecht, Diss., 1. Aufl., Tübingen 2000

Strasser, Christian: Zur Bezeichnung von Milchprodukten als Gen-Milch im Fall der Verwendung von genetisch verändertem Futtermittel, NuR 2008, 444 ff.

Szalai, Stephan: Anmerkung zu BGH, Urteil vom 19. März 2015 – I ZR 94/13 – Hotelbewertungsportal, ZUM 2015, 898 ff.

Volkmann, Caroline: Verlinkung & Haftung: Bedeutet die EuGH-Trilogie das Aus für die Informationsfreiheit und den Meinungsaustausch im Internet? CR 2017, 36 ff.

Volkamnn, Christian: Haftung des Internet-Auktionsveranstalters für markenrechtsverletzender Inhalte Dritter, K&R 2004, 231 ff.

Vollmer, Miriam: Stromtarifvergleichsportale, EnWZ 2015, 457 ff.

Vonhoff, Hans: Negative Äußerungen auf Unternehmensbewertungsportalen – Haftungsrisiko für die Betreiber, MMR 2012, 571 ff.

Wasserburg, Klaus: Der Schutz der Persönlichkeit im Recht der Medien, 1. Aufl., Heidelberg 1988

Wenzel, Karl Egbert (Begr.): Das Recht der Wort- und Bildberichterstattung, 6. Aufl., Köln 2018 (zit: Wenzel/*Bearbeiter*)

Wien, Andreas: Internetrecht, 2. Aufl., Wiesbaden 2009

Wilkat, Anja: Bewertungsportale im Internet, 1. Aufl., Baden-Baden 2013

Zeuner, Albrecht: Historische Linien in der Entwicklung des Rechts am Gewerbebetrieb, des allgemeinen Persönlichkeitsrechts und der Verkehrssicherungspflichten, 25 Jahre Karlsruher Forum, Versicherungsrecht, Karlsruhe 1983. S. 196 ff. (zit: 25 Jahre Karlsruher Forum)

B. Chinesische Literatur

卜元石: 德国法学教育中的案例研习课：值得借鉴？何以借鉴？《中德法学论坛(第13辑)》, 北京: 法律出版社, 2016年

蔡立东: 法人名誉权侵权法保护的实证研究,《社会科学辑刊》2012年第4期, 第71–76页

陈宾: 论信用权的性质及其保护路径,《河南财经政法大学学报》2019年第1期, 第54–63页

陈锦川: 网络服务提供者过错认定的研究,《知识产权》2011年第2期, 第56–62页

陈卫佐: 《德国民法典中译本(第四版)》, 北京: 法律出版社, 2015年

陈怡/袁雪石: 《网络侵权与新闻侵权》, 北京: 中国法制出版社, 2010年

程啸: 《侵权责任法》, 北京: 法律出版社, 2011年

崔国斌: 网络服务商共同侵权制度之重塑,《法学研究》2013年第4期, 第138–159页

杜鹏: 《媒体报道中的新闻侵权与法律规制研究,《法学杂志》2016年第2期, 第61–69页

冯术杰: 论网络服务提供者简介侵权责任的过错状态,《中国法学》2016年第4期, 第179–197页

郭卫华/常鹏翱:论新闻侵权的抗辩事由,《法学》2002年第5期, 第53–58页

何国强: 论作为独立人格权的信用权,《社会科学家》2012年第7期, 第99–103页

侯利阳: 《垄断行为类型化中的跨界行为,《中外法学》2016年第4期, 第1038–1056页

胡大武: 信用权性质论,《西南民族大学学报(人文社科版)》2008年第10期, 第216–220页

黄文熙: 浅论自然人人格权及法人人格权的本质,《中国政法大学学报》2012年第5期, 第123–132页

贾丽萍/连浩琼: 网络服务提供者连带侵权责任的反思与重构,《东北农业大学学报(社会科学版)》2017年第1期, 第43–49页

江必新/何东宁: 《最高人民法院指导性案例裁判规则理解与适用(侵权赔偿卷二)》, 北京: 中国法制出版社, 2014年

姜战军: 中、英名誉权侵权特殊抗辩事由评价、比较与中国法的完善, 《比较法研究》2015年第3期, 第93–110页

焦海涛: 行业协会的反垄断法主体地位,《法学》2016年第7期, 第152–160页

靳羽: 名誉侵权“过错”要件的比较研究,《比较法研究》2015年第6期, 第8–21页

雷丽莉/展江: 法院如何认定媒体报道“基本真实”？——农夫山泉、哇哈哈系列名誉权案件评析之二,《新闻界》2017年第8期, 第16–21, 26页

李佳伦: 网络侵权行为的过错问题研究,《华东政法大学学报》2017年第1期, 第112–117页

李剑: 论联合抵制交易的违法性判断标准,《当代法学》2009年第3期, 第104–109页

李杰: 论新闻报道侵犯名誉权中的"内容失实"和"评论不当",《法律适用》2006年第1–2期, 第109–110页

李琦/胡志超: 广东新闻侵权诉讼研究,《新闻与传播研究》1996年第4期, 第2–17页

李新天/孙聪聪: 信用的权利话及其民法保护,《时代法学》2012年第3期, 第15–22页

李艳斐: 微博名誉侵权的认定,《人民司法》2013年第4期, 第70–73页

李艳军/杨婧: 对法定代表人诽谤的认定与救济,《哈尔滨学院学报》2005年第11期, 第34–38页

梁慧星: 《民法总论(第二版)》, 北京: 法律出版社, 2001年

梁慧星: 中国民法典中不能设置人格权编,《中州学刊》2016年第2期, 第48–54页

梁书文: 《最高人民法院关于审理名誉权案件若干问题的解释》的理解与适用, 中国人大网, http://www.npc.gov.cn/huiyi/lfzt/qqzrfca/2008-12/21/content_1462860.htm, 最后访问日期: 2019年5月26日

林爱珺: 新闻侵权诉讼中的举证责任,《汕头大学学报(人文社会科学版)》2003年第2期, 第72–76页

凌然: 新闻侵害名誉权案件中的证明责任,《河北科技师范学院学报(社会科学版)》2018年第2期, 第89–94页

刘欢: 信用利益之性质研究,《武陵学刊》2015年第5期, 第121–128页

鲁春雅: 论网络服务提供者的侵权责任,《河南财经政法大学学报》2012年第5期, 第58–68页

马俊驹: 《人格与人格权理论讲稿》, 北京: 法律出版社, 2009年

裘石: 企业法人名誉权保护专题研讨会综述,《法学》2005年第3期, 第121–124页

尚国萍: 民法典编纂中信用权保护模式的立法选择,《河南师范大学学报(哲学社会科学版)》2015年第6期, 第51–56页

苏号朋/蒋笃恒: 论信用权,《法律科学》1995年第2期, 第63–68页

苏兆勇: 论侵害名誉权行为的认定,《新学术》2008年第2期, 第89–93页

王灏: 我国诽谤侵权责任抗辩事由的完善——普通法系国家的经验与启示,《社会科学阵线》2018年第4期, 第197–205页

王锦东/展江: "贼喊捉贼"是否侵犯商誉?——奇虎企业诉阮子文侵害法人名誉权案解读,《新闻界》2017年第3期, 第18–23页

王利明/杨立新主编: 《人格权与新闻侵权》, 北京: 中国方正出版社, 2010年

王利明: 《人格权法(第二版)》, 北京: 中国人民大学出版社, 2016年

王利明: 《人格权法研究》, 北京: 中国人民大学出版社, 2005年

王利明: 《中华人民共和国侵权责任法解读》, 北京: 中国法制出版社, 2010年

王明锁/崔艳艳: 关于侵害名誉权构成要件认定的探讨, 《河南司法警官职业学院学报》2005年第1期, 第55–61页

王仁富: 试论信用权的性质及其法律保护, 《安徽大学学报(哲学社会科学版)》2002年第5期, 第104–107页

王胜明: 《中华人民共和国侵权责任法释义》, 北京: 法律出版社, 2010年

王艳宁: 法人名誉权法律保护的几个问题, 《河北法学》1993年第2期, 第20–22页

王泽鉴: 《侵权行为》, 北京: 北京大学出版社, 2009年

王泽鉴: 《人格权法: 法释义学、比较法、案例研究》, 北京: 北京大学出版社, 2013年

王长秋: 中国市场中联合抵制的反垄断法规制, 《河南师范大学学报(哲学社会科学版)》2005年第6期, 第114–118页

魏振瀛: 论侵害名誉权的认定, 《中外法学》1990年第1期, 第7–14页

吴锋/杜晓智: 法人人格权研究, 《北京科技大学学报(社会科学版)》2001年第3期, 第78–83页

吴汉东: 论网络服务提供者的著作权侵权责任, 《中国法学》2011年第2期, 第38–47页

吴汉东: 论信用权, 《法学》2001年第1期, 第41–48页

奚晓明: 《最高人民法院利用网络侵害人身权益司法解释理解与适用》, 北京: 人民法院出版社, 2014年

徐俊/俞硒: 网络测评文章侵害名誉权的认定, 中国法院网, https://www.chinacourt.org/article/detail/2016/01/id/1792760.shtml, 最后访问日期: 2019年5月2日

徐伟: 网络服务提供者"知道"认定新诠——兼驳网络服务提供者"应知"论, 《法律科学》2014年第2期, 第163–173页

徐迅主编: 《新闻(媒体)侵权研究新论》, 北京: 法律出版社, 2009年

许中缘/颜可云: 论法人名誉权、法人人格权与我国民法典, 《法学杂志》2016年第4期, 第37–48页

薛军: 法人人格权的基本理论问题探讨, 《法律科学》2004年第1期, 第50–55页

薛军: 法人人格权理论的展开, 《上海财经大学学报》2011年第6期, 第26–33页

杨吉: 论"互联网专条"——理解与适用, 《厦门大学法律评论(第24辑)》, 第160页

杨立新/尹艳: 论信用权及其损害的民法救济, 《法律科学》1995年第4期, 第48–54页

杨立新: 《侵权责任法》规定的网络侵权责任的理解与解释, 《国家检察官学院学报》2010年第2期, 第3–10页

杨立新: 论中国新闻侵权抗辩及体系与具体规则, 《河南省政法管理干部学院学报》2008年第5期, 第1–17页

杨立新: 《人格权法》, 北京: 法律出版社, 2011年

杨立新: 《人身权法论》, 北京: 中国检察出版社, 1996年

杨明: 侵权责任法第36条释义及其展开,《华东政法大学学报》2010年第3期, 第123–132页

杨坦辉/黄云: 名誉权纠纷的法理解析与审理要点,《人民司法》2016年第7期, 第98–103页

杨晔: 《法人名誉权及其侵权责任法保护研究》, 吉林大学博士论文, 2017年

杨孜: 法人名誉权问题探讨,《政治与法律》1988年第4期, 第28–31页

叶名怡: 过错与抗辩:以名誉权侵权为重点,《时代法学》2007年第1期, 第69–78页

尹田: 论法人人格权,《法学研究》2004年第4期, 第51–57页

尹田: 论人格权的本质——简评我国民法典草案关于人格权的规定,《法学研究》2003年第4期, 第3–14页

俞里江: 司法实践中媒体侵权抗辩事由分析,《法学杂志》2011年第8期, 第103–107页

岳业鹏:论名誉侵权中的真实性抗辩,《福建师范大学学报(哲学社会科学版)》2014年第6期, 第11–19页

岳业鹏: 论侮辱侵权责任,《法律适用》2014年第1期, 第101–105页

曾言: 刍议信用权,《湖南师范大学社会科学学报》2008年第4期, 第62–66页

张红: 《侵权责任法》对人格权保护之评述,《法学研究》2010年第6期, 第32–35页

张红: 法人名誉权保护中的利益平衡,《法学家》2015年第1期, 第85–97页

张红: 《人格权各论》, 北京: 高等教育出版社, 2016年

张红: 事实陈述、意见表达与公益性言论保护,《法律科学》2010年第3期, 第106–117页

张民安: 《名誉侵权责任》, 广州: 中山大学出版社, 2008年

张民安: 《无形人格侵权责任研究》, 北京: 北京大学出版社, 2012年

张忻如/黄海峰: 评论产品文章侵犯企业名誉权问题初探,《人民司法》1997年第2期, 第8–9页

张新宝/任鸿雁: 互联网上的侵权责任——侵权责任法第36条解读,《中国人民大学学报》2010年第4期, 第27–25页

张新宝: 《互联网上的侵权问题研究》, 北京: 中国人民大学出版社, 2003年

张新宝: 《名誉权的法律保护》, 北京: 中国政法大学出版社, 1997年

钟瑞栋: "法人人格权"之否认,《厦门大学法律评论(第7辑)》, 第208–234页

周龙杰: 法人人格权立法问题之思,《社会科学战线》2012年第5期, 第175–180页

最高人民法院侵权责任法研究小组: 《<中华人民共和国侵权责任法>条文理解与适用》, 北京: 人民法院出版社, 2016年（zit: 《侵权责任法条文理解与适用》）

www.ingramcontent.com/pod-product-compliance
Ingram Content Group UK Ltd.
Pitfield, Milton Keynes, MK11 3LW, UK
UKHW021850290926
8980IPUK00005B/757

9 783631 822111